训诂释义研究

Exegesis Interpretation Research

王建莉 著

中国社会科学出版社

图书在版编目（CIP）数据

训诂释义研究 / 王建莉著. —北京：中国社会科学出版社, 2021.1
（中国社会科学博士后文库）
ISBN 978-7-5203-7838-3

Ⅰ.①训… Ⅱ.①王… Ⅲ.①训诂—研究 Ⅳ.①H13

中国版本图书馆 CIP 数据核字（2021）第 021967 号

出 版 人	赵剑英
责任编辑	孙　萍　赵　威
责任校对	王　龙
责任印制	李寡寡

出　　版	中国社会科学出版社
社　　址	北京鼓楼西大街甲 158 号
邮　　编	100720
网　　址	http://www.csspw.cn
发 行 部	010-84083685
门 市 部	010-84029450
经　　销	新华书店及其他书店
印　　刷	北京君升印刷有限公司
装　　订	廊坊市广阳区广增装订厂
版　　次	2021 年 1 月第 1 版
印　　次	2021 年 1 月第 1 次印刷
开　　本	710×1000　1/16
印　　张	17.75
字　　数	295 千字
定　　价	98.00 元

凡购买中国社会科学出版社图书，如有质量问题请与本社营销中心联系调换
电话：010-84083683
版权所有　侵权必究

第九批《中国社会科学博士后文库》编委会及编辑部成员名单

（一）编委会

主　任：王京清

副主任：崔建民　马　援　俞家栋　夏文峰

秘书长：邱春雷

成　员（按姓氏笔画排序）：

卜宪群　王立胜　王建朗　方　勇　史　丹
邢广程　朱恒鹏　刘丹青　刘跃进　孙壮志
李　平　李向阳　李新烽　杨世伟　杨伯江
吴白乙　何德旭　汪朝光　张车伟　张宇燕
张树华　张　翼　陈众议　陈星灿　陈　甦
武　力　郑筱筠　赵天晓　赵剑英　胡　滨
袁东振　黄　平　朝戈金　谢寿光　樊建新
潘家华　冀祥德　穆林霞　魏后凯

（二）编辑部（按姓氏笔画排序）：

主　任：崔建民

副主任：曲建君　李晓琳　陈　颖　薛万里

成　员：王　芳　王　琪　刘　杰　孙大伟　宋　娜
　　　　张　昊　苑淑娅　姚冬梅　梅　玫　黎　元

序 言

　　博士后制度在我国落地生根已逾30年，已经成为国家人才体系建设中的重要一环。30多年来，博士后制度对推动我国人事人才体制机制改革、促进科技创新和经济社会发展发挥了重要的作用，也培养了一批国家急需的高层次创新型人才。

　　自1986年1月开始招收第一名博士后研究人员起，截至目前，国家已累计招收14万余名博士后研究人员，已经出站的博士后大多成为各领域的科研骨干和学术带头人。这其中，已有50余位博士后当选两院院士；众多博士后入选各类人才计划，其中，国家百千万人才工程年入选率达34.36%，国家杰出青年科学基金入选率平均达21.04%，教育部"长江学者"入选率平均达10%左右。

　　2015年底，国务院办公厅出台《关于改革完善博士后制度的意见》，要求各地各部门各设站单位按照党中央、国务院决策部署，牢固树立并切实贯彻创新、协调、绿色、开放、共享的发展理念，深入实施创新驱动发展战略和人才优先发展战略，完善体制机制，健全服务体系，推动博士后事业科学发展。这为我国博士后事业的进一步发展指明了方向，也为哲学社会科学领域博士后工作提出了新的研究方向。

　　习近平总书记在2016年5月17日全国哲学社会科学工作座谈会上发表重要讲话指出：一个国家的发展水平，既取决于自然科学发展水平，也取决于哲学社会科学发展水平。一个没有发达的自然科学的国家不可能走在世界前列,一个没有繁荣的哲学社会科学的国家也不可能走在世界前列。坚持和发展中国特色社会主义,需要不断在实践和理论上进行探索、用发展着的理论指导发展着的实践。在这个过程中,哲学社会科学具有不可替代的重要地位,哲学社会科学工作者具有不可替代的重要作用。这是党和国家领导人对包括哲学社会科学博士后在内的所有哲学社会科学领域的研究者、工作者提出的殷切希望!

中国社会科学院是中央直属的国家哲学社会科学研究机构,在哲学社会科学博士后工作领域处于领军地位。为充分调动哲学社会科学博士后研究人员科研创新积极性,展示哲学社会科学领域博士后优秀成果,提高我国哲学社会科学发展整体水平,中国社会科学院和全国博士后管理委员会于2012年联合推出了《中国社会科学博士后文库》(以下简称《文库》),每年在全国范围内择优出版博士后成果。经过多年的发展,《文库》已经成为集中、系统、全面反映我国哲学社会科学博士后优秀成果的高端学术平台,学术影响力和社会影响力逐年提高。

下一步,做好哲学社会科学博士后工作,做好《文库》工作,要认真学习领会习近平总书记系列重要讲话精神,自觉肩负起新的时代使命,锐意创新、发奋进取。为此,需做到以下几点:

第一,始终坚持马克思主义的指导地位。哲学社会科学研究离不开正确的世界观、方法论的指导。习近平总书记深刻指出:坚持以马克思主义为指导,是当代中国哲学社会科学区别于其他哲学社会科学的根本标志,必须旗帜鲜明加以坚持。马克思主义揭示了事物的本质、内在联系及发展规律,是"伟大的认识工具",是人们观察世界、分析问题的有力思想武器。马克思主义尽管诞生在一个半多世纪之前,但在当今时代,马克思主义与新的时代实践结合起来,越来越显示出更加强大的生命力。哲学社会科学博士后研究人员应该更加自觉坚持马克思主义在科研工作中的指导地位,继续推进马克思主义中国化、时代化、大众化，继续发展21世纪马克思主义、当代中国马克思主义。要继续把《文库》建设成为马克思主义中国化最新理论成果的宣传、展示、交流的平台，为中国特色社会主义建设提供强有力的理论支撑。

第二，逐步树立智库意识和品牌意识。 哲学社会科学肩负着回答时代命题、规划未来道路的使命。当前中央对哲学社会科学越发重视，尤其是提出要发挥哲学社会科学在治国理政、提高改革决策水平、推进国家治理体系和治理能力现代化中的作用。从2015年开始，中央已启动了国家高端智库的建设，这对哲学社会科学博士后工作提出了更高的针对性要求，也为哲学社会科学博士后研究提供了更为广阔的应用空间。《文库》依托中国社会科学院，面向全国哲学社会科学领域博士后科研流动站、工作站的博士后征集优秀成果，入选出版的著作也代表了哲学社会科学博士后最高的学术研究水平。因此，要善于把中国社会科学院服务党和国家决策的大智库功能与《文库》的小智库功能结合起来，进而以智库意识推动品牌意识建设，最终树立《文库》的智库意识和品牌意识。

第三，积极推动中国特色哲学社会科学学术体系和话语体系建设。 改革开放30多年来，我国在经济建设、政治建设、文化建设、社会建设、生态文明建设和党的建设各个领域都取得了举世瞩目的成就，比历史上任何时期都更接近中华民族伟大复兴的目标。但正如习近平总书记所指出的那样：在解读中国实践、构建中国理论上，我们应该最有发言权，但实际上我国哲学社会科学在国际上的声音还比较小，还处于有理说不出、说了传不开的境地。这里问题的实质，就是中国特色、中国特质的哲学社会科学学术体系和话语体系的缺失和建设问题。具有中国特色、中国特质的学术体系和话语体系必然是由具有中国特色、中国特质的概念、范畴和学科等组成。这一切不是凭空想象得来的，而是在中国化的马克思主义指导下，在参考我们民族特质、历史智慧的基础上再创造出来的。在这一过程中，积极吸纳儒、释、道、墨、名、法、农、杂、兵等各家学说的精髓，无疑是保持中国特色、中国特质的重要保证。换言之，不能站在历史、文化虚无主义立场搞研究。要通过《文库》积极引导哲学社会科学博士后研究人员：一方面，要积极吸收古今中外各种学术资源，坚持古为今用、洋为中用。另一方面，要以中国自己的实践为研究定位，围绕中国自己的问题，坚持问题导向，努力探索具备中国特色、中国特质的概念、范畴与理论体系，在体现继承性和民族性，体现原创性和时代性，体现系统性和专业性方面，不断加强和深化中国特色学术体系和话语体系建设。

新形势下，我国哲学社会科学地位更加重要、任务更加繁重。衷心希望广大哲学社会科学博士后工作者和博士后们，以《文库》系列著作的出版为契机，以习近平总书记在全国哲学社会科学座谈会上的讲话为根本遵循，将自身的研究工作与时代的需求结合起来，将自身的研究工作与国家和人民的召唤结合起来，以深厚的学识修养赢得尊重，以高尚的人格魅力引领风气，在为祖国、为人民立德立功立言中，在实现中华民族伟大复兴中国梦征程中，成就自我、实现价值。

是为序。

中国社会科学院副院长
中国社会科学院博士后管理委员会主任
2016 年 12 月 1 日

序

  根据现有的资料，中国训诂工作的起源可以追溯到先秦，这一时期出现了一些存在于文献正文中由作者自己对文本使用的词语的解释，此所谓文献正文中的训诂，这是训诂学史上最早的训诂实践，可以看作训诂的萌芽。秦汉间出现的《尔雅》、《方言》、《说文解字》、《释名》、《毛诗故训传》、郑玄《注》《笺》等，这中间既包括了《毛传》这类针对专书对具体语境中词语和文意等内容进行训释的随文释义的训诂，也包括《尔雅》这类脱离开具体文献语境通释语义的训诂，还包括了《说文》《方言》《释名》这类具有明确理论目标的训诂专书。这一时期的著作，不仅包括了系统的训诂实践，也包括训诂理论的探求，标志着训诂学的诞生与兴盛。魏晋南北朝及隋唐时期，训诂学逐渐扩大了训诂对象的范围，由经学文献扩大至一切文献。有清一代，经学发达，小学昌明，推动了训诂学的繁荣，无论是训诂实践，还是训诂理论的研究都达到了前所未有的水平，传统训诂学发展到新高峰。20世纪初以来，随着传统学术现代化的进程，训诂学界也开始了从传统训诂学到现代训诂的转型，在总结传统训诂学成果的同时，积极吸收现代学术思想，大力加强训诂学的理论建设，取得了丰富的成果。

  王建莉的《训诂释义研究》一书，是当代训诂学理论建设的重要著作。该书以中国丰富的训诂实践和前人的训诂研究为基础，站在时代的高度，积极吸收现代语言学的有关理论，紧紧抓住了训诂学的核心范畴——释义进行了全方位深入系统的研究，取得了不少创新性的研究成果。

  首先，研究目的明确。这部书专门从"释义"着眼，力图初步构建一个理论框架。作者先阐述训诂释义的内涵及特性，接着分析训诂释义的类型，再从词训、语训、综合训、类比释义这四章论述训诂释义的方法，最后探讨训诂释义语言。全书进行了深入的分析研讨，呈现了清晰的理论架构。以往少有从这一角度的研究，作者独辟蹊径，创新性是显而易见的。

其次，研究方法得当。全书运用训诂学、词汇学、辞书学等相关理论，对释义的各种类型进行了深入的分类研究。譬如，借鉴词汇学同义词研究的最新成果，把词训分成词义的等值训释、准等值训释、非等值训释，深化了训词与被训词意义关系的研究。第五章第二节运用词典的分层次释义法论述训诂释义，揭示"从固定意义与临时意义两个层次释义，体现了意义的动态变化过程，也体现了释义的动态过程，它很好地解决了训诂兼训固定与临时两类意义的难题"。第六章第二节运用核心词释义法，描写了古汉语的核心词训释系统。这些分析均从训诂实际出发，论证充分，值得重视。

在方法上还重视跨学科性。第二章第二节阐述训者从文化角度表达独特的心理状态、思想观念、审美理想、道德准则。举证大量实证，如《说文》"枭，不孝鸟也"等。总结出文化义的训释形成系统性、多样性、主观性、时代性特点。以往从词义学角度研究文化义的成果较多，而该书从训诂释义的角度，论述文化内容，既与语文义的训释相区别，也凸显了与现代辞书释义的不同，别开生面且有深度。

再次，研究思路清晰。"解释词义"是训诂的核心工作，但长期以来我们形成的训诂方法论，比如"因形求义""因声求义""据文证义"都着重在求证上，而并未放在解释上。已总结的训诂方法是重要的学术成果，为训诂学理论建设起到了不可替代的支撑作用。在此基础上，我们需要继续推进，开掘思路。在学术界，有学者初步提出把训诂分为"求义之训诂""释义之训诂"两大类。迄今后者的研究不足。

该书把训诂释义（即"释义之训诂"）作为专门研究对象，对训诂的主体把握得十分准确。从训诂学众多内容中清理出这一块儿，全文安排的明白紧凑。释义与词义相对应。词义与释义一直是语言学研究者和辞书编纂、研究者十分关注的问题，对它们的研究源于训诂学。该书选择训诂中这个新的角度切入，揭示准确释义的一般规律，并始终以此为贯穿全文的主线，体现出训诂释义对训诂学研究和辞书编纂的重要学术价值和实用价值。

《训诂释义研究》本是王建莉的博士后出站报告。2005年春，她从浙江大学博士毕业，当年秋季申请进入北京师范大学中国语言文学博士后流动站。那时她已是教授，利用短短两年在站时间，驾驭这样多的材料，排比分析出这样一个较为全面的训诂释义系统。我作为博士后合作导师顺利完成了对该报告的指导工作，也结下了深厚的师生之情。王建莉出站后，我一直很关注这个出站报告。《训诂释义研究》后获准为国家社科基金项目（08XYY012），2020年又入选第九批《中国社会科学博士后文库》。该书从初步成文到正式出版历经十三年的时间。在十三年的时间里，作者数易其稿，不断修改，精益求精。如今终于要和读者见面，作为一部著作出版，可喜可贺。衷心祝愿她今后有更好的成果问世。

李国英
2020年12月

摘 要

训释词义是训诂的基本工作。今人提出训诂分"释义之训诂"与"求义之训诂"两类。"释义之训诂"我们称之为训诂释义，历史上积累了大量的实践成果，但作为训诂学的研究课题，成果并不充分。具体表现在如下几个方面：第一，成果大多重局部，轻整体；重个案孤立分析，轻宏观理论概括。第二，"释义之训诂"的研究成果，在方法上重视本体性，轻视文化性和跨学科性。第三，忽视训释语言的研究。

中华人民共和国成立后词典释义的研究取得了长足进展，大量成果论述了现代汉语词语的释义问题，还不断运用新的方法推进该领域的研究。现代汉语词语的释义源于"释义之训诂"，但大型的语文字词典吸收了多少"释义之训诂"的成果？古今释义有何同异之处？迄今没有对"释义之训诂"做过系统的理论研究，没有一部关于该题的理论著作，难以回答这些问题。

本书就此进行研究，共分四大部分。

1. 训诂释义的内涵及特性。训诂释义就是在各类文献中，运用已知的词语解释单个或多个未知词的一种语言活动。词义与训诂释义的特点呈明显的对应关系，构成一对矛盾的统一体。训诂释义与训诂方法不同，但又有密切关系。不同表现为：形训探求词的造意与实义，训诂释义表述词的一个义位；声训探求词源意义，训诂释义表述词汇意义；义训探求意义，训诂释义表述意义。

2. 训诂释义的类型。根据文化义的有无，训诂释义分为语文义的训释与文化义的训释两种类型。语文义用一般的语文词语训释，表达概念义的各个方面，这类称为语文义的训释。文化义的训释是训者从文化的角度表达一种心理状态、思想观念、审美理想、道德准则，具有系统性、多样性、主观性、时代性等特点。训诂释义又可分为确切意义的训释与模糊意义的训释两种类型。词的确切意义，通过使用精确的数字、说明时间、说明空间位置以及多种方法交叉运用等多种手段来释义。模糊意义的训释，有的训释语言没有模糊性，读者要按照"模糊"来理解。训者还通过比较来训释具有模糊性的词。

3. 词训、语训、综合训与类比释义。本书从这四部分论述了训诂释义的方法。用意义相同、相关的单词训释，称为词训。训词与被训词的意义关系，由词义的相同程度，逐级划分为词义的等值训释、准等值训释及不等值训释。用短语、句子说明词的意义称为语训。语训与词的性质有密切关系，语训以有限的语言或准确表达出完整的义位，或表达出义位的部分内容。名物词的训诂释义形成"归类限定"模式，表现为属词加种差的二分式释义方法。词训与语训中两种以上的方式同时使用构成综合训。综合训反映了训者对词义变化的认识过程，形成固定意义与临时意义分层次释义的方法。综合训表达泛指、特指的词义，既能高度概括，也能结合具体语境。释义者训释同义词、反义词、类义词已经具备了系统的观念。同义词、反义词、类义词各具不同的聚合特征，类比释义情况也各有不同。

4. 训诂释义语言。训释词语具有强大的释义功能。训释语言结构有单音词、双音词和短语。词语结构的变化也使得词义训释的角度、方法发生了变化。训释语言有一定的风格，表现为简洁、平实、通俗、"诗韵"四个方面。"训释"在某种程度上决定了训释语言的语义面貌与性质，表现在知识性、时代性、充分性、通义性、类义性五个方面。

训释是训诂工作的核心内容之一。本书建构了一个完整的训诂释义理论系统。从训诂释义的内涵、特性以及词训、语训、综合训、类比释义诸种类型，再到训诂释义的语言使用情况，揭示出准确释义的一般规律，完整论述了训诂释义独具特色且自成体系，补阙了训诂学理论研究的不足。本书对训诂学、词义学、词典编纂和古籍整理均有一定参考价值。

关键词：训诂；释义；古代汉语；词义；训释语言

Abstract

Explaining the meaning of words is the basic work of exegesis. Nowadays, people put forward that exegesis can be divided into two categories: "Exegesis of Interpretation" and "Exegesis of Seeking Meaning". "Exegetical of Interpretation" we call it exegetical interpretation, which has accumulated a lot of practical achievements in history, but as a research topic of exegetics, the achievements are not enough. The specific performance is as follows. First, most of the achievements focus on the part, ignore the whole, emphasize the isolated case analysis, and ignore the macro theory generalization. Second, the research results of "Exegesis of Interpretation" attach importance to subjectivity and despise cultural nature and interdisciplinary. Third, the study of the language of exegesis is ignored.

After the founding of the people's Republic of China, great progress has been made in the study of dictionary interpretation. A lot of achievements have been made in the study of modern Chinese words interpretation, and new methods have been used to promote the research in this field. The interpretation of modern Chinese words originates from "Exegesis of Interpretation", but how many achievements of "Exegesis of Interpretation" have been absorbed by large-scale Chinese dictionaries? What are the similarities and differences between ancient and modern interpretations? Up to now, there has not been a systematic theoretical study of "Exegesis of Interpretation", and there is not a theoretical work on this topic, which is difficult to answer these questions.

This book is divided into four parts at this point.

1. The connotation and characteristics of exegetical interpretation. Exegetical interpretation is a kind of language activity that uses known words to explain single or multiple unknown words in all kinds of documents. There is an obvious corresponding relationship between the meaning of words and the exegetical interpretation, which forms a unity of contradictory. Exegetical interpretation is different from exegetical method, but it is closely related. The differences are as follows: explanation of character pattern explores the original meaning of words and its actual meaning, exegetical interpretation describes a sememe of a word; explanation of pronunciation explores the etymological meaning, exegetical interpretation describes the lexical meaning; explanation of meaning explores the meaning, exegetical interpretation describes the meaning.

2. The types of exegetical interpretation. According to the existence of cultural meaning, exegetical interpretation can be divided into two types: lexical interpretation and cultural interpretation. Lexical meaning is explained by general Chinese words to describes all aspects of concept meaning, which is called lexical interpretation. The cultural interpretation is that the interpreter expresses a kind of psychological state, ideology, aesthetic ideal and moral criterion from the angle of culture. It has the characteristics of systematization, diversity, subjectivity and era. Exegetical interpretation can also be divided into two other types: the exact interpretation and the vague interpretation. The exact meaning of a word can be explained by using accurate numbers, time, space, and many other methods. The explanation of vague meaning, some of which have no fuzziness, should be understood by readers according to "fuzziness". The interpreter also explains the fuzzy words by comparison.

3. Lexical interpretation, phrasal or sentential interpretation, comprehensive interpretation and analogy interpretation. From these four parts, it discusses the methods of exegetical interpretation. Lexical

interpretation refers to the explanations of words in the words relevant or similar in meaning. From the same degree of lexical meaning, the meaning relationship between the interpreted words and interpretation language can be divided into equal interpretation, quasi-interpretation and unequal interpretation. Phrasal or sentential interpretation is the explanation of words in phrases or sentences. There is a close relationship between phrasal or sentential interpretation and the nature of words. Phrasal or sentential interpretation can describe complete sememe or part of sememe with limited language. The exegetical interpretation of the Words about Name and Thing forms a "classified and limited" mode, which is dichotomous interpretation method of "specific plus differential". Comprehensive interpretation refers to the explanation of words in more than two methods in lexical and phrasal or sentential interpretation. The comprehensive interpretation reflects the process of the interpreter's understanding of the change of lexical meaning, and forms the method of hierarchical interpretation of fixed meaning and temporary meaning. Comprehensive interpretation describes the meaning of general and specific words, which can not only be highly generalized, but also be combined with specific context. The interpreters have a systematic concept in explaining synonyms, antonyms and similar words. The three above have different characteristics of aggregation, and analogy interpretation is also different.

4. Exegetical interpretation language. Exegetical interpretation words have a powerful function of interpretation. There are monosyllabic words, disyllabic words and phrases. The change of the word structure also makes the angle and method of the lexical interpretation change. There are some styles in the language of interpretation, which are simple, plain, popular and poetic. "Exegesis" to some extent determines the semantic appearance and nature of the language of exegesis, which is manifested in five aspects: knowledge, time, sufficiency, general meaning and similar meaning.

Exegetical interpretation is one of the core contents of the work of exegesis. The book constructs a complete theoretical system of exegetical interpretation. From the connotation and characteristics of exegetical interpretation, as well as the types of exegetical interpretation, lexical interpretation, phrasal or sentential interpretation, comprehensive interpretation and analogy interpretation, to the language use of exegetical interpretation, it reveals the general rules of accurate interpretation, discusses the unique and self-contained system of exegetical interpretation. and supplements the theory of exegetics. This research has a good reference value for exegetics, semantics, lexicography and collation of ancient books.

Key Words: Exegesis; Interpretation; Ancient Chinese; Lexical meaning; Interpretation Language

目　录

绪　论 ·· (1)

第一章　训诂释义的内涵及特性 ·· (9)
第一节　训诂释义的内涵 ·· (9)
第二节　训诂释义与词义 ··· (14)
第三节　训诂释义与训诂方法 ·· (23)

第二章　训诂释义的类型 ··· (32)
第一节　语文义的训释 ·· (32)
第二节　文化义的训释 ·· (42)
第三节　确切意义的训释 ··· (53)
第四节　模糊意义的训释 ··· (62)

第三章　词训 ·· (72)
第一节　词义的等值训释 ··· (72)
第二节　词义的准等值训释 ·· (80)
第三节　词义的非等值训释 ·· (89)

第四章　语训 ·· (99)
第一节　义位的完整训释 ··· (99)
第二节　义位的局部训释 ·· (113)
第三节　名物释义模式 ··· (119)

第五章 综合训 ……（131）
第一节 词义的两项式训释 ……（131）
第二节 固定与临时意义的分层训释 ……（139）
第三节 泛指与特指义的训释 ……（146）

第六章 类比释义 ……（157）
第一节 同义词的训释 ……（157）
第二节 多条同义释义系统 ……（170）
第三节 反义词的训释 ……（179）
第四节 类义词的训释 ……（188）

第七章 训诂释义语言 ……（198）
第一节 训释语言的功能 ……（198）
第二节 训释语言的结构 ……（209）
第三节 训释语言的风格 ……（220）
第四节 训释语言的语义特征 ……（232）

参考文献 ……（244）

索 引 ……（255）

后 记 ……（257）

Contents

Introduction ·· (1)

1. The connotation and characteristics of exegetical
   interpretation ··· (9)

   1.1 The connotation of exegetical interpretation ·················· (9)
   1.2 Exegetical interpretation and lexical meaning ··············· (14)
   1.3 Exegetical interpretation and exegetical method ··········· (23)

2. The types of exegetical interpretation ······························· (32)

   2.1 Lexical interpretation ··· (32)
   2.2 Cultural interpretation ·· (42)
   2.3 Exact interpretation ·· (53)
   2.4 Vague interpretation ··· (62)

3. Lexical interpretation ·· (72)

   3.1 Equal interpretation of lexical meaning ······················· (72)
   3.2 Quasi-interpretation of lexical meaning ······················· (80)
   3.3 Unequal interpretation of lexical meaning ··················· (89)

4. Phrasal or sentential interpretation ····································· (99)

   4.1 Complete interpretation of sememe ····························· (99)
   4.2 Partial interpretation of sememe ································ (113)
   4.3 The exegetical interpretation mode of the Words
        about Name and Thing ·· (119)

5. Comprehensive interpretation ·················· (131)

5.1　Dichotomous interpretation of lexical meaning ············ (131)
5.2　Hierarchical interpretation of fixed meaning and
　　　temporary meaning ·································· (139)
5.3　Interpretation of generic meaning and Specific
　　　meaning ·· (146)

6. Analogy interpretation ·································· (157)

6.1　Interpretation of synonym ···························· (157)
6.2　Multiple synonym interpretation systems ·············· (170)
6.3　Interpretation of antonym ···························· (179)
6.4　Interpretation of similar words ······················ (188)

7. Exegetical interpretation language ······················ (198)

7.1　The function of exegetical interpretation ············ (198)
7.2　The structure of exegetical interpretation ··········· (209)
7.3　The style of exegetical interpretation ··············· (220)
7.4　The semantic features of exegetical interpretation ·········· (232)

Reference documents ······································ (244)

Index ·· (255)

Postscript ··· (257)

绪　论

先秦时，在一些经传中就出现了词语的训释。如《礼记·祭统》："福者，备也；备者，百顺之名也。"《周易·序卦》："解者，缓也。"《左传·庄公二十九年》："凡师，有钟鼓曰伐，无曰侵，轻曰袭。"秦汉之际出现了训诂专著《尔雅》《方言》《释名》《说文解字》，以及对经籍词语的训释著作如《毛诗诂训传》、郑玄《注》《笺》、王逸《楚辞章句》等，标志着训诂学的诞生与兴盛。这时期训诂理论、方法、术语、体式已初具规模，释古以今、释雅以俗、以已知释未知等非常普遍，专书体和传注体群出，为训诂发展奠定了坚实基础。魏晋南北朝及隋唐时期，研究对象扩大至一切文献，出现了新的训诂体式"义疏""疏""正义"等。重要的训诂著作有《广雅》《玉篇》《尔雅注》《经典释文》《五经正义》《汉书注》《文选注》等。宋代以后直到有清，继承基本的体式，代有变化，涌现了大量代表性著作，如《诗集传》《楚辞集注》《通雅》《字诂》《说文解字注》《广雅疏证》《经义述闻》等。

训诂内容丰富多样，而其中解释词义是基本工作。刘师培言："训诂之学以兴故训诂之学，与繙（翻）译之学同，所谓以此字释彼字耳。"[①] 黄侃说："真正之训诂学，即以语言解释语言之谓。"[②] 他们称说的"此字"与"彼字"，被释的"语言"和解释的"语言"，前后就是同义的词与语。训诂，从训者与被训者的关系来看，无论是词还是语，其核心就是以已知释难知、未知。训诂之"解释"是不容忽视的一个研究课题。它具有诸多特性。黄侃在研究《尔雅》《说文》中略有阐发。《尔雅》汇释词

---

① 刘氏语见其《中国文学教科书·周代训诂学释例》，载刘师培《刘师培全集》（第四册），中共中央党校出版社1997年版，第265页。
② 黄侃：《文字声韵训诂笔记》，上海古籍出版社1983年版，第181页。

语,"释以正义,比物连类,使相附近"。① 以"正义"释之,此谓义位;"比物连类",此谓构成一个义类系统,由此得出"解释"具有类比性。这类训诂,反映的是对词义表达方式的一系列特性。

今人提出训诂分"释义之训诂"与"求义之训诂"两类。释义者不给出词义解释的依据,只是单纯的释义,这种训诂称为"释义之训诂"。释义者先对词义作出考证,其所释词义,皆是考求之后的结论,这种训诂称为"求义之训诂"。②"释义之训诂"与"求义之训诂"是训诂学的两个组成部分。两个概念于近些年提出,有利于改进训诂学的理论研究框架,深化"释义""求义"两个不同领域的问题探究。"释义之训诂"是对刘师培、黄侃二人之说的进一步发展。从中华人民共和国成立后到21世纪初,虽"释义之训诂"这一类型之提法没有得到学术界的重视,但许多研究成果属于这一范围,且取得了一定的成就,主要表现在如下几个方面。

一 初步探讨了相关概念及研究范围

有的学者初步界定了词义与训释的关系。王宁关于训释理论,认为"用语言来表述词义的工作,统称训释"。"义"与"训"不同,"义是词形所负载的客观内容,它是在词进入使用状态后在确定的语境中自然显现的,而训则是对这种客观内容的人为表述"。③"训"属于释义范畴,"义"为词义,二者不同。

有的学者论述了释义与训诂方法的区别。李国英从字典义项误设的角度,论及"误解训释方法而误设义项""误解古训而误设义项"等几方面。论述义项是针对释义而言的,形训、声训、义训是对字、词意义的探求,与释义不同。④

有的学者比较了训释方式、训诂方法与训条的不同。李运富以"训条"为单位,把训释方式分为"词训""句训""综合训释"三大类。认为形训、声训与义训是训诂方法,"训释方式是对已知词义的表述和说明,训诂方法是对未知意义的探求或未定意义的证明",初步分析了训释方式

---

① 黄侃:《黄侃论学杂著》,中华书局1964年版,第362页。
② 参见陆忠发《现代训诂学探论》,浙江大学出版社2008年版,第10页。
③ 王宁:《训诂学原理》,中国国际广播出版社1996年版,第88页。
④ 参见李国英《论字典义项误设》,《北京师范大学学报》2002年第4期。

是释义工作，训诂方法是求义工作。①

二 多方面探讨释义的方法，重点阐述其中的系统论思想

学者们从多方面探讨训诂方法，其中涉及释义的方法。有的阐述语境与释义的关系。王力的《训诂学中的一些问题》（《中国语文》1962年第1期），提出释义最终是由上下文决定的，此说影响很大，指导我们以此为原则判断古代释义的正误。以后陆续出现了专题研究论文。如苏宝荣《词典的语言释义和语用释义》（《辞书研究》1994年第1期），列举训诂实例，分辨语言释义与语用释义。邓军、李萍《郑玄随文释义的语境研究》（《古籍整理研究学刊》2000年第6期），专门研究郑玄的随文释义问题。杨荣祥《〈说文〉中的"否定训释法"》（《古汉语研究》1994年第3期），分析了利用反义词训释的方法。这些文章从各个角度详细分析，深化了对该论题的认识。

在众多方法论中，学者们认识到训诂的系统性，提出"类比释义"方法，运用语义场理论比较训释词与词之间的上位义与下位义关系，得出结论："前代训诂学家在进行类比释义的时候，已经具备了系统的观念，这不仅表现在对词语所进行的语义分类上，也表现在释义的过程中……传统训诂学研究词义是孤立的、原子主义的、缺乏系统的观念的说法是有失于偏颇的。"② 有的学者专门分析某一释义系统内部的释义现象。钟明立《训诂术语"对/散""对言/散言""浑/析"——兼谈综合分析同义词之术语的演变》（《杭州师范学院学报》1999年第1期），详尽分析了同义词的训释，术语"对/散""对言/散言""浑/析"如何揭示词义的异同。有的还从学术史的角度研究系统内部释义的状况。解海江、章黎平《面部语义场词典释义的历史演变》（《烟台师范学院学报》1999年第4期）以面部语义场为例，分析了词语释义的历史演变过程。

专书释义系统的研究文章较为丰富。如王明春《〈荀子〉正文训诂》

---

① 参见李运富《训诂材料的分析与汉语学术史的研究——〈《周礼》复音词郑玄注研究〉序》，《长春师范学院学报》2007年第2期。
② 任胜国：《类比释义的语义关系及类比的原则与范畴》，《烟台师范学院学报》1995年第4期。

（《枣庄学院学报》2005 年第 1 期）、陈建初《〈释名〉互训例辨》（《湖南师范大学社会科学学报》2001 年第 5 期）、刘智伟《浅析〈说文解字注〉建立汉语同义系统的原则和方法》（《华北水利水电学院学报》2002 年第 1 期）、芮东莉《试论〈释名〉中同义词的收录和说解》（《西北第二民族学院学报》2000 年第 3 期）、马景仑《〈说文〉段注对同义名词的辨析》（《南京师范大学学报》1997 年第 3 期）、刘川民《〈说文段注〉辨析同义词的方式》（《杭州大学学报》1997 年增刊）、钟明立《〈五经正义〉的"对文"和"散文"》（《江西师范大学学报》1999 年第 4 期）等。这些论文分析某部著作的释义系统，各有特色。

三 对古代大量释例进行了分类研究

学者们根据词的类型探讨释义问题。以张联荣为代表，他在《〈墨辩〉中的词语释义问题》中，提出"准确、明晰、周严是词语释义的基本要求，是衡量释义是否理想的最重要的标准"。[1] 把《墨辩》所释的词分术语词和语文词两大类，认为《墨辩》一方面利用词义的相对关系；另一方面运用以语释词的表达方式，使两类词的释义达到很高水平。该文通过给词语分类，说明释义与词类的关系密不可分，符合古代释义的实际情况，研究更为具体深入。

有的学者专门研究某一类词的释义。王宁、张联荣、宋永培等，着重考察文化词的释义。张联荣专门分析了文化义的解释。[2] 有的学者探讨名物词的释义。刘兴均《"名物"的定义与名物词的确定》（《西南师范大学学报》1998 年第 5 期）论及名物训诂的范围及其释义特征。孙玉文《阅读古诗文应该懂一点古名物词知识——以〈诗经·国风〉草类植物词为例》（《湖北大学成人教育学院学报》2001 年第 3 期）以《诗经》为例论述了古人如何解释草类植物词。有的学者分析通用词语的释义。宛志文《论〈尔雅〉通用词语的释义特色》（《辞书研究》1992 年第 3 期）以《尔雅》通用词语为对象，分析它的释义特色。

---

[1] 张联荣：《〈墨辩〉中的词语释义问题》，《北京大学学报》1999 年第 2 期。
[2] 参见张联荣《古汉语词义论》，北京大学出版社 2000 年版，第 40—85 页。

四　重视释义的实用价值研究

　　训诂在古代具有实用性，相当一部分训释材料既是训诂专著，也是辞书，都起到了工具的作用。在现代各个研究领域，仍发挥了巨大的作用。以现代辞书编纂为例，这些训释材料不仅具有语料价值，还对辞书释义有重要的指导意义。词义训释方面，如侯占虎探讨了《汉语大字典》利用《说文解字》释义存在的问题。他认为《说文》释义中保存了汉语词较早的意义，今天人们探求词的本义时，就必定要参考这些释义。但是《说文解字》少量释义有误，或今人理解错误，对其释义的利用就存在着种种问题。[①] 释义方式方面，如叶荧光通过比较《尔雅》和《现代汉语词典》的释义方式，揭示了二者的异同及其历史传承关系。[②] 这类论文较多，张能甫《郑玄注释语料在〈汉语大词典〉修订中的价值》(《西南民族学院学报》2001年第6期)、胡晓华《〈尔雅〉郭璞注语词研究与〈汉语大词典〉编纂》(《古汉语研究》2004年第4期)、王军《〈汉语大词典〉释义继承传统训诂方式指瑕》(《陕西师范大学继续教育学报》2002年第4期)、李茂康《〈释名〉的说解与辞书编纂》(《四川教育学院学报》1998年第1期)、方向东《从现代大型辞书的编纂看运用古代训诂材料的误区》(《徐州师范大学学报》1999年第2期)、古敬恒《试论徐锴对辞书释义所作的贡献》(《中州大学学报》1996年第2期)、杨薇与张志云《论秦汉识读课本在我国辞书编纂史上的意义》(《湖北大学学报》2003年第3期)、郭迎春《从〈礼记卷〉看专书辞典词语释义的文化性》(《辞书研究》2000年第6期)等，论者除了非常重视传统的训诂著作《说文》《尔雅》《释名》外，还重视传注训诂材料、比较重要的识读课本等。语料覆盖面广、跨越的年代久远，充分展示了在今天的实用价值。

　　以上多方面、多角度的开掘，推进了"释义之训诂"研究。但不足也很明显。

　　虽然"释义之训诂"是训诂的一项基本工作，但是迄今没有一部关于

[①] 侯占虎：《〈汉语大字典〉利用〈说文〉释义商榷》，《古籍整理研究学刊》2000年第4期。
[②] 叶荧光：《浅谈〈尔雅〉与〈现代汉语词典〉释义方式的异同》，《厦门广播电视大学学报》2002年第2期。

该题的理论著作，没有构建起一个完整的理论体系。主要表现在如下几个方面。

第一，现有成果大多重局部，轻全局；重个案孤立分析，轻宏观理论概括。目前的著述都在不同程度上描写古代训释材料释义的各个方面。例如，学者们着力于描写评价《尔雅》《说文解字》《释名》《玉篇》等某部著作的释义，或着力于研究郑玄、徐锴、段玉裁的注释特点。这些研究是非常必要的，但还是彼此分离的、孤立的分析描写，缺乏历史的连续性和理论的系统性。

目前的个案分析比较充分，反映了某类词语的特点、规律，但学者们没有把众多释义现象联系起来，提取共性的东西。以往学者描写了某类文化义的解释，但忽视了文化的整体性对释义者的影响，所以难以考察到众多释义中反映出的一般规律。学者们重视释义的实用性，追求经验的总结，虽然这些研究是必不可少的，但忽视了对其本身内含的释义思想的考察。例如，释义形式，有的用一个词训释，学者们研究释义须以相同义训释，这成为现代辞书汲取古代释义的一个基本方法。相同义到底指的是什么？古代释义是如何体现的？这些内含在其中的深层理论都未予揭示。

第二，"释义之训诂"的研究成果，在方法上重视本体性，轻视文化性和跨学科性。训诂的出现，"首先是作者借字义的解释来阐明一种哲理或政治主张"[①]，如《论语》记孔子回答季康子问政："政者，正也。子帅以正，孰敢不正？"孔子训释治政之"政"为端正的意思，并非全解该词的义位，而是阐明了他的政治主张。上古具有人文性的释义比比皆是。《左传·襄公九年》："信者，言之瑞也，善之主也。"《公羊传·哀公十四年》："麟者，仁兽也。"像这些具有人文色彩的释义，有的真实确凿，一看便能懂得词义；有的虚幻缥缈，拨开浓雾，方识得其中的内涵。几乎受语言本体主义研究方法的影响，现有成果一般就释义而论释义，将它看成纯粹的语言活动，没有从跨学科角度审视，致使"释义之训诂"研究与它赖以产生和发展的社会文化背景相脱离、与古代文化的解读相脱离，研究难以深入。

第三，忽视训释语言的研究。"释义之训诂"以表述词义为核心。如何表述就成为我们研究的重点。古代经学家运用什么样的词语来注释被训

---

① 王力：《中国语言学史》，山西人民出版社1981年版，第1页。

词？今人多把着眼点放在如何把词义准确地表述出来，却忽视表述的媒介——训释语言的研究。古人总结以雅言释俗语、以通语释方言、以今语释古词，释词确实具有这样的特点，被当今训诂学研究所继承，但尚未在此基础上总结出古代训释语言风格的一般规律。训释语言的研究，是"释义之训诂"的一个有机组成部分，对于它的功能、风格、结构、词义特征等，目前还未作全面、深入的研讨。

上述研究之不足主要是由两方面原因造成的。

首先，这与训诂学的性质认定有关系。关于训诂学的性质，学者们的看法尚有分歧，[①] 其中认为训诂学属于语义学范畴一说影响较大，主张用语义学的研究方法（主要是义素分析法）考察，针对释义内容，解析词义的结构。从释义角度研究"释义之训诂"，分析的是词义的表述问题，与语义学的研究目的不同；从释义角度，有一套完整、严密的研究方法，与语义学的研究方法不同。长期以来，"释义之训诂"被作为语义学的考察对象，没有从根本的性质问题上给予审视，难以有新的开掘。

其次，释义研究倾向于"厚今薄古"。从释义角度研究"释义之训诂"，最直接的，与词典学有关。在词典学领域，重现代汉语词语释义，轻古代汉语词语释义。1949年后词典释义的研究取得了长足进展，大量成果论述了现代汉语词语的释义问题，还不断运用新的方法推进该领域的研究。例如，十几年来，学者们引进元语言的理论，系统分析现代汉语词典释义问题，取得了显著的成就。苏新春的《现代汉语释义元语言研究》（上海教育出版社2005年版）就是这方面的代表。现代汉语词语的释义源于"释义之训诂"，词典学研究古代词典如《说文》《尔雅》《方言》等，把其训释材料作为书证来分析，但大型的语文字词典吸收了多少"释义之训诂"的成果？古今释义有何同异之处？迄今，没有对"释义之训诂"作过系统的理论研究，难以回答这些问题。

本课题借鉴"释义之训诂"的提法，同时立足于释义范畴，取名"训诂释义研究"，以古代的训释材料为研究对象，以建构训诂释义理论体系为目标，采用以下研究方法。

[①] 许多学者研究训诂学的性质，各执一端，宋金兰总结，目前主要有四种说法："训诂学即语义学""训诂学即解释学""训诂学是解释学与语义学的综合学科""训诂学即注释学"。参见宋金兰《训诂学新论》，首都师范大学出版社2001年版，第13—15页。

1. 借鉴词典学元语言研究的最新成果。充分论证训诂释义的各种类型，考察训释词语与被训词两个不同的词语结构系统，分析词义等值、同质、聚合等问题。从多方面考察训释语言，探究训释语言结构对释义的作用、词语选择与释义功能的关系，总结出具有训诂学特征的一般释义规律。

2. 将词义的文化特性与释义的类型分析相结合。被训词，不管是一般的语文词，还是文化词，释义者会融合当时的文化思想来表述词义。这些文化义要纳入训诂释义的类型分析中，我们借鉴文化词义学、文化语言学等理论，描写分析训诂释义的文化现象。

3. 运用抽样调查法，以定量力证训诂释义词语的某些特点。理想的训诂释义词语，必定具有很强的解释能力，能运用于各种语言环境、能科学地表达词语的意义。这些要求必定在词频、义类分布、搭配关系等方面体现出来。因此，进行抽样调查，有助于廓清释义词语的面貌，也能为其特点的描述增强可信度。

本课题研究有重要意义与价值。

1. 开拓传统训诂学新的研究领域。现代学者给传统训诂学分类、定性、定位，从中分出"释义之训诂"，这仅是一个初步的探究。"释义之训诂"的基本理论是什么？用什么方法研究它？还尚未开掘。本书进一步强化训诂学的"解释"功能，论述训诂释义的内容、类型、表达方法、语言面貌等一系列问题，创新理论体系与研究方法。

2. 进一步揭示准确释义的一般规律。揭示训释表达的词义成分，辨别释义的优劣得失。同时，总结前人的经验，寻求义位的理想训释规则，最终使训诂学中释义流于模糊的积习得到有效的改善。

3. 搞清汉语释义元语言研究的源头及传统。目前较多关注现代汉语释义元语言研究，通过本课题，就会总结出训释语言的诸多规律，厘清它的源头与传统，这是进一步深入汉语释义元语言特别是古汉语释义元语言研究所必做之事。

4. 为多学科的研究提供一定的理论指导。训诂学方面，有助于提高词语考释的精度，也有利于更精确地构建词义系统；辞书编纂方面，研究训诂释义的原则、方法和技巧，对古汉语专书词典、古代或现代语文词典的编纂，都提供有益的借鉴；词源学方面，在词源义的判断、词源义的构成等许多方面，都有广泛的应用前景。

第一章 训诂释义的内涵及特性

训诂释义的研究，首先遇到的问题是"训诂释义"的内涵以及基本特性。

什么是"训诂释义"？目前训诂学的研究成果比较多，对"训诂"这一概念都进行了系统而深入的论述。而对"训诂释义"，迄今却没有一个科学的界定。长期以来，人们从辞书学的角度研究释义问题，建构基本的理论体系，界定了释义的概念。而这主要是在现代汉语范围内展开的。古汉语的释义，源于训诂。学者对这方面的研究不够重视，没有系统的理论研究文章，对它的基本概念，也就未作全面探讨。关于训诂释义的基本理论，首先得从它的内涵说起，这关系到训诂释义的研究对象、研究目的、研究方法等一系列问题。与此有关，还探讨训诂释义与词义、训诂方法的关系。从本章的研究始，我们把握一条基本原则："训诂释义"是一种动态的语言现象，对它的任何讨论始终离不开古人的表述活动。

第一节 训诂释义的内涵

"向人解释一个名称或一个词所表示的事物的句子可以叫作释义。"[1] 释义是："面向（日常语言交流中）一定的语言使用者或一定类型的（词典）'读者'，旨在用假定已知的词语（句子、同义词、反义词）来解释假定未知的词的语言活动。"[2] 释义包括多种类型，如词典释义、逻辑定义

---

[1] 章宜华：《语义学与词典释义》，上海辞书出版社2002年版，第57页。
[2] 章宜华：《语义学与词典释义》，第57页。

等，其中训诂释义也属于释义范畴，具备释义的一般属性。

训诂释义又是训诂的一个重要组成部分，它的基本单位是训条。训条包括被训释项和训释项两个部分，有的带有证明或阐释部分。被训释项包括多种对象，有字、词、短语、句子或篇章等。训释项是对被训释项的直接说明与描写。证明或阐释部分是对被训释项的语义的论证，有大量的论据，还有严密的逻辑推理过程。这部分与训释项的功用完全不同。根据被训释项的特点以及训诂的目的，训释的内容非常广泛，诸如解释词义、说解文字、串讲文意、揭示章旨、分析句读、阐明语法、校勘文献、考证历史文化、说明表达方式等。这些涉及语义学、词典学、语法学、修辞学、语用学等各类学科。训诂释义中的训条，被训释项是词，所以我们有时也把训条这个单位称作词条。训释项表现为以多种表述形式，直接说明或描写词义的内容，有时还包括词的理据以及词义之外的、有关对象的文化知识的说明。

训诂释义的训条是本书的研究对象。上古汉语以单音词为主，多数情况下被训释项的一个字就是一个词，训释项说解的是词义。但有时，训释项表述的内容是说明字形、字用等，这部分要排除在训诂释义之外。比如，《周礼·夏官·大司马》"遂以蒐田，有司表貉"，郑玄注："表貉，立表而貉祭也……郑司农云：'貉，读为禡。禡，谓师祭也。书亦或为禡。'"其中的"读为禡""书亦或为禡"，说明读音和用字，都不是词义的训释。只有"谓师祭"才是训诂释义。还有的情况下，训释项与被训释项之间是以字训字，而不是以词训词。如《尔雅·释诂》："赓，续也。""赓"，连续、继续。"赓"与"续"是古今字的关系。《说文·糸部》："续，连也。赓，古文续，从庚贝。"这是以今字释古字，也不属于训诂释义。

训诂释义分单词训释与多词训释两类。前者表述简单明了，易于认知。后者比较复杂，既有一个训条的多词训释，也有多个训条的多词训释。这两种训诂释义由单个词到多个词，由单个训条到多个训条，表现形式丰富，释义功能各有不同。

被训释项由一个词构成时，既可以是单音词，也可以是双音词。《说文·又部》："叔，拾也。"《广雅·释诂三》："叛，乱也。"《礼记·燕义》"掌其戒令，与其教治"，陈澔集说："教治，谓修德学道也。"《诗经·小雅·小旻》"战战兢兢，如临深渊，如履薄冰"，毛传："兢兢，戒也。"单词有时会出现用同一词解释的情况。例如：

《尔雅·释言》："蠲,明也。""苤,明也。"
《后汉书·窦宪传》："元戎轻武,长毂四分,云辎蔽陆,万有三千余乘。"李贤注："元戎,兵车也。长毂,兵车。"

这类释义比较繁复。

一个词条的多词训释,不仅在训诂专著中,而且也附于文献正文后。

《尔雅·释言》："茹、虞,度也。"
《尔雅·释诂》："林、烝、天、帝、皇、王、后、辟、公、侯,君也。"
《尔雅·释天》："春祭曰祠,夏祭曰礿,秋祭曰尝,冬祭曰烝。"
《周礼·秋官·行夫》："行夫掌邦国传遽之小事媺恶而无礼者。"郑玄注："传、遽,若今时乘传骑驿而使者也。"
《淮南子·俶真》："道出一原,通九门,散六衢,设于无垓坫之宇。"高诱注："垓、坫,垠堮也。"

多词训释的多个词条,具有内在的语义类比关系。

《说文·心部》："恚,恨也。""恨,怨也。""怨,恚也。"
《说文·言部》："诵,讽也。""讽,诵也。"

第一例由三个词条构成,递相排列。第二例由两个词条构成,互相交换训词来表述。把各词条联系起来,显示了多词聚合结构中的词义关系。

小学训诂贵圆,即主要研究词的概括意义。经学训诂贵专,即主要研究词的临时意义。本书之训诂释义以小学训诂为主,研究词的概括意义的解释,同时重视概括意义与临时意义的渐变关系。

训诂释义的文献来源有三种。一是按照一定方法编纂而成的语词释义专集。例如,按照义类编排的《尔雅》《广雅》《小尔雅》《埤雅》《尔雅翼》《骈雅》《叠雅》等雅系专书,仿雅书义类编排的《方言》《释名》等,按照部首编排的《说文解字》《玉篇》等。二是附于文献正文后的训释。这一类包括众多名称,最初叫作"诂""训""传""说""解""记",后又有"笺""注""释""诠""述""订""证""疏""音义""章句"等。它们或同实异名,或意义微殊。如毛亨的《诗诂训传》、陆德明的《经典释文》、段玉裁的《说文解字注》、郝懿行的《尔雅义疏》等。三是笔记、札记类著作。它们对文献正文的依附并不非常紧密,常打破一部书的局囿,把在阅读群书时碰到的疑问记录下来,诠释新义,探讨训释方法。例如,汉代班固的《白虎通义》是最早的一部词语考释笔记。唐宋以后,这类著作增多,如洪迈的《容斋随笔》、王念孙的《读书杂志》、王引之的《经义述闻》、俞樾的《古书疑义举例》、顾炎武的《日知录》等。

这三类都有基本的词义解释工作。第一种的训诂释义词条最集中,还涉及全局的编排方法。后两种是分散的训诂释义。第二种还显示了概括意义与临时意义的对比关系。第三种的训诂释义词条数量少于前两种。古人在此基础上研究了释义的一些规律,第一类集中于专集的序中,第二类散见于各类注释中,第三类的理论分析比前两类更集中,但仍是零碎而不成体系。总体来看,训诂释义以实践活动为主,以理论研究为辅。

第二类与第三类的训诂释义往往与词义的推求、分析杂混在一起,需要爬梳整理,准确区别开。例如,关于本义与引申义,训诂学者根据词的各个义项的关系,理出词义引申线索,从而厘清一个词的词义系统。而训诂释义只对各个义项进行说明,不分析词义的引申关系。我们比较以下几例:

《说文·丘部》:"虚,大丘也。"段玉裁注:"虚本谓大丘,大则空旷,故引申之为空虚……又引申之为凡不实之称。"

《说文·比部》:"比,密也。"段玉裁注:"其本义谓相亲密也,余义'俌'也、'及'也、'次'也、'校'也、'例'也、'类'也、'频'也、'择善而从之'也、'阿党'也,皆其所引伸。"

《说文·目部》:"相,省视也。"段玉裁注:"目接物曰'相',故凡彼此交接皆曰'相';其交接而扶助者,则为相瞽之'相',古无平去之别也;《旱麓》《桑柔》毛传云:'相,质也。''质'谓物之质,与物相接者也,此亦引伸之义。"

《周礼·天官·大宰》："大宰之职，掌建邦之六典。"郑玄注："典，常也，经也，法也。"孙诒让正义："《说文·丌部》云：'典，五帝之书也。'又引庄都说：'典，大册也。'典本训书册，书册所以著政法。故又为典法也。《毛诗·周颂·维清》传云：'典，法也。'典法者，治之大经，可以常行者，故又训经、训常，此并展转引申之义。"

上述例子，《说文》及《周礼》郑玄注均属训诂释义。注者或用同义词或用短语解释了被训词的意义。段玉裁注和孙诒让正义探讨了词义的引申脉络，义项最少的，"虚"有3个；义项最多的，"比"有10个。训诂学家以本义为原点，理出各个引申义，建构了比较完整的词义系统。在一个纵向结构中，词义的推证更加关注多义形成的前后顺序、成因，显示了对多个词义探求的过程。

有的根据行文条例次第推敲说明词群的意义。其中单个词的解释即训诂释义。段玉裁注《说文》，以玉部为例，详尽分析许慎对玉部字排列的顺序。云：

> 按，自璙已下皆玉名也；瓒者，用玉之等级也；瑛，玉光也。璬已下五文记玉之恶与美也；璧至瑞皆言玉之成瑞器者也；璈、珩、玦、珥至璊皆以玉为饰也；玼至瑕皆言玉色也；琢、彫、理三文言治玉也；珍、玩二文言爱玉也；玲已下六文，玉声也；瑀至玖，石之次玉者也；珷至瑎，石之似玉者也；琨、珉、瑶，石之美者也；玗至珊皆珠类也；琀、璧二文，送死玉也；璗，异类而同玉色者；靈谓能用玉之巫也。通乎《说文》之条理次第，斯可以治小学。①

其中像"瓒""瑛""靈"等都属于训诂释义。

有的根据义例辨析词义，其中包含了释义之条。清代，陈玉澍《尔雅释例》卷三《名异义同例》引《尔雅·释丘》："左高，咸丘。右高，临丘。前高，旄丘。后高，陵丘。偏高，阿丘"，系统阐述了这个词条之义例：

---

① 段玉裁：《说文解字注》，上海古籍出版社1988年版，第19页。

> 偏者倚也。阿与倚古同声，阿亦倚也。偏高阿丘，总承上四句言之。左高则右卑，右高则左卑，前高则后卑，后高则前卑，皆倚于一偏之状。阿丘与咸丘、临丘、旄丘、陵丘之名虽别，而偏高与左高、右高、前高、后高之义则同也。

作者以为"阿丘"是统称，前面的"咸丘""临丘""旄丘""陵丘"为专名。五词于"偏高"意义上构成同义词，它们又有微别，表现在"左""右""前""后""偏"五词上，前四词为"一偏之状"，"阿丘"泛指偏斜之状。作者以此例归纳出"名异义同"这一义例。其中，像"左高咸丘，右高临丘，前高旄丘，后高陵丘，偏高阿丘"等为训诂释义。

我们以训诂释义的训条为单位，探讨了它的被训释项、训释项、词义训释内容、训条的类型、训诂释义的文献来源，也简略分析了词义解释与词义推求、分析之间的联系与区别，认识到训诂释义就是在各类文献中，运用已知的词语解释单个或多个未知词的一种语言活动。

第二节　训诂释义与词义

词义指词的语音形式所表达的意义，包括词的词汇意义和语法意义。词义与释义有非常密切的关系，美国学者卡勒在介绍索绪尔对意义的看法时说："索绪尔经常强调，与其说意义或所指是实体，倒不如说是一组表示差别的价值，是差别系统中的一个空间。解释一个词或句子的意义，就是用别的符号填充这个空间，然后用词语来描绘这个空间的差别特点（因此，要说明'语言系统'的意义首先要区分语言系统和言语）。既然所指是无形的，就完全有理由把施指放在首要地位。施指可以用文字来显示。文字表示意义，使人去寻求所表示的意义。"[①] 卡勒以为词义是于一组系统中表示差别的价值，也即空间。释义就是描绘这个空间，通过它帮助我们去探询、了解词义。词义具有本身的特点，训诂中对词的解释，也会表现

---

① [美] 乔纳森·卡勒：《索绪尔》，张景智译，中国社会科学出版社1989年版，第153页。

出一些特性,这两方面的特性本来属于不同的研究范畴,但由于词义是训诂释义的对象,研究训诂释义也就同时应该对词义有清楚的认识,本节把它们相对照,更可以显现出训诂释义的特性。

词义与训诂释义的特点呈明显的对应关系,主要表现在以下四个方面。

一　词义是客观的,训诂释义具有主观性

词义是客观事物在人们头脑中的一种概括反映,具有客观性。词形是词义的载体,在词进入使用状态后,意义就会在确定的语境中自然显示出来。训释者首先要理解这个词义是什么,然后才能把它们表述出来。词义的理解、表达与注释者的立场观点、知识阅历、文化背景、审美情趣等有关。譬如,"珠",珍珠。如果释义者熟知古代的阴阳之说,他会从这个角度释义。《说文·玉部》释"珠"为"蚌之阴精",训语中用"阴",折射出许慎所处的文化背景。如果释义者具有词义系统性思想,他会从此角度释义。《急就篇》卷三"璧碧珠玑玫瑰瓮"颜师古注:"圆者曰珠,不圆曰玑,皆蚌之阴精也。"又如,《说文·王部》:"王,天下所归往也。"这体现了注者的忠君思想。《说文·鬼部》:"鬼,人所归为鬼。"这反映了注者的认识论。

同一个词有多个释义,释义者在思想认识方面会表现出很大的差异性。如"人",在古代处于一个多级词义系统中。《荀子·非相》:"故人之所以为人者,非特以其二足而无毛也,以其有辨也。夫禽兽有父子而无父子之亲,有牝牡而无男女之别。"《荀子·王制》:"水火有气而无生,草木有生而无知,禽兽有知而无义,人有气有生有知亦且有义,故最为天下贵也。"在这两句话中,都涉及"人","人"与"禽兽"构成一个初级词义系统,它们又与"草木"构成上位系统,以此排列,构成一个逐级排列的"生物"系统。

生物
―――――――――
动物　　植物(草木)
―――――
人――禽兽

在这个系统中,"人"表示的意义是客观的。

训诂中,"人"的释义不拘一格,《故训汇纂》汇集它的本义训释,达八十多个注项。① 如:

> 人,天地之性最贵者也。(《说文·人部》)
> 人也,谓施以人恩也。(《礼记·表记》"仁者,人也"郑玄注)
> 人,谓凡人小人也。(《列子·仲尼》"人之游也,观其所见"张湛注)

"人",能制造和使用工具进行劳动,并能用语言进行思维的高等动物。这三条释义的"人"表示的都是这个概念。同时,又体现了释义者主观认识的不同,处于社会群体中的人具有什么本性?释义说明对"人"的不同看法,融进了哲学观念。

释义与原本客观的词义之间,究竟有多远的距离?原文是词义得以再现的土壤,决定了词义的特点。词义的解释总会受到原文的制约。德国的伊塞尔说:"文本的规定性也严格制约着接受活动,以使其不至于脱离文本的义项和文本的结构,而对文本的意义作随意的理解和解释。"② 原文为注者提供了词义辨识的依据,释者试图使释义在原文中能再现词义的本质特征。我们以此作为衡量释义的标尺,有的能反映词义的本质特征,有的能反映一项或几项次要特征,前者离词义最近,后者离词义较远。对于次要特征的表述,也有远近之别,孰远孰近,有时是很难精确衡量的。汉代,训诂形成朴学之风,注者注重语言文字的训诂,力求根据原文注释词义。训释者的主观表达追求尽量接近词义的目标。宋代,理学思想占统治地位,宋儒注释,大谈义理。

《礼记·大学》:"致知在格物,物格而后知至。"朱熹章句:"所谓致知在格物者,言欲致吾之知,在即物而穷其理也。盖人心之灵莫不有知,而天下之物莫不有理,惟于理有未穷,故其知有不尽也。是

---

① 参见宗福邦、陈世铙、萧海波《故训汇纂》,商务印书馆2003年版,第77—78页。
② [德]沃尔夫冈·伊塞尔:《阅读活动:审美反映理论》第4编,金元浦、周宁译,中国社会科学出版社1991年版,第195页。

以《大学》始教，必使学者即凡天下之物，莫不因其已知之理而益穷之，以求至乎其极。至于用力之久，而一旦豁然贯通焉，则众物之表里精粗无不到，而吾心之全体大用无不明矣。此谓物格，此谓知之至也。"

该例是按照理学的要求来解释词义的。"格物"，客观的词义表示推究事物之理。朱熹释"格物"为完成事情之及至。其目的是世间万事万物，各顺其性理，"穷天理、明人伦、讲圣言、通世故"。显然这类解释未忠实于原文，释义与原本表示的词义较远。

二　词义内容是完整的，训诂释义具有不完整性

词义的内容，学者从不同角度研究。张联荣从语义学的角度，以为词义包括区别性义素和指称义素。[①] 黄金贵分析同义词时，认为词义内部由理性意义和附加意义构成。[②] 苏宝荣指出词义有表层所指义与深层隐含义。[③] 这些都揭示了词义的内部成分。在训诂释义中，确实表述了这些词义内容。《说文·木部》："朴，木素也。"训语中的"素"为区别性义素，"木"为指称义素。《说文·心部》："息，喘也。"又，《口部》："喘，疾息也。"段玉裁注："喘，疾息也。喘为息之疾者，析言之。此言息者喘也，浑言之。人之气急曰喘，舒曰息。"这是辨析"喘""息"的同中之异，两词都表示喘息，一部分理性意义（气息的促缓）不同。又如，《玉篇·刀部》："刀，亦名钱，以其利于人也；亦名布，分布人间也。""以其利于人""分布人间"均揭示了词的深层隐含义。词义的内容是完整的，涵盖范围非常广泛。上述几类词义是其中的一部分。释义表达了其中的一部分。

对于训诂释义来说，不能也不需要揭示所有的意义成分、说明词义的全部特征。以"索"为例，古汉语中表示粗大的草绳。故训各有不同：

　　索，艸有茎叶可作绳索。(《说文·宋部》)

[①] 参见张联荣《古汉语词义论》，北京大学出版社2000年版，第189—191页。
[②] 参见黄金贵《古汉语同义词辨释论》，上海古籍出版社2002年版，第143—149页。
[③] 参见苏宝荣《词义研究与辞书释义》，商务印书馆2000年版，第147—156页。

单为纫，合为索。(《楚辞·惜誓》"并纫茅丝以为索"王逸注)
大者谓之索，小者谓之绳。(《小尔雅·广器七》)
麻丝曰绳，草谓之索。(《急就篇》卷三"累縮绳索绞纺纑"颜师古注)

《说文》从原料特征解释"索"的词义。后三条释义不同于《说文》，把"索"与其他词置于系统中说明"索"的意义。"纫""索"一组，"索"侧重于制作方法，区别性特征为"合"。"绳""索"一组，"索"侧重于形状、材料，区别性特征为"大""草"。无论是直接解释，还是于聚合中比较解释，均列出词义的某方面特征，说明词所表示的对象。

不完整的训诂释义并存，能起到互相补充的作用，有利于多角度、多方位地认识词义。《说文·羊部》"美，甘也"，段玉裁注："甘者五味之一，而五味之美皆曰甘。"《管子·五行》"然后天地之美生"，尹知章注："美，谓甘露醴泉之类也。"《说文》用同义词"甘"解释，指味道可口。段玉裁以"五味之美"解释，尹知章以"甘露醴泉"解释。许慎的解释是概括的，段、尹二人的解释更形象具体。这些释义互相补足，"美"的词义被呈现得就更趋于完整。

各条释义都内含合理的成分，具有存在的价值。各条释义之间共生互补。历代文献把它们传承下来，今人视其为珍贵的训诂材料，实践证明丰富多彩的训诂释义使我们能更全面地理解词义。舍弃某些释义，训诂释义就是残缺的、不完整的。

三　词义是统一的，训诂释义的表达形式具有多样性

词义反映了全民族的共同认识，而训诂释义的表现形式却是丰富多彩的。

释义可以有详略的不同。

罍，器也。(《尔雅·释器》)
罍，酒器也。(《后汉书·班固传》"列金罍"李贤注)
罍者，尊之大者也。(《尔雅·释器》"罍，器也"邢昺疏)

> 罍，酒器，刻为云雷之象，以黄金饰之。(《诗经·周南·卷耳》"我姑酌彼金罍，维以不永怀"朱熹集传)
>
> 罍，瓦为之，受五升，赤云气，画山文，大中身兑平底有盖。六彝为上，受三斗；六尊为中，受五斗；六罍为下，受一斗。(郑玄《三礼图》)

"罍"，古代的一种容器。外形或圆或方，小口，广肩，深腹，圈足，有盖和鼻，与壶相似。用来盛酒或水。多用青铜铸造，亦有陶制的。《尔雅》与李贤注均解释"罍"所属的类别，后者比前者的范围小。邢昺解释"罍"的类别与外形。朱熹解释"罍"的类别、外形以及装饰材料。郑玄解释"罍"的类别、材料、容积、外形、装饰图画等。5条释义由略到详，表达了同一个词义。

释义详略不同，同时还有语句表达形式的不同。

> 以人从葬为殉。(《左传·文公六年》"以子车氏之三子奄息、仲行、针虎为殉"杜预注)
>
> 杀人以卫死者曰殉。(《礼记·檀弓下》"不殆于用殉乎哉"郑玄注)
>
> 杀人以葬，旋环其左右曰殉。(《诗经·秦风·黄鸟》序孔颖达疏引服虔注云)

杜预只讲出"殉"的一个特征：陪葬。郑玄的解释更详细，不仅点出了"陪葬"的特征，训语"卫死者"还指出了"殉"的目的。第二条词义的区别性特征揭示完整。孔颖达也点出了"陪葬"的特征，训语"旋环其左右"，明确讲出陪葬人尸体的摆法，提供了更多的文化信息。后两条的释义详略程度大体一致，但都详于第一条，第二条用一句话表述，第三条用两个句子表示。

释义也有深浅的不同。

> 石，山岳之物。(《春秋·僖公十六年》"陨石于宋"杨士勋疏引贾逵云)
>
> 石，山石也。(《说文·石部》)

土精为石。石，气之核也。气之生石，犹人经络之生爪牙也。（《初学记》卷五引《物理论》云）

"石"的词义不解释读者本已明白，那么点一下就可以。前两条的释义未尝不可。第三条释义，把"石"当作一个百科词语，训者对它反映的所指物做出了科学说明。这条释义显然比前两条释义深入。

简略、浅显的释义并非低劣的释义，亦能达到让读者理解的目的。《古今韵会举要·御韵》："虑，思有所图曰虑。"《尔雅·释诂上》："虑，谋也。"前者以义界式解释词义，揭示了词义的本质特征。后者以同义词释义，也解释了词义。相比之下，前者释义比后者精确，但它们都达到了以已知释未知的目的。后者虽然简略、浅近，但提供了"虑"所处的词义系统，于系统中显示它与其他词的共义，对词义这一方面的表述是"虑"的义界式所不具备的。我们参考《尔雅》的释义，从另一个角度可以认识词义。

四　词义是稳定的，训诂释义具有时代性

有些词的意义古今没有发生变化，而对它们的解释却具有鲜明的时代特征。古代，人们的认识受时代的局限，对词反映事物的认识不够深入，当注者把这种认识表达出来时，相应地，释义也未必精确。譬如"鲸"，古人认为是鱼纲动物，释义中都把它归入"鱼"类。例如：

鱲，海大鱼也。鱲或从京。（《说文·鱼部》）
鲸，大鱼也。（《文选·张衡〈西京赋〉》"鲸鱼失流而蹉跎"薛综注）
鲸，鱼之王也。（《玉篇·鱼部》）

"心"，本指心脏。古人以心为思维器官，后引申为脑的代称。释义表达虽不同，但都揭示出它可以用来思维。

心也者，智之舍也。（《管子·心术上》）
心，统性情者也。（《孟子·公孙丑上》"恻隐之心"朱熹集注）

心者，君主之官也，神明出焉。(《素问·灵兰秘典论》)

像"鲸""心"这类情况很多。现代人对"鲸""心"的认识发生了变化，"鲸"是水栖哺乳类动物，"心"是人和脊椎动物体内推动血液循环的肌性器官，而不是思维器官。现代辞书释"鲸"时，不再把它归入鱼类。对"心"，虽然古人的认识是不正确的，但它的这个意义却保留下来。我们看《现代汉语词典》对"鲸""心"的解释：

鲸，哺乳动物，种类很多，生活在海洋中，胎生，外形像鱼，体长可达30多米，是现在世界上最大的一类动物……鼻孔在头的上部，用肺呼吸。

心，通常也指思想的器官和思想、感情等。

古今释义相对比，发生了明显的变化。从词典学角度看，义项是稳定的，没有从一个义项变化为另一个义项。那么，是什么发生了改变呢？这是概念内涵发生了变化。蒋绍愚分析："'鲸'和'心'的变化，是这些概念内涵的改变。由于人类认识的不断发展和加深，许多概念的内涵都发生了变化……但一般说来，内涵的改变和词义的变化无关。因为在一般情况下，词义并不要求科学概念那样深入和精确……所以，应该说'鲸'和'心'古今词义没有变化。"[1] 蒋先生的分析很有道理。古今释义的不同，主要表现在表述的概念内涵发生了变化。

训诂释义反映了人们认知的一个过程，打上了鲜明的时代烙印，我们应该有一个正确的评价。比如，"鲸""心"的释义，并不是说每一个词义成分的认识、说明都是错误的，而是对某个方面的认识不够精确。人类的认识是在不断修正错误的过程中发展的。训者表达了"鲸""心"错误的概念内涵，但不能说这样的释义是完全错误的，它还是表达出反映的对象物。

古人认识上的局限涉及政治思想、阶级利益，相应地，释义就有政治倾向性，而词义是没有政治倾向性的。

---

[1] 蒋绍愚：《古汉语词汇纲要》，北京大学出版社1989年版，第59页。

王者，民之所往。(《春秋繁露·灭国上》)

王者，往也，天下所归往。(《白虎通义·号》)

王者往也，神之所输向，人之所乐归。(《春秋元命苞》)

君者，不失其群者也。(《春秋繁露·灭国上》)

君，群也，群下之所归心也。(《白虎通义·三纲六纪》)

群之可聚也，相与利之也。利之出于群也，君道立也。故君道立则利出于群。(《吕氏春秋·长利》)

"王"，古代最高统治者的称号。"君"，古代大夫以上据有土地的各级统治者的统称。古代"王""君"是"人之始"，"王"的三条释义和"君"的三条释义均反映了维护大一统的思想。现代对"王""君"的解释均无政治倾向性。

从上述这四个方面看出，训诂释义的特点分析离不开词义特点的分析，二者相反相对。词义学"以词义为自己的唯一研究对象，探讨属于语言范畴的稳定的词义所具有的基本成分和构成方式，探讨词义系统的基本属性、类聚组合、结构层次和演变规律"。[①] 词义的特点是在词义学范畴中体现出来的。训诂释义以词义解释为研究对象，探讨它的表现形式、术语、表述方式，探讨训释系统的基本属性、结构层次。训诂释义的特点是在训诂学领域中体现出来的。训诂释义的特点与词义的特点不同，表明训诂释义的研究不是词义的研究。

训诂释义与词义的特点充分说明它们又是一对矛盾的统一体，二者有密切关系。训诂释义的实践活动与研究成果为词义研究扫清理解障碍，提供了必要的先决条件。训诂释义中内含的对词义的认识成果和处理方法为词义研究提供了重要启示。词义研究也推动了训诂释义的发展。人们对词义的认识不断发生变革，使得训诂释义在方法上发生一些重大变化。词义系统的深入研究促使训诂释义系统不断完善。

[①] 苏新春：《汉语词义学》，广东教育出版社1997年版，第476页。

第一章 训诂释义的内涵及特性

第三节 训诂释义与训诂方法

训诂释义与形训、声训、义训不同,①但又有密切关系。前者只是用一定的方式表述出词义。后者是一种训诂过程,用于探求或证明词义。它们探求或表述的对象又有交叉之处。实践中,学者会把形训、声训、义训误识为训诂释义。这种现象导致人们对词义的各种类型、字义与词义的界限认识混淆不清,也模糊了对训诂释义的认识。

一 形训探求词的造意与实义,训诂释义表述词的一个义位

陆宗达、王宁在《训诂方法论》中给形训下定义:"与字形相贴切的意义训释叫形训。形训表明依义造字的意图,一般是说明本义的。"② 形训所探求的包括造意和实义两类,两位先生以《说文》为例,明确指出这两类的性质不同,云:"造意指字的造形意图,实义则是由造意中反映出的词的实际本义。造意仅仅是对字形加以描绘,以便从中显示实义,它有时只是实义的具体化、形象化,并非真正在语言中使用过的词义。只有真正在实际语言中被使用过的意义,才能称作本义。"③ 本义就是实义,也即一个完整的义位,而造意在语言中未被使用过,并不能代表一个义位。实义是训诂释义的表述对象,造意不是训诂释义的表述对象。我们应注意识别。

---

① 李运富分析了训诂方法与训释方式的不同,认为"训释方式是对已知词义的表述和说明,训诂方法是对未知意义的探求或未定意义的证明;训释方式体现在训释项部分,训诂方法主要存在于离文独立的训诂札记或考证中,也可以体现在随文训释的疏解证明部分。作为探求或证明字词意义的'训诂方法',所谓'形训''声训'的'训'不是指训释条文,而是指训诂工作或训诂过程"。这里的训释方式就是指本文的释义方式。李先生的分析简明清晰,言之成理。请参见李运富《训诂材料的分析与汉语学术史的研究》,《长春师范学院学报》2007年第2期。
② 陆宗达、王宁:《训诂方法论》,中国社会科学出版社1983年版,第186页。
③ 陆宗达、王宁:《〈说文解字〉与本字本义的探求》,载陆宗达、王宁《训诂与训诂学》,山西教育出版社2005年版,第416页。

1. 形训正确求证词的造意，训诂释义表述词的本义

《说文·广部》："庞，高屋也。从广，龙声。"段玉裁注："谓屋之高者也，故字从广。"
《国语·周语上》："敦庞纯固，于是乎成。"韦昭注："庞，大也。"

"庞"在文献中表示大。"庞"并无表示"高屋"的用例，《说文》所训为造意，是解释从"广"的意图，以屋之大来体现任何事物之大。段氏进一步解释了"庞"之造意。段玉裁《说文解字注》"庞"下又云："庞，引伸之为凡高大之称。"他把《说文》所训"高屋"作本义，以文献中的"高大"义为引申义。韦昭解释"庞"的词义为本义。

《说文·𨸏部》："际，壁会也。从𨸏，祭声。"段玉裁注："两墙相合之缝也。"
《墨子·备穴》："柱善涂亓窦际，勿令泄。"孙诒让间诂引毕沅曰："际，缝也。"
《大戴礼记·曾子天圆》："此皆阴阳之际也。"王聘珍解诂："际，会也。"
《淮南子·精神》："与道为际。"高诱注："际，合也。"

"际"，物体接合之处，适用于任何物体，如木板、石头、衣服等。文献用例中"际"尚无"两墙相接处"的用法。《说文》所训为造意，是解释从"𨸏"的意图，为实义的具体化。后三条为训诂释义，释"际"为"缝""会""合"，这是用不同的词解释其本义。

《说文·穴部》："突，犬从穴中暂出也。从犬在穴中。"徐锴系传："犬匿于穴中伺人，人不意之，突然而出也。"
《广雅·释诂二》："突，猝也。"

"突"在文献中的词义是忽然、猝然。《周易·离》："突如其来如。"孔颖达疏："突然而至，忽然而来。"现有文献没有"犬"表示"犬从穴

中突然而出"的用法。《说文》说解的是造意，字形本身以会意描绘了"犬从穴中突然而出"的意象。徐锴做了进一步的说明。后世学者也有误识此意为本义的，段玉裁《说文解字》"突"字下注："引伸为凡猝乍之称。"段氏以《说文》所训为本义，以文献中使用的意义"猝乍"为引申义。此言误。《广雅》所释为词的本义。

　　《说文·𨸏部》："阽，壁危也。从𨸏，占声。"
　　《广雅·释诂一》："阽，危也。"

　　"阽"在文献中的词义是危险，表示泛称。《楚辞·离骚》："阽余身而危死兮，览余初其犹未悔。"王逸注："阽，犹危也。"古代训诂大师对《说文》的训释有不同看法。有的以为是本义。如段玉裁《说文解字注》"阽"下云："阽，引伸为凡物之危。"有的以为是造意。如王筠《说文句读》"阽"下云："见于群书者，皆但言危，此云壁者，或以其从阜也。"王筠的分析甚是，而段氏的看法不当。"危"之"壁危"义目前尚无文献用例，《说文》的训释旨在说明从"𨸏"的意图，为"危险"义的具体化。《广雅》解释了"阽"的本义。

　　2. 形训错误求证了造意，训诂释义正确解释了本义

　　《说文·肉部》："㪔（散），杂肉也。从肉，㯃声。"
　　《集韵·换韵》："散，分也。"
　　《广韵·翰韵》："散，分离也。"

　　许慎以为"散"字"从肉"，故有"杂肉"义。王筠《说文句读》"散"下注："散字从肉，故说曰杂肉。实是散碎通用之字，故元应取杂而删肉也。"王氏明确提出"散"的本义不表示"杂肉"，而是表示散碎。还有的学者详尽分析了"散"的字形结构。林义光《文源》云："散为枲，无杂肉之义……（古）从月，不从肉。月即夕字，象物形，从攴，朩象分散形。本义当为分散之散……经传皆用散字。"林氏精辟分析了"散"的字形，以为该字从"月"，进一步否认了"散"有"杂肉"义。他与王筠的看法一致，"散"表示散碎、分散义，为"散"的本义。这是值得肯定的。现存文献中，"散"无表示"杂肉"义的例句。《说文》错误地解释

了"散"的造意。《集韵》《广韵》解释了"散"的本义。《周易·说卦》："雷以动之，风以散之。"

  《说文·首部》："蔑，劳，目无精也。从首，人劳则蔑然，从戍。"
  《周易·剥》："初六，剥床以足，蔑贞，凶。"王弼注："蔑，犹削也。"
  《国语·周语中》："今将大泯其宗祊，而蔑杀其民人，宜吾不敢服也！"韦昭注："蔑，犹灭也。"

许慎以为"蔑"字从"首，人劳则蔑然，从戍"，朱骏声通训定声："按许说此字误也。当云从首，伐声，结字似戍耳。""蔑"的甲骨文、金文都像以戈击打人头，朱说近是。《说文》错误分析了"蔑"的字形结构，造意推求不当。"蔑"尚无表示"目无精"义的文献用例。王弼、韦昭解释"蔑"表示削、消灭，这是其本义。

二 声训探求词源意义，训诂释义表述词汇意义

声训是利用声音的线索去考求词义，"目的是通过训释词与被训释词之间的同源关系，来说明词义的来源并显示词义的特点"[①]，声训主要用来探求词源意义，反映多词之间的音义关系，或系源、或推源。训诂解释的是词汇意义。今人误识声训为一般的词汇意义训释。我们应把它们区分开。

1. 声训探求的词源意义不同于训诂释义表述的词汇意义

  《释名·释山》："山大而高曰嵩，嵩，竦也，亦高称也。山小高曰岑，岑，嶃也，嶃然也。"
  《尔雅·释山》："山小而高曰岑。"

"岑"，小而高的山。《尔雅》解释了"岑"的义位，属于训诂释义。《释名》"山小高曰岑"是解释词的义位。"嵩""岑"相对，形成一组同

[①] 王宁：《训诂原理概说》，载王问渔主编《训诂学的研究与应用》，内蒙古人民出版社1986年版，第82页。

义词。"岑,嶄也,嶄然也"探求"岑"的词源意义,意思是形容山势高峻的样子,目前尚无文献用例。古代文献还有"岑"解释为险峻义的。《礼记·大学》"止于丘隅"郑玄注:"知鸟择岑蔚安闲而止处之耳。"孔颖达疏:"岑,谓险峻。"孔氏揭示了"岑"的词义特征,并非解释一个完整的义位。郑玄注中的"岑"应表示山。

《释名·释天》:"酉,秀也。秀者,物皆成也。"
《说文·酉部》:"酉,就也,八月黍成可为酎酒。卯为春门,万物已出。酉为秋门,万物已入。"徐锴系传:"就,成熟也。"

"酉""秀"同源。"秀",草类植物结实。《诗经·豳风·七月》:"四月秀葽。"毛传:"不荣而实曰秀。"刘熙认为"酉"源于"秀",表示事物皆已成功。以"秀"释"酉",是揭示了两者的同源关系,训语"物皆成"进一步说明了"酉"的得名之由。目前所见文献无"酉"表示"秀"的用例。《释名》运用了声训。"酉"有表示"就"的用例。《淮南子·天文》:"酉者,饱也。"《史记·律书》:"酉者,万物之老也。"两例的"酉"均表示成熟、老。因此,《说文》属于训诂释义。

《释名·释丧制》:"(锡)緆,治也,治其麻使滑易也。"
《玉篇·糸部》:"緆,治麻布也。"
《说文·糸部》:"緆,细布也。"

《释名》以"治"释"緆"是声训,"緆"源于"治",谓织治而成细麻布。《玉篇》盖沿用了《释名》的声训,现存文献没有"緆"表示"治麻布"义的用法。《玉篇》可能是误释。"緆"是名词,《说文》解释了它的本义,表示"细布"。《文选·司马相如〈子虚赋〉》:"郑女曼姬,被阿緆。"李善注引张揖曰:"阿,细缯也;緆,细布也。"

2. 声训探求的多个词源意义同时也是词汇意义

组一:

《释名·释典艺》:"论,伦也,有伦理也。"
《诗经·大雅·灵台》:"于论鼓钟。"朱熹集传:"论,伦也。言得其

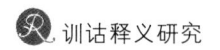

伦理也。"

组二：

《荀子·儒效》："人论，志不免于曲私而冀人之以己为公也。"王念孙案："论，读为伦。伦，类也，等也。"

组三：

《礼记·王制》："凡制五刑，必即天论。"郑玄注："论或为伦。"陆德明释文："论，音伦，理也。"

《淮南子·兵略》："故至于攘天下，害百姓，肆一人之邪，而长海内之祸，此大论之所不取也。"刘文典集解引王念孙曰："论与伦同，伦，道也。言为天道之所不取也。"

《〈论语〉序解》宋邢昺疏："论者……蕴含万理故曰理也。"

第一组，"论"表示伦次、条理。《释名》以"伦"释"论"是声训，训语"有伦理"表示事物有条理。这是进一步揭示了"论"的得名之由。《诗经》有这样的用例。第二组，"论"表示类。"论"与"伦"同源。王念孙释义为"类""等"，在《荀子》中表示词汇意义。第三组，"论"表示道理。"论"仍与"伦"同源。三条释义都训"论"为"理""道"，在《礼记》《淮南子》《论语》中都表示词汇意义。

三 义训探求意义，训诂释义表述意义

义训是不借助于音和形，仅从现有意义的角度来推求词义。其中有一类叫据文证义，"即根据文献中的具体语言环境，去说解词义，也就是根据文意来推求词的含义，应该说，这是义训的实质"[①]。义训是一种推求意义的方法，训诂释义是表达义位，两者的不同是很明显的。

1. 训诂释义的表述言简意赅，义训通过上下文句、训诂条例或修辞方

[①] 陈绂：《训诂学基础》，北京师范大学出版社1990年版，第115页。

式等推证词义

《诗经·小雅·吉日》:"既张我弓,既挟我矢。发彼小豝,殪此大兕。"毛传:"殪,壹发而死。"陈奂传疏:"小豝言'发',大兕言'殪',互词。故《传》以'壹发而死'释经'殪'字,必兼上句'发'字以明意耳。"

"发",发箭。"殪",射死。"发彼"二句为互文,意谓"发而殪彼小豝,发而殪彼大兕",皆一发即死。毛传是训诂释义,毛亨为什么释"殪"为"壹发而死"?一般读者不容易明白。陈奂指出"发""殪"为"互词",即互文,故"殪"的训释要关照到"发"字。陈奂的传疏通过求义,使我们豁然开朗。

《诗经·鲁颂·閟宫》:"不亏不崩,不震不腾,三寿作朋。"郑玄笺:"亏、崩,皆谓毁坏也。震、腾皆谓僭踰相侵犯也。"孔颖达疏:"亏、崩以山喻,故皆谓毁坏也。震、腾以川喻,故皆谓僭踰相侵犯也。"

郑笺先解释概括意义,然后随文而释。孔颖达探讨了表示这两个文中之义的根据,都因比喻而来。郑笺是训诂释义,而孔疏是求义。

《诗经·大雅·皇矣》:"修之平之,其灌其栵。"朱熹集传:"灌,丛生者也。栵,行生者也。"王引之述闻:"下文柽椐檿柘方及木名,菑翳灌栵则泛言木之形状耳。'栵'读为'烈',烈,枿也,斩而复生者也。"

"栵",丛生的小树。朱熹解释了"栵"的义位,属于训诂释义。王引之分析,下文"柽""椐""檿""柘"指具体的树木名称,"菑""翳""灌""栵"泛指树木的形状。根据行文的对应关系,推证"栵"所表之义。这属于义训。
2. 训诂释义与义训的得失形成对照
有的词义训释是错误的,而正确的词义通过义训来求得。

《尚书·洪范》："恭作肃，从作乂，明作哲，聪作谋，睿作圣。"该句在多处文献中被引用，其中的"谋"释作"谋事"。王引之通过义训解作"机敏"。

《史记·宋微子世家》："恭作肃，从作治，明作智，聪作谋，睿作圣。"裴骃集解："孔安国曰：'所谋必成审也。'马融曰：'上聪则下进其谋。'"

王引之《经义述闻》卷三："恭与肃、从与乂、明与哲、睿与圣，义并相近，若以谋为谋事，则与聪字义不相近，斯为不类矣。今案，谋与敏同，敏古读若每，谋古读若媒，谋敏声相近，故字相通……故《五行传》曰：'听之不聪，是谓不谋。'不谋即不敏。若以为不能谋事，则谋上须加能字，而其义始明。是毛公之解或哲或谋，伏生之解聪作谋，皆以谋为敏，正与经指相合，而董、刘、马、郑诸儒以谋为谋事，胥失之也。"

王引之根据上下文句意和词与词的组合对应关系，推断"谋"当"敏"讲，纠正了前人的误训。

《诗经·邶风·终风》："终风且暴，顾我则笑。"毛传："终日风为终风。"韩诗："终风，西风也。"

王引之《经义述闻》云："此皆缘词生训，非经本义。终犹既也，言既风且暴也。《燕燕》曰：'终温且惠，淑慎其身。'《北门》曰：'终窭且贫，莫知我艰。'《小雅·伐木》曰：'神之听之，终和且平。'《甫田》曰：'禾易长苗，终善且有。'《正月》曰：'终其永怀，又窘阴雨。'终字皆当训为既。"

毛传、韩诗都直接说明《诗经》"终风"的词义，表示西风。该条释义是否正确呢？王引之举证《诗经》大量文例，最终推证"终"表示既，"终"与"风"不是一个合成词，而是两个词。王氏的求义修正了前人的误训。

有的词义训释是正确的，而义训反映了错误的求义过程与结果。

《诗经·大雅·棫朴》："追琢其章，金玉其相。"毛传："相，质也。"郑玄笺:"相,视也。犹观视也。追琢玉使成文章,喻文王为政,先以心研精,合于礼义,然后施之,万民视而观之,其好而乐之,如睹金玉然。言其政可乐也。"

"相",质地、实质。原文的"章"与"相"相对,"章"指表现出来的形式,"相"即金玉的质地。毛传训"相"为质是确诂。郑玄以"相"的常用义解释,推证的过程脱离了上下文意,所以结果是错的。

第二章　训诂释义的类型

训诂中文化义的训释占相当比重。根据这一实际情况，我们探讨语文义的训释与文化义的训释两种类型。语文义的训释与文化义的训释从本质上说，都属于语言活动，但各自又有所不同。语文义的训释仅是局限于语言范畴内部的对词义的一种理解与表达。文化义的训释，也是一种语言现象，但要融进文化内涵，故需兼跨语言与文化两个范畴。相对而言，文化义的训释比语文义的训释复杂得多。这两类释义的研究，既要关注本体性，也要重视文化性、跨学科性。

训诂中所释词语基本上分为两大类：明晰词语和模糊词语，与通常所说的明晰语言和模糊语言对应。明晰词语表示的意义是确切意义，模糊词语或部分明晰词语表示的意义是模糊意义。对这两类意义的训释，在古汉语中有所不同，各成系统，又相辅相成。本章探讨这两类意义的训释。

第一节　语文义的训释

词语具有的一般概念义及其由语言本身因素形成的派生义，就是语文义。语文义反映了人们对词语表示事物的一种认识和评价，它既可能是人们对事物的一种本质的、全面的认识，也可能是一种非本质的、表象的认识。[1] 语文义用一般的语文词语训释，表达其内容的各个方面，我们称这类释义为语文义的训释。训诂中语文义的训释非常普遍。

词义反映人们对事物本质的、全面的认识。释义时，就必须准确、贴

---

[1] 参见张联荣《古汉语词义论》，北京大学出版社2000年版，第44页。

切地把握词的客观意义，再运用适当的方法表述出来。如何才能做到这一点呢？关键是要表述出词的区别性特征。区别性特征是词的意义的个性所在。表达出词意义的个性，就能让读者把这个词的意义同其他词的意义区别开来，从而明白指的是"这一"种事物，而不是其他事物。

古汉语中有的语文词语，又可视作专科术语，训诂学者通过表述事物对象的概念来揭示事物的本质特征，能被大多数人所理解。

寸，十分也。（《说文·寸部》）
圆，一中而同长也。（《墨辩·经上》）
力，刑（形）之所以奋也。（《墨辩·经上》）

这三条都准确训释了"寸""圆""力"的概念。第三例，《广雅·释诂一》："奋，动也。"梁启超《墨经校释》："形之所以奋在力，深合物理。奋，动也，物质恒动不已以成众形。""力"源于物体运动，墨子的训释深合物理学的原理。

训诂释义中，这类词概念的训释很少采用纯粹的术语，[①] 因此，根据训诂的实际，我们不列这一类。但不能说训诂中语文义的训释就没有术语的成分，事实上在语文义的训释中含有科学术语的成分。我们看《说文》对"电""雷"的释义："电，阴阳激耀也""雷，阴阳薄动，雷雨生物者也"。有的学者以为"电"是语文义，[②] 其实，它并不完全是描述现象，还蕴含了一定的科学知识。训语中用到"阴""阳"，是古代的电学术语，表示正电与负电。古人对电的认识来源于闪电，他们对闪电这种自然现象有粗浅的了解，《说文》释"电"的意思是正电与负电撞击而产生的一种现象。古代汉语的"电"指闪电。《诗经·小雅·十月之交》："烨烨震电，不宁不令。"孔颖达疏："烨烨然有震雷之电。"南朝梁刘勰《文心雕龙·檄移》："震雷始于曜电，出师先乎威声。"《说文》初步揭示了闪电产生的原理。"雷"与"电"关系密切，故以"阴阳薄动"训释。许慎也同样用了术语"阴""阳"。这两个术语在当时已经成为日常用语，能被

[①] 这里指的是一般的语文典籍。专科典籍的训诂与之不同，专业术语的使用非常广泛。如明代李时珍《本草纲目》就运用了大量医学术语训释专名。
[②] 参见张联荣《古汉语词义论》，北京大学出版社2000年版，第75—76页。

大多数人所理解，这样的概念训释准确而易懂。

"电""雷"的释义都吸收了术语表达，这是语文义的训释中不容忽视的部分。而现代语文辞书释义却没有很好地借鉴。《汉语大字典》的解释如下：

电：①闪电。
②有电荷存在和电荷变化的现象。电是一种很重要能源，广泛用在生产和生活各方面，如发光、发热、生产动力等。
雷：①带异性电的两块云相接近时，因放电而发出的强大声音。

《汉语大字典》对"雷"的第一个义项、"电"的第二个义项都采取科学的训释，而对"电"的第一义项直接用"闪电"解释，不予科学解释。"雷""电"属于同一语义场，这样释义没有关照到词的整体特征。《说文》将"电""雷"紧密联系在一起，就胜于《汉语大字典》的释义。从电学角度讲，《汉语大字典》"电"的第二个义项侧重于发电的电，本质与闪电的电没有什么不同，这样解释使读者误以为它们之间有区别。所以，"电"的第一个义项应借鉴《说文》的释义，融进科学解释的成分，释为"云与云之间或云与地面之间所发生的放电现象"更稳妥。

对于一般的语文词语，我们通过把握词义的区别性特征来认识事物的本质方面。释义时，训诂学者着力表达词义的区别性特征。区别性特征包括两方面内容，有的是词义的本质特征，有的是较重要的一般特征。本质特征虽然决定了概念的形成，但在释义中惟区别性特征才能体现词的意义内容及内涵。故在训诂释义中，我们关注的是词义的区别性特征的两部分，而不仅局限于本质特征。训诂中在这两方面均有训释。

义界式是常见的一种释义形式，揭示了词义的本质特征。例如：

理，治玉也。（《说文·玉部》）
帙，书衣也。（《说文·巾部》）
衰，艸雨衣也。（《说文·衣部》）
探，远取之也。（《说文·手部》）

这些释义准确而周密。

第二章 训诂释义的类型

古人还善于用同类词语表达同类的意义特征，用不同的词语揭示区别性特征。这样释义，更容易在比较中突出词义的"个性"。以《尔雅》为例，看下面三组词的释义。

组一：

鹿：其迹，速。（《释兽》）
麋：其迹，躔。（《释兽》）
麕：其迹，解。（《释兽》）

组二：

雉绝有力者，奋。（《释鸟》）
鱼有力者，徽。（《释鱼》）
（犬）绝有力，狑。（《释畜》）

组三：

兔子，嬔。（《释兽》）
鲲，鱼子。（《释鱼》）
貈子，貆。（《释兽》）

这三组都用义界式。第一组，"速""躔""解"是兽迹名。"其迹"表示共同的类别特征，"鹿""麋""麕"揭示区别性特征。《尔雅》兔、獐、貍、狐、貒、貈等都有足迹专名，均用这种训释方法。第二组，"奋""徽""狑"是各种强壮有力的动物专名，相同的训语"（绝）有力"，表示相同的意义特征，前面的类名"雉""鱼""犬"都表示词的区别性特征。《尔雅》狼、猪、牛、兔、马、麋、鹿、獐、熊、虎类动物中，绝有力者均有专名，均用此种释义法。第三组，"嬔""鲲""貆"是幼仔专名。训语中"子"表示共同的概念特征，"兔""鱼""貈"表示各词的区别性特征。《尔雅》狼、猪、牛、羊、鸡、麋、鹿、獐、鱼、貍、貔、貒、鸥、鹬、鴽、鹑、雉、熊、虎类等都有幼仔专名，也用这种表述方法。从这三组释义看，《尔雅》已经初步注意到词本身的特点，采用分门别类的

· 35 ·

方法，通过运用词语的同异来比较区别性特征，说明这方面的释义工作已相当深入和系统。

同样一个词，很多人用义界训释，有的揭示本质特征，有的揭示比较重要的特征。看下面两组释义：

组一：

口，人所以言、食也。（《说文·口部》）
口，所以司纳水谷。（《素问·阴阳应象大论》"在窍为口"王冰注）
口者，所以发言语。（《鬼谷子·权篇》"故口者机关也"陶弘景注）

组二：

故口者，机关也，所以开闭情意也。（《鬼谷子·权篇》）
口者，心之门户也。（《鬼谷子·捭阖》）
口者，脾之门户。（《白虎通义·情性》引《元命苞》）

"口"的释义分两种方式，第一组训释区别性特征，《说文》表达了许慎对"口"比较全面、本质的认识。王冰及陶弘景训释了词义的本质特征，但不及《说文》全面。第二组训释词义的一般特征，反映了人们的局部认识。

训诂学者还运用描写的方式来揭示词义的区别性特征。词义内部成分非常复杂，从语文义的角度，描述的方面非常多，如何取舍呢？利奇在《语义学》中以"狗"为例，阐述了词的释义方法。他认为狗有无限多的特征，如果把它们全部写在定义中，结果就不是词典中的一个词条，而是百科全书中一个无限长的条目了。解决的办法之一，就是选择一些特征、排除另一些特征。[1] 其意就是选择那些比较重要的特征，排除不重要的特征。我们以"狼"的释义为例来分析。《说文》对"狼"的训释是：

似犬，锐头，白颊，高前，广后。

---

[1] 参见［英］杰弗里·N. 利奇《语义学》，李瑞华等译，上海外语教育出版社1987年版，第119—120页。

第二章　训诂释义的类型

许慎描述了"狼"的外形，同时，也揭示了它与哪种动物相近。作者选择的这些特征比较清晰地勾勒了"狼"的外在特征，我们能对这一动物有比较全面的认识。这种释义方法也被国外学者们所倡导，利奇在《语义学》中举到《简明牛津词典》对"狼"的释义：

wolf：Erect-eared straight-tailed harsh-furred tawny grey wild gregarious carnivorous quadruped allied to dog preying on sheep etc. or combining in packs to hunt larger animals.① （狼：食肉四足野兽，两耳耸立，尾直，身披灰褐色粗皮毛；爱群居；与狗同源；捕食羊等，或成群猎食较大的动物。）

《简明牛津词典》解释"狼"，包括饮食习惯、外形特征、与哪种动物相似、生活方式等几方面。释义内容比《说文》丰富，都是力求捕捉词义的区别性特征。训诂释义中，这类释义非常普遍，以《尔雅》为例，如：

组一：

貁，印鼻而长尾。时善乘领。（《释兽》）
騉蹄，趼，善升甗。（《释畜》）
騉駼，枝蹄趼，善升甗。（《释畜》）

组二：

魋，如小熊，窃毛而黄。（《释兽》）
狻麑，如虥猫，食虎豹。（《释兽》）
犹，如麂，善登木。（《释兽》）
駮，如马，倨牙，食虎豹。（《释畜》）

第一组描述动物的形态、习性。第二组与前组略有不同，用"如"

---

① ［英］杰弗里·N. 利奇：《语义学》，李瑞华等译，上海外语教育出版社1987年版，第288—289页。

"类"等,以类比法,指出它们的外形像哪种动物。再描写外形,说明习性。它们都描述了词义比较重要的特征。

在单个词的释义中,哪些特征重要,哪些不重要,有时取决于个人的判断,我们应从众多释义中,比较哪种表述最能反映事物的比较重要的特征。

狒狒,如人,被发,迅走,食人。(《尔雅·释兽》)
狒狒,类人,而被发长唇反踵。(李贺《送秦光禄北征》"银壶狒狖啼"王琦注)
(狒狒)其状如人,面长唇黑,身有毛,反踵,见人则笑。(《尔雅·释兽》"狒狒,如人"郭璞注引《山海经》曰)
狒狒,力负千斤,笑辄上吻掩额,状如猕猴。(段成式《酉阳杂俎·毛篇》)

这四条释义均描绘了"狒狒"的外貌特征。前三条释义指出狒狒像人,第四条指出像猕猴,虽然类比的动物不同,但都很近似,这是"狒狒"的一个比较重要的特征。训语中"被发""长唇"也是比较重要的特征。其他描写则很难说是比较重要的特征。

训诂释义有时用递推类比的方法,也能突出词义的较重要特征。

羆,如熊,黄白文。(《说文·熊部》)
熊,似豕而大,黑色。(《资治通鉴·汉纪二十四》"捕熊羆禽兽"胡三省注)

许慎把"羆"描述为"如熊",胡三省把"熊"描述为"似豕",两个词不用互相类比,而是用递推类比来释义,鲜明地突出了词义的较重要特征。这种现象在同部书中也如此。"熊",《说文·熊部》释作"兽,似豕,山居,冬蛰"。也以"豕"描绘"熊"。

语文义反映的还可能是人们对事物现象笼统的或表象的认识。这类词义的训释非常灵活,或表述为同义词,或描述与事物相关的现象,揭示词义的一般特征。读者以此获得对事物、现象非本质的认识。例如:

爱，谓亲爱。(《礼记·哀公问》"爱与敬"孔颖达疏)
恨，怨也。(《说文·心部》)
盐，生于咸水者也。(《急就篇》卷二"芜荑盐豉醯酢酱"颜师古注)

"爱""恨"用同义词训释。"盐"通过描述一个具体的生活现象来揭示词义。这样的表述显然没有把词义的区别性特征揭示出来。关于这些词，西方语言学家做过探讨，以为这种解释是不准确的，对其持否定态度。布龙菲尔德提出了自己的观点：

> 为了给每个语言形式的意义下一个科学的准确的定义，我们对于说话人的世界里每一件事物都得有科学的精确的知识……只有当某个言语形式的意义在我们所掌握的科学知识范围以内，我们才能准确地确定它的意义。比方，我们可以根据化学和矿物学来给矿物的名称下定义，正如我们说"盐"这个词的一般意义是"氯化钠"，我们也可以用植物学或者动物学的术语来给植物或动物的名称下定义，可是我们没有一种准确的方法来给像"爱"或者"恨"这样一些词下定义，这样一些词涉及到好些还没有准确地加以分类的环境——而这些难以确定意义的词在词汇里占了绝大多数。①

"盐"与"爱""恨"是两类词，布氏认为前者可以用"氯化钠"解释，这才是"科学""精确"的。而后者就非常棘手，不能用术语解释，他还没有找到一种准确释义的方法。

布氏把"盐"释作"氯化钠"，这是用化学术语解释它的科学概念。若以科学概念的解释来否定语文义的训释，就违背了释义的一般原则，"释义并不等于表述一个事物对象的概念。对概念的理解，有深有浅。很深入的理解，就是科学概念的内涵。只有百科辞典和大百科全书，需要释义在不同程度上完全展现科学概念。一般的语文词典，只是极少量的条目可以按科学概念的内容要求来进行解释；不过这样的科学概念也应是在较

---
① [美]布龙菲尔德：《语言论》，袁家骅等译，商务印书馆1980年版，第166页。

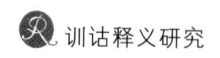

广泛的、文化水平高一些的读者群中成为常识性的"①。术语不是全民共同语，使用局限于较小范围内。术语的解释精确，语文义的训释通俗，但前者不能代替后者。英国学者利奇强调了日常表达方式的重要性，他说：

> 这个定义也说明了另一种不恰当的倾向，即用科学的或专门的定义来代替一个词的日常意义，这样就迎合了一种流行的想法，那就是对一个词作的科学解释就是该词的"真正意义"，因此一般使用语言的人如果不知道一个词的科学定义，那么在使用这个词时是"意义含糊的"，或者是"不确切的"。如果持这种观点，那就否定了现代语言的语义学以及本书所采用的方法的前提。这个前提就是语言表达方式的意义正是使我们在语言交际中，不论是在日常的语境中还是在专门的语境中，能恰如其分地使用这一表达方式的认识。②

利奇所说"日常意义"就是我们所说的语文义。他认为科学定义属于术语学的范畴，以术语代替语文词表达的做法并不合适。利奇所言为词语释义指出了一个根本方向，语文词须立足于语言本体，而不是以科学术语的表述代替日常交际语言。语文义的训释正是用日常的交际语言表达的，上述对词义的训释方式不能被否定。

以科学术语解释所有的语文词是行不通的，像"爱""恨"就如此。我们确实很难用术语准确地解释出这两个词。另外，就科学术语的解释本身来说，也有弊端。科学认识具有时代性，今天看来是科学的，随着认识的深化，也许明天就不那么准确了，所以以科学术语释义也就具有时代性。即使从一个时代考察，能对一个词下一个非常准确的科学定义，仍然会有一些困难。利奇说：③

> 像盐＝氯化钠这种根据科学公式所下的定义，是简单地把一套语言符号换成另一套语言符号，这样做反而把语言解释的任务推迟了一步。如果科学语言和日常语言一样具有意义，那么我们就面临着给

---

① 刘叔新：《释义中的区别性特点问题》，《语言文字应用》1994年第1期。
② ［英］杰弗里·N. 利奇：《语义学》，李瑞华等译，上海外语教育出版社1987年版，第288—289页。
③ ［英］杰弗里·N. 利奇：《语义学》，第4页。

"氯化钠"的意义下定义这一问题了；如果我们能够用一个更精确的更能说明问题的科学公式来取代"氯化钠"，那么还会产生同样的问题。布龙菲尔德用以探求意义的方法导致了一条无止境的逆行的途径，不仅在实际上而且在逻辑上它都是一条死胡同。

布龙菲尔德主张离开语文义本身，完全依赖同时代的科学术语，这种解释的方法是一条死胡同。

这类语文义的训释表面看起来，确实不如揭示区别性特征那样完善，但表达不完善，并不是人们没有精确的表述方法，而是不需要也没有必要精确地表达它，这是由语文义的特点决定的，也是由人的认识决定的。当人们的认识不那么精确时，像"盐""爱""恨"这样的释义正充分地反映了人们的认识程度。上述古人的释义，我们都能通过它了解词义。"爱""恨"以同义词解释，表达了它与其他词的同义关系，我们对这两种情感的认识是抽象、朦胧的。一般的语文词语或表示动作行为、或表示状态、或表示程度、或表示速度等，人们认识它们，不及名物词那样具体可感，解释时就比较笼统。这类词多采用同义词训释。如《尔雅·释诂》类聚众多词，以一个意义相同的词训释。

怡、怿、悦、欣、衎、喜、愉、豫、恺、康、妉、般，乐也。
洋、观、裒、众、那，多也。
妃、合、会，对也。
亏、坏、圮、垝，毁也。

"盐"与"爱""恨"不同，它属于专科性词语，人们可以从多方面、多角度认识这类词表示的事物，认识可以是深入的，也可以是浅显的；既可以是全面的，也可以是局部的。随着认识的不同，释义的要求也就不同。当我们只认识浅显的、局部的方面时，释义就不必揭示词义的区别性特征。就像《急就篇》训释"盐"，通过描述表象，使读者都能掌握它的意义。

有时，语文义的训释甚至反映我们对事物错误的认识。《尔雅·释鸟》："鸟之雌雄不可别者，以翼右掩左，雄；左掩右，雌。""雌""雄"如何区别？《尔雅》编者描述了一种现象，或"以翼右掩左"，或"左掩右",通过这种现象让读者去认识"雌""雄"的意义。这显然反映了人们的错误认识。《说文·虫部》:"雉入海化为蜃。"现代人都知道大蛤是海里独立存在的动物。但是许慎生活的时代,人们受科技水平的限制,传说蜃是野鸡入海变成的。这些表达并不影响我们理解词义。

　　语文义的训释有的包含科学概念的成分,有的训释词义的区别性特征,有的训释词义的一般特征,还有的反映对事物错误的认识。前两类释义直接明快,我们能很容易地认识词义,也会全面、本质地认识事物。第三类释义比较笼统,但具有存在的合理性。第四类释义或片面或错误,但与语文义的特点相符合,也属其中的一个类型。

第二节　文化义的训释

　　关于词的文化义,目前学者有不同的观点。有的从词义学角度提出文化义的概念。① 还有的结合释义来分析,以为"释义反映的并不是全民对词语的共同认识,它所反映的是释义者的一种政治思想、伦理观念或者道德准则,我们可以把这样的释义称作文化义"②。这是从文化的角度训释词,表达的意义就是文化义。也有学者论及释义的文化性,认为它"是指要揭示词语的文化内涵,也就是人类社会的各种(物质的、精神的)文化现象。具体说涉及政治、军事、经济、典章制度、文学、艺术、饮食、服饰等诸多方面"③。这主要是针对文化词,表述词的文化内容。文化义的训释关涉文化义与释义两个方面,我们应根据后者分析考察。学者们的这些看法,需要我们进一步分辨认识。

　　不管是一般的语文词,还是文化词,只要表述了词本身的概念义,不

---

① 例如,崔永华认为词语的文化意义是指"社会赋予词或短语的感情色彩、风格意义、比喻意义、借代意义以及特有的概念意义"(崔永华:《词汇、文字研究与对外汉语教学》,北京语言文化大学出版社 1997 年版,第 319 页)。谢荣认为"文化义是指词语的形式和内容,在其结合、表达和演化过程中所隐含着的有关政治经济、思想意识、审美情趣、价值观念、宗教信仰、思维方式和表达习惯等方面的意义"(谢荣:《论词的文化义》,《韩山师专学报》1992 年第 2 期)。
② 张联荣:《语文义·术语义·文化义》,《辞书研究》1997 年第 1 期。
③ 郭迎春:《从〈礼记卷〉看专书辞典词语释义的文化性》,《辞书研究》2000 年第 6 期。

管详略与否，都是语文义的训释。我们以为文化义的训释就是训者从文化的角度表达一种心理状态、思想观念、审美理想、道德准则。这种表达或相当于义位的训释，或相当于义素的训释。上述关于释义的文化性，所说的文化内容是词本身具有的词义内容，我们把这样的训释仍归在语文义的训释中。训释者赋予被训词文化色彩，这类词义的表达，就属于文化义的训释。

众多词语中，有的本是语文词，训诂者既采用语文义的训释，也采用文化义的训释，两者形成鲜明对比。

  桃，桃枝也。（《礼记·玉藻》"有荤桃茢"孔颖达疏）
  桃，鬼所畏也。（《周礼·夏官·戎右》"桃茢"郑玄注）
  桃，所以逃凶也。（《左传·昭公四年》"桃弧棘矢"孔颖达疏引服虔云）

第一例训释了"桃"的概念义，是语文义的训释。第二、三例，文献中的"桃"都表示桃枝。但训者均从文化义的角度训释。古人以为鬼畏桃木桃枝，故君临臣丧，巫祝挥拂桃枝扫帚，以驱除凶邪不祥。郑玄、孔颖达借"桃"这个物，表达了一种驱邪观念。

  玉者，坚刚而有润者也。（《周易·鼎》"鼎玉铉"孔颖达疏）
  玉者，所以等神祇，别人事，其用自重焉。（《大戴礼记·用兵》"玉瑞不行"卢辩注）

第一例是语文义的训释，孔颖达表述了词的概念义。第二例，"玉"在《大戴礼记》中仍表示这个概念义，卢辩从古人的审美观念来解说"玉"，这是文化义的训释。

有的本是文化词，训者同样或采用语文义的训释，或采用文化义的训释。前者是文化词的词义内容，后者是附着于概念义上的次要义值，即在概念义上进一步阐述有关的思想观念。

  艮，卦名也。（《广韵·恨韵》）
  艮，东北之卦也。（《周易·蹇》"不利东北"李鼎祚集解引虞

翻曰）

  艮，山也。(《周易·说卦》)

  "艮"是一个有哲学内涵的词。前两例采用语文义的训释。"艮"，《周易》卦名，八卦之一，也为六十四卦之一。第三例，《周易》以"山"训释"艮"，并不表示"山"所指的实体，即地面上由土石构成的隆起部分。它不是同义训释，也不是训释词义的本质特征，所以不是语文义的训释。以"山"训释，意味像山一样，具有象征意义，表达了一种哲学思想。

  仁，亲也。(《说文·人部》)
  爱人谓之仁。(《论语·微子》"殷有三仁焉"邢昺疏)
  仁，体爱也。(《墨子·经上》)
  爱人利物之谓仁。(《庄子·天地》)

  "仁"是一个文化词，表示仁爱、相亲，体现了古代的道德观念。《说文》训释了"仁"的概念义。后几例采用文化义的训释，不同流派以各自的道德标准训释"仁"，《论语》代表儒家，主张人与人相互亲爱。《墨子》《庄子》的训释又有所不同，例如《庄子》"仁"字曹础基注："作者所说的'爱人利物'与儒家所说的'仁者爱人'，墨家所说的'兼爱'等不同，他认为任随人与物本性的自然就是爱人利物了，而绝非要对人对物表示亲爱。"[①]《论语》《孟子》《庄子》训释了"仁"的不同文化内涵。这三例训释与《说文》的训释比较，很明显是在"亲"这个高度概括的概念义上的具体申论。

  文化义的训释，有的是直接训释词的一个义位。

  心，人心，土藏，在身之中。象形。博士说以为火藏。(《说文·心部》)
  肝，木藏也。(《说文·肉部》)
  肺，金藏也。(《说文·肉部》)

[①] 曹础基注说：《庄子》，河南大学出版社2008年版，第194页。

脾，土藏也。(《说文·肉部》)
肾，水藏也。(《说文·肉部》)

"心""肝""肺""脾""肾"是古代中医认为的五脏。许慎都用"藏"训释，表示内脏。《周礼·天官·疾医》："参之以九藏之动。"郑玄注："正藏五，又有胃、旁胱、大肠、小肠。"贾公彦疏："正藏五者，谓五藏：肺、心、肝、脾、肾，并气之所藏。"五个被训词的训语中分别有"火""木""金""土""水"，这是五行，中国古代称构成各种物质的五种元素。中医以五行之说释五脏，分别配以"火""木""金""土""水"。这在当时已成为共识，当人们读这些词条时，都能理解被训词指的是什么。

这五个词中的"肝"一般不采用语文义的训释，① 而"心""肺""脾""肾"，故训采用语文义的训释，例如：

心者，人之本也，身之中也。(《急就篇》卷三"肠胃腹肝肺心主"王应麟补注引《通释》)
肺，气之主也。(《仪礼·特牲馈食礼》"举肺脊以授尸"郑玄注)
脾，裨也，在胃下，裨助胃气主化谷也。(《释名·释形体》)
肾，形如豇豆相并而曲，附于吕筋外，有脂裹，表白里黑，主藏精。(《说文·肉部》桂馥义证引戴侗曰)

这一组词采用文化义的训释比采用语文义的训释更完善、系统。语文义的训释与文化义的训释都表述了词的一个义位。文化义的训释采用了系统的五行思想，"金""木""水""火""土"构成这五个被训词的区别性特征。在对比系统中，很容易识别各自的词义。语文义的训释在这方面略逊于文化义的训释。

有时，训释的文化义附着于概念义后，表示义位的一个义素。

---

① 我们主要查阅了《故训汇纂》列举的故训，"肝"没有语文义的训释。参见宗福邦、陈世铙、萧海波编《故训汇纂》，商务印书馆2003年版，第1847—1848页。

  壬，位北方也。阴极阳生。故《易》曰："龙战于野。"战者，接也。象人怀妊之形。承亥，壬以子。生之叙也。与巫同意。(《说文·壬部》)

  月，阙也，大阴之精。(《说文·月部》)

  "壬"，天干序数的第九位，在五行属水，位北方。许慎释以"位北方"，这是概念义。后面的部分，他按照阴阳五行的认知模式，进一步阐述了"壬"的文化内涵。"阴极阳生"是文化义。许慎引证《易》说，这是具体论证"阴极阳生"。段玉裁精辟分析了《说文》中"壬"字的文化义，云："《月令》郑注：'壬之言任也。时万物怀任于下。'《律书》曰：'壬之为言任也。言阳气任养万物于下也。'《律历志》曰：'怀任于壬。'《释名》曰：'壬，妊也。阴阳交，物怀妊，至子而萌也。'……引《易》者证阴极阳生也……许君以亥壬合德，亥壬包孕阳气，至子则滋生矣……巫像人两袖舞，壬像人腹大也。""月"，释以"阙"，这是概念义，说明了月亮的外形。《说文系传·月部》："月，阙也；十五稍减，故曰阙也。"《白虎通义·日月》："月之为言阙也，有满有阙也。"训语"大阴之精"，用阴阳之说训释"月"，这是文化义。

  有的词，直接从文化义的角度训释，还不宜作为一个义位，仅可充当义位中的陪义。

  夫义者，所以济志也，诸德之发也。(《礼记·祭统》)

  义者，所以合君臣、父子、兄弟、夫妻、朋友之际也。(《淮南子·齐俗》)

  义者，所以等贵贱、明尊卑者也。(《大戴礼记·盛德》)

  "义"，《汉语大字典》释作"品德的根本，伦理的原则"。这是"义"的一个义位。故训也训释了它的义位。《孟子·公孙丑上》："其为气也，配义与道无是馁也。"赵岐注："义谓仁义，可以立德之本也。"这表达了概念义。上述释例与此不同，都是在概念义基础上的进一步阐述，表达了释义者的伦理、道德标准。各自都不能作为一个独立的文化义位，只能充当义位的一个陪义。

  文化义的训释，从意义划分的角度看，包括比喻义、联想义、象征义、理据义等多种意义。

1. 比喻义

《诗经·曹风·鸤鸠》:"鸤鸠在桑,其子七兮。"毛传:"鸤鸠,秸鞠也。鸤鸠之养其子,朝从上下,莫从下上,平均如一。"郑玄笺:"兴者,喻人君之德当均一于下也。"

"鸤鸠",布谷鸟。毛亨训释了"鸤鸠"的概念义。古人根据它的生活习性,兴喻君以仁德待下的品质,这是"鸤鸠"的比喻义,也即文化义。郑玄从文化角度,训释了在文中表达的含义。这反映了古人的价值观念。后代还有这样的比喻用法。三国魏曹植《上责躬诗表》:"七子均养者,鸤鸠之仁也。"

2. 联想义

这一类反映事物的非重要特征。

我其忧悼而不能寐,汝思我心如是,我则嚏也,今俗,人嚏,云"人道我",此古之遗语也。(《诗经·邶风·终风》"寤言不寐,愿言则嚏"郑玄笺)

根据郑玄笺,汉代人们普遍有这样的心理反应:人一打喷嚏,就说有人谈到我了。这是从《诗经》时代传下的老话。后代沿袭不废。宋苏轼《元日过丹阳明日立春寄鲁元翰》:"白发苍颜谁肯记,晓来频嚏为何人?"宋马永卿《懒真子》卷三:"俗说以人嚏喷为人说,此盖古语也。"元萧东父《齐天乐》:"梦游间阻,怨杀娇痴,绿窗还嚏否?"直到今日,它还保留在中国的许多地方。训语"人道我",表达了"嚏"隐含的文化义,反映了古人的心理状态。

3. 象征义

这一类反映人们的伦理道德准则、审美理想等。

枭,不孝鸟也。(《说文·木部》)
枭,不祥之鸟也。(《汉书·郊祀志上》"祠黄帝用一枭破镜"颜师古注引张晏曰)

"枭"，猫头鹰。《正字通·木部》："枭，鸟生炎州，母姁子百日，羽翼长，从母索食，食母而飞。关西名流离。又土枭，鹰身猫面，穴土而居。又《汉仪》五月五日作枭羹赐百官，以恶鸟故食之。亦作鸮。"两例训诂释义不描述这种鸟的形态、习性，而主要从人文角度训释。训语"不孝"反映了古人的伦理价值观念。颜师古以"不祥"训释，表达了人们的审美取向。

4. 理据义

它是词的意义命名的理由和根据，有的具有文化理念，构成义位的次要因子、补充义值。例如，《尔雅》中四季的天各有专名，《释天》："春为苍天，夏为昊天，秋为旻天，冬为上天。"四个词内含文化理据，训诂学者揭示了它的理据义。

《毛诗传》云："尊而君之，则称皇天；元气广大，则称昊天；仁覆闵下，则称旻天；自上降监，则称上天；据远视之苍苍然，则称苍天。"《尔雅》四时异名，《诗传》即随事立称……六籍之中诸称天者，以情所求言之耳，非必于其时称之。（《尚书·尧典》"钦若昊天"孔颖达疏）

古人从心理感受、政治思想等方面，训释了"苍天""昊天""旻天""上天"的理据义。

文化义的训释，纵跨古代训诂释义的整个历史发展过程，存在于各类训诂中。这类释义以文化为依据，形成比较突出的特点，主要表现在以下几个方面。

1. 系统性

中国古代文化具有严密的系统性。训诂学者从文化角度训释词义时，会从一组组词的训释反映出一个完整的文化义体系。例如，"青""赤""白""黑""黄"表示五种颜色。古代以此五者为正色，称作"五色"。这五色本都是语文词，古代都有语文义的训释。以"青"为例：

青谓之葱。（《尔雅·释器》）
青，谓草色也。（李贺《昌谷诗》"立马印青字"王琦注）

"青",绿色。这两例训释了"青"的概念义。古代的训诂学家还从五行之说,系统地训释这五个词的文化义。《尚书·益稷》:"以五采彰施于五色,作服,汝明。"孙星衍疏:"五色,东方谓之青,南方谓之赤,西方谓之白,北方谓之黑,天谓之玄,地谓之黄,玄出于黑,故六者有黄无玄为五也。""青""赤""白""黑""黄"均按照方位来释义。

  赤,南方色,盛阳之气也。(《大戴礼记·明堂》"赤缀户也"王聘珍解诂)
  白,西方色。阴用事,物色白。(《说文·白部》)
  黑,北方色。(《广韵·德韵》)
  青,东方色也。木生火,从生丹,丹青之信言象然。(《说文·青部》)
  黄,中央色也。(《玉篇·黄部》)

训语中"东""西""南""北""中",是五行匹配的五个方位,又分别对应于五个被训词。这五个词的训释体现了古代系统的五行观念,训语中的"东""西""南""北""中"成为这组词系释义的区别性义素。

2. 多样性

一个词被赋予的文化是多方面的,训诂学者会从多种文化释义;一个词被赋予一种文化,训诂学者会从一种文化的各个层面释义。

  风者,天之号令,所以谴告人君者。(《后汉书·蔡邕传》"风者,天之号令"李贤注引《翼氏风角》)
  风,阳中之阴,大臣之象也。(《汉书·天文志》)
  风,土气也。(《尚书·洪范》"曰寒曰风"孔颖达疏引郑玄云)
  风者,木之气也。(《春秋繁露·五行五事》)

"风"的释义体现了多种文化理念。第一例,从当时人们的迷信观念训释"风"。第二例,从阴阳之说训释"风"。第三、四例,从五行之说训释"风"。

又如,"坤"被赋予了哲学内涵,训诂学家运用各种训词,从多个角度、多个层面表达它的文化意义。

  坤，地道也，妻道也，臣道也。（《周易·坤》）
  坤为地，为母，为布，为釜，为吝啬，为均，为子母牛，为大舆，为文，为众，为柄；其于地也，为黑。（《周易·说卦》）
  坤，土也。（《左传·庄公二十二年》）
  坤，臣也。（《国语·周语下》"遇乾之否"韦昭注）
  坤，民也。（《周易·系辞上》"效法之谓坤"焦循章句）
  坤为夕。（《周易·乾》"夕惕若厉"李鼎祚集解引虞翻云）
  坤为凉风。（《周礼·春官·保章氏》"以十有二风察天地之和"贾公彦疏引《考异邮》曰）

  "坤"，《周易》卦名。八卦之一。释例训解"坤"的多种象征意义，包括自然界之物"土""凉风"，人类社会"地道""妻道""母""文""臣"，色彩"黑"，等等。

3. 主观性

  释义者从文化角度释义，有任意发挥的空间，表达的多是一种观念或信仰，附着于概念义上，没有具体的形象。即使对于同一个词，由于使用的场合不同，针对性不同，释义也不相同。

  月者，水之精也。（《论衡·说日》）
  月者，金之精。（《文选·木华〈海赋〉》"若乃大明擑辔于金枢之穴"李善注引《河图帝览嬉》曰）

  "月"表示月亮。从五行之说训释"月"时，一条训释表达"水"，另一条训释表达"金"。由于训者的理解不同，"月"与五行的匹配并不相同。

  羊，土畜也。（《淮南子·时则》"食麦与羊"高诱注）
  羊，土木之母。（《淮南子·时则》"其畜羊"高诱注）
  羊，火畜也。（《礼记·月令》"食麦与羊"郑玄注）

这三例的"羊"在文献中都表示哺乳动物,反刍类。训者从五行之说训释"羊",高诱在《淮南子》同一篇中的释义不相同,或属于"土"或属于"土木"。郑玄释"羊"为"火"类,训释又与高诱不同。

  征,所以正人也。诸侯有罪,则天子讨而正之。(《孟子·尽心下》"征者上伐下也"朱熹集注)
  征之为言正也。各欲正己也,焉用战?(《孟子·尽心下》)

"征"的语文义是征伐。故训有的采用语文义的训释。如,"征,征伐也"(《诗经·鲁颂·泮水》"桓桓于征"郑玄笺)。两个释例采用文化义的训释。第一例,天子讨伐诸侯,是出于"礼乐征伐自天子出"的宗法观念,所谓"正人",是为了正别人。第二例,"之为言正",是为了正自己,训语从儒家"仁者无敌"的思想阐释了"征"的意义。很明显,这两条释义表达了两类不同的文化观念。

4. 时代性

中国古代文化,不同时代具有不同的思想、道德、伦理、观念形态,这些深刻影响着释义者,释义反映了不同时代的文化内涵。

  乌,反哺之鸟,至孝之应也。(《文选·班固〈典引〉》"三足轩翥于茂树"蔡邕注)
  乌,鹅,黑色。皆不祥之物,人所恶见者也。(《诗经·邶风·北风》"莫黑匪乌"朱熹集传)

"乌",鸟名。乌鸦。又称"老鸹""老鸦"。羽毛通体或大部分黑色。乌鸟反哺,故又称孝鸟也。《说文·乌部》:"乌,孝鸟也。"段玉裁注:"谓其反哺也。"第一个释例,"乌"的训语中,"反哺之鸟"训释了概念义;"至孝之应"表达了人们在这个词上赋予的伦理观念,具有赞美之情。

大概在汉代文献中,赋予"乌"的还有凶兆。西汉焦赣《易林》卷一《蒙》:"城上有乌,自名破家,招呼酖毒,为国患灾。"又,卷一《晋》:"乌鸣嘻嘻,天火将起,燔我室屋,灾及姬后。"又,卷七《涣》:"乌鸣庭中,以戒灾凶,重门击柝,备忧暴客。"乌鸦生性贪婪凶猛。明李时珍

《本草纲目·禽三·乌鸦》:"乌鸦大觜而性贪鸷。"人们对它怀有厌恶之情,视为不祥之物。在汉代训释中没有见到表达这种思想感情。这在后代训释中有所反映。朱熹的《诗经》集传,用"不祥之物,人所恶见者也",表达了其审美取向。

> 鬼者,太阳之妖也。(《论衡·言毒》)
> 鬼,阳气也,时藏时见。(《论衡·订鬼》)
> 以二气言,则鬼者阴之灵。(《中庸》"鬼神之为德"朱熹章句)

古代,迷信者认为人死后魂灵不灭,称之为鬼。鬼神论中,有阴阳二气之说。释例均从此释义。汉代,《论衡》释"鬼"以阳气。到宋代,朱熹释"鬼"以阴。按照不同的鬼神观念,两个时代对"鬼"表达的含义正相反。朱熹在"鬼"中表达的观念为今人所接受。

文化义的训释是表达词义的一种必不可少的方法,与语文义的训释起着相辅相成的作用。文化义的训释有灵活广阔的表达义域,拓展了训诂释义的发展空间。释义者从文化角度训释,多方位、多层面展示了训诂释义中最有人文性、最绚丽的部分。

古人在上古时期就认识到,词义是客观的,但对它的表达却可以赋予人文色彩。这种方法大约在上古就形成了,主要源于古代的名辩思潮,"先秦的一些重要的思想家,几乎都提出了所谓'正名'的要求,他们关于名实问题的看法,无不染上社会伦理和现实政治的色彩。他们为了在思想斗争中战胜敌人,名实问题的争论,逐渐发展到关于知识论和逻辑学的探讨,并逐渐成了当时哲学中的一个重要问题。到了战国时期,形成了名辩思潮"[①]。当时的许多释义者同时是名辩思潮的传播者,他们把自己的思想投射在训诂释义中。在以后的发展中,释义者逐渐把人文社会中的心态文化层,即价值观念、审美情趣、政治思想等投射到训诂释义中,使之日趋成熟,在释义方面发挥了重要作用。

---

① 任继愈主编:《中国哲学史》(第1册),人民出版社1963年版,第168页。

第三节　确切意义的训释

词的确切意义，所指对象有确定的范围或外延。人们可以运用明晰语言，采取各种手段、方式或方法，诸如定量、定位、定形等精确表达客观事物的外延，从而达到准确释义的目的。

一　训语中使用精确的数字

训诂释义中注重数量的准确计量和表达。质量、比重、距离等，都有精确的衡量和计算标准，都会依此来训释。

对单个词有的用模糊词语训释，有的用精确数字说明。试比较以下一组例子。

  大曰邦，小曰国。(《周礼·天官·大宰》"以佐王治邦国"郑玄注)
  邦国，谓周之千七百七十三国也。(《周礼·夏官·司士》"周知邦国都家县鄙之数"贾公彦疏)

第一例的"邦""国"以"大""小"释义，词义的边界不清。第二例用"千七百七十三"训释，词义的界限就非常清晰。

有些词只用精确的数字说明词义的外延，如长度、重量、容积、深度等度量衡语词。

  匹，四丈也。(《说文·匚部》)
  钟，十斛也。(《淮南子·要略》"一朝用三千钟"高诱注)
  镒，二十两。(《玉篇·金部》)

"匹""钟""镒"都是量词。"匹"，布帛等织物长度的计量单位，四丈为一匹。"钟"，容量单位，合十斛。"镒"，重量单位，合二十两。释词"四""十""二十"精确说明了三个词的外延。

一些名物词的不同,主要表现在数量的差别上,训诂中以精确的数字说明,词义外延的界限非常清晰。

  珪大尺二寸谓之玠。璋大八寸谓之琡。璧大六寸谓之宣。(《尔雅·释器》)
  肉倍好谓之璧,好倍肉谓之瑗,肉好若一谓之环。(《尔雅·释器》)

前一例,"珪"与"玠"、"璋"与"琡"、"璧"与"宣"分别是三组词,每组词通过尺寸不同而显示出词义外延的不同。第二例,古代圆形有空的玉器孔外部分称为"肉";孔空部分称为"好"。边宽比孔径大一倍的称为"璧",孔径比边宽大一倍的称为"瑗",边宽与孔径相等的称为"环"。

有些词表示的外延数量是序次排列的,训诂中常把它们类聚在一起释义,形成一个线性序列,两端词语只是一头边界清晰,中间的是两头边界都很清晰。

  犬生三,猣;二,师;一,玂。(《尔雅·释畜》)
  公地方五百里,侯四百里,伯三百里,子二百里,男一百里。(《公羊传·隐公五年》"天子三公称公,王者之后称公,其余大国称侯,小国称伯、子、男"徐彦疏)

第一例,犬生三子称"猣",生二子称"师",生一子称"玂"。释词"三""二""一"序次递减,区分出词义的界限。第二例,"公""侯""伯""子""男"为五个等级的爵位。《礼记·王制》:"王者之制禄爵,公、侯、伯、子、男,凡五等。"爵位序次递减,在传注中,所分土地"五百里""四百里""三百里""二百里""一百里"也是序次递减。五个词的词义边界非常清晰。

有些词语表示的对象,构成倍数关系,也形成一个释义的线性序列。

  五尺谓之墨,倍墨谓之丈,倍丈谓之端,倍端谓之两。(《小尔

雅·广度》)

一手之盛谓之溢，两手谓之掬，掬四谓之豆，豆四谓之区。(《小尔雅·广量》)

八家而为邻，三邻而为朋，三朋而为里，五里而为邑，十邑而为都，十都而为师。(《尚书大传》卷四)

第一例，"墨""丈""端""两"是古代长度单位，"墨"用"五"说明长度，后面几个用训词"倍"说明词义外延的不同。第二例，"溢""掬""豆""区"是古代容量单位，"溢"用"一"说明容量，后面分别用"两""四"说明大小关系。第三例，"邻""朋""里""邑""都""师"是古代行政区划单位，"邻"用"八"说明词义的外延。后面分别用"三""五""十"说明大小。

训诂中，除了从一方面用一个数字，有的情况下还会多方面用多个数字来训释。试比较以下一组训释。

大鼓谓之鼖。(《尔雅·释乐》)
鼓长八尺，鼓四尺，中围加三之一，谓之鼖鼓。(《周礼·考工记·韗人》)

"鼖"，古代军中所用的大鼓。在《尔雅》中用"大"描绘，鼖的外形不清晰。在《周礼》中，用"八""四""三之一"等清晰地描绘出鼖的大小轮廓。

对词群也有用多个数据进行说明的。

大箫谓之言，小者谓之筊。(《尔雅·释乐》)
箫，其形参差，象凤之翼，十管，长一尺。(《风俗通义·声音》)
(言)编二十三管，长尺四寸。(《尔雅·释乐》"大箫谓之言"郭璞注)
筊，小箫也，十六管，长尺二寸。(《玉篇·竹部》)

"箫""言""筊"都是竹管乐器，大小不同。《尔雅》用"大""小"说明"言""筊"的外形。在其他三条释义中，分别用多组数字指出"箫"

"言""筭"的管数和长度。

训诂中，还以数字为基础，运用统计的方法。

> 斗第一星至第四为魁。(《淮南子·天文》"斗杓为小岁"高诱注)
> 麻、苧、葛，曰布。(《小尔雅·广服》)
> 金，五色金也。白金银，青金铅锡，赤金铜，黑金铁，黄金为之长。(《正字通·金部》)

"魁"，用"第一"至"第四"说明斗星的总计数量。"布"，列出"麻、苧、葛"，统计可制衣物材料类型为三种。"金"，列出"白金""青金""赤金""黑金""黄金"，统计金属包括的种类为五种。

二 训语中说明时间

训诂释义中重视运用精确的时间准确表达，多见于时间、天文、地理等方面的词语。

> 三十年曰世。(《论语·子路》"如有王者，必世而后仁"何晏集解引孔安国曰)
> 十日为旬。(《尚书·尧典》"朞，三百有六旬有六日，以闰月定四时成岁"陆德明释文)

"世"与"旬"都是表示时间的词语，用"三十年""十日"训释，词义的边界很清晰。

三个以上词语形成序列，有的是循环的，其中的任何一项两头边界都很清晰；有的是线性的，两端词语一头边界清晰，中间的两头边界很清晰。训语中时间的说明都很清楚。

> 田一岁曰菑，二岁曰新田，三岁曰畬。(《诗经·小雅·采芑》"薄言采芑，于彼新田，于此菑亩"毛传)
> 朔，月一日始苏也。(《说文·月部》)
> 八日月中分谓之弦。(《论衡·四讳》)

望，月满之名也。月大十六日，小十五日，日在东，月在西，遥相望也。（《释名·释天》）

晦，谓月之二十九日或三十日。（《尚书·洪范》"一曰岁，二曰月"江声集注音疏）

第一例，"菑""新田""畬"构成一个线性系统，分别用"一岁""二岁""三岁"训释，词义边界区分得很清楚。后四例，"朔"，夏历每月初一，月球运行到太阳和地球之间，跟太阳同时出没，地球上看不到阳光，这种月相叫朔。"弦"，月亮半圆。阴历初七初八，月亮缺上半，叫上弦；二十二、二十三，月亮缺下半，叫下弦。"望"，夏历每月十五日或十六日，地球运行到太阳和月亮之间。当太阳从西方落下去月亮正好从东方升上来的时候，地球上看见的月亮呈圆形，这种月相叫望。"晦"，夏历每月的最后一天。"朔""弦""望""晦"构成一个循环系统，这些注释清晰地说明了时间界限。

词义外延用时间说明，大多简明易懂。少数理解起来并不容易，必须搞清楚与词义有关的科技知识。

时，十二时。（《正字通·日部》）

刻，谓刻之数也，一日一夜一百刻。（《文选·刘琨〈答卢谌诗并书〉》"求数刻之暂欢"刘良注）

五夜谓以甲、乙、丙、丁、戊记其次第也。点者，则以下漏滴水为名，每一更又分为五点也。（陈大昌《演繁露·更点》"一夜分五更者，以五夜更易为名也"颜之推曰）

"时""刻""点"时制的产生，源于人们使用了较精密的测度仪器——漏刻。这是古代利用滴水多寡来计量时间的一种仪器。漏壶中插入一根标竿，称为箭。箭下用一只箭舟托着，浮在水面上。水流出或流入壶中时，箭下沉或上升，借以指示时刻。它起源甚早，周代就有一种掌管漏壶的官职——挈壶氏。在东汉以后相当长的一段历史时期内，中国漏刻的日误差，常保持在1分钟之内，有的甚至只有20秒左右。

"时"，计时单位，时辰。训语"十二时"即十二时辰。每一时辰又分为初、正，合为二十四小时。它以滴漏的方式计时。《周礼·天官·阍人》："以时启闭。"郑玄注："时，漏尽。""漏尽"表示滴水已尽，刻度指到"十二"。"刻"，计时单位。以漏壶计时，一昼夜分为百刻。"点"，夜间的计时单位。一夜分五更，一更又分五点。"时""刻""点"的词义边界训释很准确。

三 训语中说明空间位置

训诂释义中注重空间位置、处所的准确表达，词义外延界限清晰，多见于天文、地理、时间、季节、人体、宫室等词语。

有的说明方位。

斗，北方宿，吴之分野。（《吕氏春秋·孟秋》"昏斗中"高诱注）

火，东方之宿三星中一星，色赤而大，故命之曰火。（《说文·火部》朱骏声通训定声）

参，西方白虎之宿也。（《淮南子·时则》"昏参中"高诱注）

陌，阡陌，田间道。南北曰阡，东西曰陌。（《集韵·陌韵》）

"斗""火""参"三个词语，分别用"北方""东方""西方"说明它们的位置。"阡""陌"分别用"南北""东西"说明田间道的方向。

有的词语运用空间的测量形式来说明。

方，圆之对，矩所出也。（《正字通·方部》）

中规者谓之圆。（《大戴礼记·曾子天圆》"天圆而地方者"王聘珍解诂）

"方"，方形。"圆"，圆形。前者用工具矩测量，后者用工具规测量。规和矩规定了"方""圆"的空间存在形式，词义的边界非常清晰。

有的说明处所。

水中可居者曰渚。（《淮南子·坠形》"东方曰大渚"高诱注）

鼻旁目下耳前曰颊也。（《慧琳音义》卷四十一"颊车"注引顾野

王云)

  以膝隐地，以尻着蹠，而体安者，坐也。(《陔余丛考》卷三十一引朱子跪坐拜说)

"渚"，水中的小块陆地。用"水中"限定"渚"的边界。"颊"用"鼻旁目下耳前"限定它在脸部的位置。"坐"用"膝隐地，以尻着蹠"说明这个动作的着力点。

词群有循环式的，说明词义的两个边界在空间方面有清晰的界限。

  西南隅谓之奥，西北隅谓之屋漏，东北隅谓之宧，东南隅谓之窔。(《尔雅·释宫》)
  昏斗指东方曰春。(《公羊传·隐公元年》"春者何"何休注)
  (昏斗)指南方曰夏。(《公羊传·隐公元年》"岁之始也"何休注)
  (昏斗)指西方曰秋。(《公羊传·隐公元年》"岁之始也"何休注)
  斗柄指北，于时为冬。(《周易·说卦》"正北方之卦也"孔颖达疏)

第一例，"奥""屋漏""宧""窔"是房屋的四个角落，分别用"西南""西北""东北""东南"来说明，这四个方向构成循环式。后四个例子，"春""夏""秋""冬"分别用斗柄指向东方、南方、西方、北方来训释。

四　多种方法的运用

在一组词群中，既有数量说明，也有时空说明。

  谓立春日是去年四时之终卒，今年之始也。(《史记·天官书》"立春日，四时之始也"司马贞索隐)
  至于仲春之月，阳在正东，阴在正西，谓之春分。春分者，阴阳相半也，故昼夜均而寒暑平。(董仲舒《春秋繁露·阴阳出入上下》)

> 至于中秋之月，阳在正西，阴在正东，谓之秋分。秋分者，阴阳相半也，故昼夜均而寒暑平。（董仲舒《春秋繁露·阴阳出入上下》）
>
> 夏至，日在东井，景尺五寸。（《周礼·春官·冯相氏》"冬夏致日"郑玄注）

中国古代历法，根据地球在围绕太阳公转轨道上的二十四个不同位置，定出二十四节气。每段开始的一日为节名。二十四节气表明气候变化和农事季节。节气在阳历上每年有固定日期。上举"立春""春分""秋分""夏至"四个词的界限都很清晰。在"立春"的训语中，既有数字"四"说明数量，也有"今年之始"说明时间。"春分"与"秋分"都是太阳直射赤道，南北半球昼夜长短平分，但阴阳相反。《春秋繁露》不仅用"仲春""中秋"指出它们的时段，还用阴、阳的位置、多少进一步说明这两个节气。"夏至"用"日在东井"这样一个典型的情景大致说明时间段，然后用"景尺五寸"精确说明它的词义边界。

在一组词群中，有的用数字，有的用所处数列的位置说明。

> 一者，度数之原。（《鹖冠子·天则》"度有分于一"陆佃注）
>
> 十者，数之小成。（《左传·襄公二十八年》"楚不几十年"孔颖达疏）
>
> 百，十十也。（《说文·白部》）
>
> 千，十百也。（《说文·十部》）

上述"一""十"使用数字序列的位置来说明，"百""千"使用数学计算的方法来训释。

古汉语中，部分词义的边界随着时代的不同而不同。对词义外延的训释会随着发生变化。

> 正，岁之首月，夏以建寅月为正，殷以建丑月为正，周以建子月为正。（《集韵·清韵》）

春秋时代开始以十二支纪月，叫作月建。冬至所在的月份叫作子月。子月之后，顺序为丑月、寅月……子月之前，逆次为亥月、戌月……春秋战国时代形成所谓夏历、殷历、周历。三者主要的区别在于岁首的不同，也就是正月的月建不同。夏历以建寅之月为正月，殷历以建丑之月为正月，周历以建子之月为正月。汉以后仅指夏历一年的第一个月。《春秋·隐公元年》："元年，春，王正月。"杜预注："隐公之始年，周王之正月也。凡人君即位，欲其体元以居正，故不言一年一月也。"《集韵》明确指出"正"表示农历一年的第一个月。夏、殷、周三代都不同。

礼制，周犹以十寸为尺。（《礼记·王制》"古者以周尺八尺为步"郑玄注）

三代建正之别名，夏以十三月为正，十寸为尺……殷以十二月为正，九寸为尺……周以十一月为正，八寸为尺。（蔡邕《独断》卷上）

唐尺一尺比六朝一尺二寸。（《陔余丛考》卷三十引程大昌《演繁露》）

宋司马侑刻布尺比周尺一尺三寸五分。（《陔余丛考》卷三十引《稗史》）

古尺当今尺六寸有奇。（《仪礼·士丧礼》"竹杖长三尺"胡培翚正义引吴绂云）

"尺"，古长度单位，历代定制的实际长度不一。夏以十寸为尺，殷以九寸为尺，周以八寸或十寸为尺。以后像唐、宋、清代等"尺"的长度都有所不同。通过上述五个训释，清晰地显示出不同时代"尺"的词义边界。

日常生活中需要大量词语有确切的词义外延，满足人们交际的需要。在确切意义的训释中内含了测量、计算、推理、验证等逻辑方法。一些词语反映了当时先进的科学技术，需要很好的逻辑、科学语言进行训释，用上述数学或科学方式进行描述时就会表达出精确性语义。

第四节　模糊意义的训释

模糊意义是一种客观存在，其"特点在于词语所标示对象的边界不明。如果词语 A 所标志的对象与非 A 所标志的对象之间没有明确的界限，就说 A 是模糊的"①。如何很好地训释这类词，是现代语文释义的重要研究课题之一，对训诂释义研究也同样如此。由于词具有这样的特点，对它们的训释就有特殊的要求与习惯。

训释具有确切意义的词，要精确说明它的概念内涵及其外延。训释具有模糊意义的词，对概念内涵与外延的要求就不同。这类词的意义也存在一个精确训释的问题，关键是"精确"表现在哪些方面。一般来说，中心区域的训释一定要明白无误，义域部分的表达则要模糊，这是现代词典编纂的一般原则，"将模糊概念引入词典编纂有很大好处，可以使我们在该模糊的地方不必下精确的定义"②。训诂释义同样如此。

训释具有模糊意义的词，用模糊语言来表述，能收到准确释义的效果。看下面的两组释例：

《墨子·经上》："久，弥异时也。"张纯一集解："久，义与宙同。"

《墨子·经说上》："久，合古今以（暮）。"

《墨子·经说上》："久，古今旦莫。"

《吕氏春秋·下贤》："神覆宇宙而无望。"高诱注："往古来今曰宙。"

《庄子·庚桑楚》："有长而无本剽者，宙也。"郭象注："宙者，有古今之长，而古今之长无极。"陆德明释文："宙，虽有增长亦不知其始末所至者也。"

---

① 石安石：《语义论》，商务印书馆1993年版，第58页。
② 伍铁平：《模糊语言学》，上海外语教育出版社1999年版，第320页。

古人很早就知道自然界不是一个纯粹量化的体系,"久""宙"两个词反映了这样的认识。"久""宙"都采用了义界式。关于概念具有精确外延的词,下定义时,一般要满足两个要求:"一是充分性,即必须能包含概念的各种变体;二是区别性,即能区别于其他概念,不包含概念指称范围以外的任何事物。"[1] 对于具有模糊性的词义,下定义时"就必须既对中心意义(变体)有明确的定义,又对边缘模糊部分的意义(变体)有所包含;既要全面指称集内全体成员,又要避免超界指谓"[2]。"久",时间长。训语中的"异时"指过去、现在、早晨、黄昏等不同的时候。用"异时",说明概念内涵,揭示了词义的时间长度。墨子又详细释为"古今旦莫",具体指出了"异时"的内容。两种表达都非常清楚地训释了"久"的概念内涵。同时,训者表述为"古今旦莫",这四个词的时间段不确定,也就决定了"久"的外延不确定。

"久"表示有长度的时间段。与"久"关系密切的另一个词"宙",表示古往今来的时间。《文选·班固〈幽通赋〉》:"胥仍物而鬼諏兮,乃穷宙而达幽。"李善注:"圣人须因卜筮,然后谋鬼神,极古今,通幽微也。"根据古注,"宙"是过去、现在和未来的总和,一个有持续长度的时间实体。高诱言"宙"的时间长度为"往古来今",揭示了概念的内涵。训释语言"往古来今"本身的时间长度没有明确的界限。郭象与陆德明训释"古今"的界限难以言"极",把"宙"的概念外延讲述得再明了不过了。

这两组训释显现了"宙"与"久"的不同,"久"表示现在以前的任何一段时间,而"宙"的时间更长,还包括未来。高诱、墨子释"久""宙"的概念内涵非常准确,训释外延的界限都很模糊,但这并不影响我们对词义的理解。这两组故训达到了准确释义的目的。

有的情况下,模糊意义的训释,训释语言没有模糊性,读者要按照"模糊"来理解。人类能够做到对事物进行精细观察和科学分析,也能够做到用精确的词语表达出来。但有时却没有必要这样做。一些看似精确的词语,实际内含了模糊意义。这在日常交际中达成共识,成为一种约定俗成的现象。古汉语不少这样的词语被用来训释模糊意义。例如:

---

[1] 陈维振、吴世雄:《范畴与模糊语义研究》,福建人民出版社2003年版,第77页。
[2] 陈维振、吴世雄:《范畴与模糊语义研究》,第78页。

《说文·秃部》:"秃,无发也。"

"无"即没有,"无发"不可作"绝对没有头发"解。我们试看下面两例:

无力:没有力气,没有力量。《周礼·考工记·梓人》:"锐喙、决吻……若是者谓之羽属,恒无力而轻。"《庄子·逍遥游》:"且夫水之积也不厚,则其负大舟也无力。"

无日:不日,为时不久。《诗经·小雅·頍弁》:"死丧无日,无几相见。"郑玄笺:"死亡无有日数,能复几何与王相见也。"汉刘向《列女传·殷纣妲己》:"不修先王之典法,而用妇言,祸至无日。"

"无力"并非表示力气、力量为零,而是表示力量、力气很少。"无日"并不指一天都没有了,而是表示日子不多了。"无力""无日"与上面"秃"的训语"无发"结构相同,对它们的理解应该一致。

《说文》"无发"实际表示没有多少头发。头发到底脱多少?《说文》并没有在词义边缘给予明确界定,正与"秃"的模糊性相吻合。日常交际中,不精确表达出脱发的数量,但人人都知道"秃"是什么意思。因为这符合我们的交际原则,英国语言学家琼斯曾说:"我们大家(包括那些追求'精确无误'的人)在说话或写作时常常使用不精确的、含糊的、难于定义的术语和原理。这并不妨碍我们所用的词是有用的,而且确实是必不可少的。因为人们不仅有理性,而且有常识(直接的感觉、直觉)。人们在听话和读书时,很大程度上是依靠它们的。尽管使用不精确的词语和难于定义的术语,一般地说来,人们还是能够理解意思的。"①《说文》省略"秃"脱发之数量,减去了表达的冗赘部分,释义简约而易懂。

上述例子均训释了单个词,反映了词义范围的不确定性。在释义方法上,训诂学家还擅于通过比较来训释具有模糊性的词。同一语义场的相邻词语之间形成模糊边界。这类词仍以训释词的中心区域为重心,边界不用语言明确表示出来。

两个具有模糊意义的词,词义边缘存在一个过渡区域,美国语言学家

---

① 转引自游汝杰《"音位"的历史和涵义》,《国外语言学》1980年第2期。

萨丕尔称之为 blend area（交融区域）。像反义词就有这种情况，他说："相互对立的性质只有相对的绝对值。例如，good（好）和 bad（坏），甚至 far（远）near（近）所具有的心理特性，同 green（绿）和 yellow（黄）是一样的。它们之间在逻辑上并不存在一个真正的准则，而只是存在一个交融的区域（blend area），在这个区域内渐次变化的各种性质在其对立的方向上相遇。"① 这类词，释义一定体现出这个过渡区域。训诂释义中利用反义词来表达。以《说文》为例，训语多表述为"不＋反义词"的形式。

少：不多也。　　拙：不巧也。　　浅：不深也。
涩：不滑也。　　逆：不顺也。　　晻：不明也。
痴：不慧也。　　假：非真也。　　惰：不敬也。
贵：物不贱也。

《说文》这些否定训释法，有学者以为"释义缺乏明确的界定和对词义的具体分析，显然不是一种理想的释义方式"②。我们认为这一评价不完全准确。词义缺乏具体分析，这确实不符合现代释义的要求，释义"缺乏明确的界定"恐怕不当，因为词义具有模糊性，难以也不需对词义进行明确的界定。上列训语从逻辑上看，数量少到多少为"少"，不可能精确描写，而"不多"并不等于"少"，其间还可能有几个过渡义域，如"很少""不太少""有点少""较少""不多也不少"等，所以"少"的词义模糊。物体粗糙到什么程度为"涩"，也不能精确描述，"不滑"并不等于"涩"，中间的过渡义域有"不太滑""不大滑""有点滑"等，所以"涩"的词义模糊。其他例同理。多与少、涩与滑、逆与顺等之间是相对的，本没有一个截然分明的界限。这种否定释义方法由语言的模糊性质所决定。另外，多与少、巧与拙、深与浅、贵与贱将全部深度、数量的度、动作灵活度、价格幅度的外延全部包括了，古汉语中无表示二者之间的中等程度的词。模糊度只出现在两词之间，不会与第三个词发生关系。这也为此种训诂方式提供了释义相对准确的前提，成为一种约定俗成的现象。

---

① ［美］E. Sapir（萨丕尔）：*Selected Writings in Language, Culture and Personality*（《关于语言、文化和人的论文选》）。转引自伍铁平《模糊语言学》，上海外语教育出版社1999年版，第101页。括号内的词句是引用者为了便利读者理解根据原文上下文添加的。
② 张联荣：《古汉语词义论》，北京大学出版社2000年版，第71页。

正因为词义本身的外延边缘比较模糊，故释义也就"模糊"训释。《说文》的否定训释法应是优劣参半。

上述部分词有同义词，例如：

少——微　　　　　拙——笨　　　　逆——忤
晻——暗（或"昏"）痴——呆　　　　假——伪
惰——懒

《说文》这些词为何不用同义相训，而用"不+反义词"的训释法呢？同义词的训释难以反映出被训词的概念外延与哪个词发生关系，也无法勾勒由此及彼的词义过渡区域，而否定训释法却把一对反义词系联在一起，提示了由此及彼的词义过渡区域，用否定词限定了非此即彼的词义内涵。这种释义法符合古人的思维方式。相对来说，《说文》的否定训释比同义训释更利于表达模糊意义。

表达词义的过渡区域，要以准确训释被训词的词义为前提。如果只是为了体现过渡区域，而不顾释义的准确性，这是本末倒置。训诂释义存在这种情况。

《尔雅·释言》："咸，苦也。"

郭璞《尔雅注》："苦即大咸。"郝懿行《尔雅义疏》云："苦味近辛，故言辛苦……咸极必苦……故《淮南子·地形训》云：'炼苦生咸。'"古汉语有"咸苦"一词，《三国志·魏志·牵招传》："郡所治广武，井水咸苦，民皆担挈远汲流水，往返七里。"李时珍《本草纲目·金石五·食盐》集解引陶弘景曰："蜀中盐小淡，广州盐咸苦。"这从一个侧面证明咸与苦关系最为密切，咸必伴有苦味。古人确实认识到词义的界限之间有一个模糊的区域，训诂中以义域最近的词来训释被训词，并不能训释被训词的概念，只能提示两词之间的相关关系。它不符合一般释义要求。这种训释方式不多见，在现代已被摈弃。

三个以上具有模糊意义的词，有的呈有序的语义关系。训诂释义中，把它们聚合在一起，进行比较训释。训释语言清楚地训释了词的中心区域，同时也反映出各词外延的多个递变交融关系。这些词的边界或是两头不明，或是一头不明。例如：

《尔雅·释器》："一染谓之縓，再染谓之赪，三染谓之纁。"

"縓"，浅红色。郝懿行《尔雅义疏》："縓色在白赤黄之间。"《礼记·檀弓上》："练，练衣黄里，縓缘。"陆德明《经典释文》云："縓，浅赤色，今之红也。""赪"，比縓稍红的浅红色。郭璞《尔雅注》："赪，浅赤。""纁"，比赪稍红的浅红色。郭璞《尔雅注》："纁，绛也。"《尚书·禹贡》："厥篚玄纁玑组。"孔颖达疏："李巡云：'三染其色已成为绛。'纁、绛，一名也。""縓""赪""纁"是三个颜色词，深浅不同。《尔雅》用织染的次数比较颜色深浅不同，揭示三个词的中心区域，表示红色，概念非常明确。"縓"深到什么程度变成"赪"，"赪"深到什么程度变成"纁"，边缘部分存在着无法定义的过渡色，因而词义在其边缘部分是模糊的。从"縓"到"赪"，再从"赪"到"纁"，经历两个过渡区域。它们不可能精确描写，故训也未予揭示。但是，通过训语的训释，我们能看到"赪"，一边与"縓"、另一边与"纁"边界不明。"縓"与"赪"、"纁"与"赪"一头边界不明。如果孤立地训释以上三个词，虽然能了解它的词义，但不会看到边界与哪个词发生关系。"縓""赪""纁"是一组同义词，训者通过辨释词的理性意义，显示出词之间的交融区域。

有的模糊词语无序排列，训语训释了词义特征，同时反映出错综的交融区域。训诂学者于同一语义场内，训释各个词，实际具有了比较的特征，也显现出词义的交融区域。例如，"夙""旦""早""晨""朝""曙""晓"为一组同义词，相同义为早晨。"早晨"与"上午"的边缘是模糊的，"早晨"语义场内部几个词的时间段之间比较模糊。哪些词形成交融区域，我们要根据释义做出判断。兹择列如下：

夙：A《尔雅·释诂下》："夙，早也。"《玉篇·夕部》："夙，旦也。"
B 亦作"舛"。《说文·夕部》："舛，早敬也。"胡光炜《说文古文考》："象人执事于月下，侵月而起，故其谊为早。"《尚书·舜典》"夙夜惟寅"孔安国传："夙，早也。言早夜敬思其职，典礼施政教，使正直而清明。"

旦：A《玉篇·旦部》："旦，早也，朝也，晓也。"
B《说文》"旦"字饶炯部首订："谓日出平明之时。"

早：A《说文·日部》："早，晨也。"
B《六书故·天文》："早，日之早时。"《诗经·周南·小星》"夙夜在公"郑玄笺"或早或夜在于君所"孔颖达疏："晨初为早。"

晨：A《尔雅·释诂下》："晨，早也。"
B《释名·释天》："晨，伸也，旦而日光复伸见也。"《诗经·小雅·庭燎》"夜乡晨"郑玄笺："晨，明也。上二章闻鸾声尔，今夜乡明，我见其旂，是朝之时也。"

朝：A《说文·倝部》："朝，旦也。"《尔雅·释诂下》："朝，早也。"
B 罗振玉《增订殷虚书契考释》："此朝暮之朝字，日已出茻中，而月犹未没，是朝也。"《广韵·宵韵》："朝，早也。又旦至食时为终朝。"《周礼·地官·司市》"朝时而市"孙诒让正义："朝，谓平旦至食时。"

曙：A《说文新附·日部》："曙，晓也。"《类篇》卷十九："曙，旦也。"
B《玉篇·日部》："曙，东方明也。"

晓：A《玉篇·日部》："晓，曙也。"
B《说文》"晓"字段玉裁注："此亦谓旦也，俗云天晓是也。"

被训词的理性意义都表示早晨。上面各词有 A、B 两种释义。A 类用同义词训释，训词几乎是这组同义词中的任何一个成员。训词的词义边界不确定，也就不能明确揭示出被训词的词义边界。B 类或用直训式、或用描述式，简约指出了各词表示的时段。"夙"，太阳还没出来、月亮将落的时候。"旦"，太阳冒山之时。"早"，日未出到日初升的一段时间。"晨""朝"，日出之后至早饭的一段时间。"曙"，天刚亮的时候，能见到日光。"晓"，天蒙蒙亮，还未见到曙光。训者运用模糊短语或句子释义，有的通过模糊的时间词语来表达。像"旦"字饶炯的释义，"日出平明之时"是从日未出到天大亮这一段，具体时间不确定。有的通过相关的活动来表达，如"朝"，孙诒让释作"平旦至食时"，"食时"没有准确的时间。释例表明"夙"表示的时间最早，边界与其他词一头不明。"旦""早""晨""朝""曙""晓"的义域都互相交融，边界两头不明。

词有特指与泛指之别，表示特指的词有明确的词义边界，而当泛指时，词义边缘就具有模糊性。训诂释义中对它们的训释各有不同。如，男子三十为"壮"，即壮年。《礼记·曲礼上》："人生十年曰幼学；二十曰弱冠；三十曰壮，有室。"《释名·释长幼》："三十曰壮，言丁壮也。""壮"以"三十岁"训释，词义边界明晰。"壮"还泛指成年。《楚辞·离骚》："及余饰之方壮兮，周流观乎上下。"朱熹注："方壮，亦巫咸所谓年未晏、时未央之意。""年未晏""时未央"表示年纪不老、年岁未半。这些表达很模糊，"壮"没有明确的界限。

"壮"与"老"的边界模糊，"老"表示泛指。表示老龄的语义场内，"老"与"考""耆""耄""耋"形成同义关系，都表示老龄，其异点表现在岁数不同。故训界定各词的词义范围并不统一。例如：

老：《说文·老部》："老，考也。七十曰老。"《楚辞·离骚》："老冉冉其将至兮。"王逸注："七十曰老。"《论语·述而》："其为人也，发愤忘食，乐以忘忧，不知老之将至云尔。"刘宝楠正义："计夫子时年六十三四岁，故称老矣。"《论语·季氏》："及其老也，血气既衰，戒之在得。"邢昺疏："老，谓五十以上。"

考：《说文·老部》："考，老也。"《诗经·大雅·棫朴》："周王寿考，遐不作人。"郑玄笺："文王是时九十余矣，故云寿考。"《汉书·元帝纪》："黎庶康宁，考终厥命。"颜师古注："考，老也。言得寿考，终其天命。"

耆：《说文·老部》："耆，老也。"段玉裁注："《曲礼》'六十曰耆'，许不言者，许以耆为七十已上之通称也。"《释名·释长幼》：

"六十曰耆。"《后汉书·韦彪传》"君年在耆艾"李贤注引《礼记》曰："七十曰耆，五十曰艾。"

耄：《诗经·大雅·抑》："借曰未知，亦聿既耄。"毛传："耄，老也。"《释名·释长幼》："七十曰耄，头发白，耄耄然也。"《诗经·大雅·板》："匪我言耄。"毛传："八十曰耄。"《礼记·曲礼上》："八十、九十曰耄。"《左传·隐公四年》："卫国褊小，老夫耄矣，无能为也。"杜预注："八十曰耄。称国小已老。"

耋：《尔雅·释言》："耋，老也。"郭璞注："八十为耋。"《诗经·秦风·车邻》："今者不乐，逝者其耋。"毛传："耋，老也，八十曰耋。"《左传·僖公九年》："以伯舅耋老，加劳，赐一级，无下拜。"杜预注："七十曰耋。"《公羊传·宣公十二年》："使帅一二耋老而绥焉。"何休注："六十称耋。"

以上关于"老"的一组词，不管是随文而释的传注，还是训诂专著，都试图划出老年的上限或下限，明确所指的年龄段。比较这些释义，词的义域存在重复交叉的情况。当代一些语文辞书释义不统一，即使同一本辞书标准也不一致。《汉语大字典》的释义就如此：

老，五十至七十岁的高龄。
考，老、高寿。
耆，六十岁的老人。
耄，年老、高龄。
耋，六十至八十岁的高龄。

"老""耋"是综合各家之说而释义。"考""耄"表示泛指。"耆"表示特指。《汉语大字典》没有把五个词置于同一语义场中，很难比较它们的词义范围。针对这种情况，我们应根据古代文献，给各词划定一个大致的范围。《汉语大字典》对"老""耋"的训释比较稳妥，其他词略作补正："考"，九十岁以上的高龄。"耆"，六七十岁以上的年纪。"耄"，七十岁至九十岁的高龄。各词的词义范围有交叉，词义的边界也就不好考察了。

模糊意义的训释通过独特的表述方式显现了模糊词语的意义特点，为人们认识词义表达的事物发挥了巨大的作用。1944年德国语言学家卡西勒尔说:"日常言语的词不能用科学概念中所体现的那些尺度去衡量。同科学概念相比,日常言语中的词的特点是其不明确性和模糊性,因此经受不起逻辑分析的考验。但是我们日常生活用词的这一不可避免的天生的缺陷并不影响这些词成为引向科学概念的里程碑,因为我们正是从这些词中获得对世界的第一个客观的理论认识。"[①] 模糊意义是我们认识世界、探索科学的基础。对它的适当的表述,给我们提供了非常理想的理解方式。训诂释义对模糊词义边界的巧妙处理,减少了词义次要信息的干扰,有利于读者掌握词义的本质。

---

① 转引自伍铁平《模糊语言学》,上海外语教育出版社1999年版,第105页。

第三章　词训

　　根据传统训诂，用意义相同、相关的单词（包括复音词以及单音词）训释，称之为词训。词训在训诂释义中非常普遍。长期以来，学界从训诂方式，把这类训释划分为直训、互训、递训、同训等，研究成果甚多，成就斐然；而从训诂释义角度，对训词的表述方式研究得并不深入。训词与被训词的意义关系，由词义的相同程度，逐级划分为词义的等值训释、准等值训释及不等值训释，本章分别研究每类的释义情况。

第一节　词义的等值训释

　　在储存态下，训词以固定义位训释被训词，意义完全等同，这类词的释义为等值训释。训词与被训词在哪些层面构成意义完全等同关系？这与学界对等义词的认识有密切关系。目前，对等义词的看法还不尽一致，[①]有学者提出等义词是词的理性意义完全相同，附加意义不同。我们认为这种观点正确，用它来分析词义的等值训释。等值训释就是等义词的训释，也即异名的训释，训词与被训词的词语构成及来源不同，达到了以已知释未知的目的。

[①] 例如，一派以蒋绍愚为代表，云"等义词也叫'绝对同义词'，指社会意义略有不同之外在任何场合都可以互换的词"（蒋绍愚：《古汉语词汇纲要》，北京大学出版社1989年版，第107页）。另一派以黄金贵为代表，提出"理性意义相等但其附加意义有异"的同义词就是等义词（参见黄金贵《论古汉语同义词的识同》，《浙江大学学报》2002年第1期）。我们认为，以"互换"作为判断等义词的一个标准，有很大缺陷，前一种观点不完全准确，而后一种观点正确。本书以后一种观点来分析训诂释义的有关问题。

一　共时、共域等值

在同一时段、同一地域，形成众多等义词，等义词互训。

1. 词汇系统内部的共时共域

不同的文风文体及交际环境，需要同一对象用不同词语表达，促使了异名的形成。这类异名在语用色彩方面不同，但理性意义完全相同。异名或通过修辞手段而得名，或来源于典故、神话传说等。它们富有形象色彩或艺术色彩。用异名训释，一方面词义完全等值，另一方面通过异名显现的构词理据暗示了名物的特征。

异名反映事物的形态。有的运用了比喻。《尔雅·释丘》："方丘，胡丘。""胡丘"即"壶丘"，形似腹圆口方的壶的高地。"方丘"客观说明了山丘的形状，"胡丘"通过比喻手法描绘其形态，形象可感。有的通过借代。《尔雅·释虫》："蠨蛸，长踦。"郭璞注："小蜘蛛长脚者。"《广雅·释亲》："踦，胫也。""蠨蛸"是联绵词，命名理据隐晦，而"长踦"以形命物，通过身体特征代称蜘蛛本身，简明形象。有的用拟人。《尔雅·释鸟》："鴗鳭，戴鵀。"郭璞注："鵀即头上胜，今亦呼为戴胜。""胜"，古代妇女盛装的一种首饰。一名"花胜"。《释名·释首饰》："花，象草木花也；胜，言人形容正等，一人著之则胜也。蔽发前为饰也。"此鸟头上有棕栗色羽冠，如妇女之胜，"戴鵀"用拟人方法指称鸟名。"鴗鳭"与之相比，形象性较差。

异名反映事物的功能。《说文·艸部》："芫，鱼毒也。"段玉裁注："芫草，一名鱼毒，煮之以投水中，鱼则死而浮出，故以为名。""鱼毒"，芫花的别名，名称反映了芫花的功能。《尔雅·释鸟》："鴷，斫木。""鴷"与"裂"同源，有割裂义。郭璞注："口如锥，长数寸，常斫树食虫，因名云。""鴷"因它的啄食功能而得名。

异名反映事物与人类社会的关系。《诗经·邶风·谷风》："习习谷风，以阴以雨。"毛传："东风谓之谷风。"孔颖达疏："孙炎曰：'谷之言穀，穀，生也。谷风者，生长之风。'"先秦时，"东风"就已出现。《楚辞·山鬼》："东风飘兮神灵雨，留灵修兮憺忘归。""谷风"反映了事物与农业的关系。

异名还来自神话传说。《诗经·小雅·大东》："睆彼牵牛，不以服箱。"毛传:"河鼓谓之牵牛。"《文选·张衡〈思玄赋〉》:"观壁垒于北落兮,伐河鼓之磅硠。"李善注:"《尔雅》曰:'河鼓谓之牵牛。'今荆人呼牵牛星为檐鼓,檐者荷也。""牵牛",即河鼓。星座名。俗称牛郎星。《史记·天官书》:"河鼓大星,上将;左右,左右将。"张守节正义:"河鼓三星,在牵牛(牛宿)北,主军鼓。盖天子三将军……自昔传牵牛织女七月七日相见,此星也。""何鼓"指天子将军的主管职务,与职官有关系。"牵牛"指牛郎织女神话传说故事中的人物。前者形象传神,后者有文学特色。

这类等义词,多为"释雅以俗"或"释俗以雅"。

瓞,瓝也。(《诗经·大雅·绵》"緜緜瓜瓞"毛传)

此句孔颖达疏:"瓜之族类本有二种,大者曰瓜,小者曰瓞……瓜蔓近本之瓜必小于先岁之大瓜,以其小如瓝,故谓之瓞。瓞是瓝之别名。""瓞"是"瓝"的别名,也是俗称。《尔雅·释草》"瓞,瓝"条郭璞注:"俗呼瓝瓜为瓞。""瓝"内含小义,深奥文雅,而"瓞"浅显质朴。

蟿螽,蜙蝑。(《尔雅·释虫》)

该条郭璞注:"今俗呼似蚱蜢而细长,飞翅作声者为蜙蝑。""蜙蝑"是俗名,概由摹声而得,"蟿螽"古奥艰涩,是雅称。

这些异名的产生多是为了从各个角度反映事物的特点,词义具有单一性。

2. 词义系统内部的共时共域

有的词在本义上与其他词形成同义关系。有的词引申出新的意义,与其他词形成同义关系。它们之间的训释是等值的。

叔,拾也。(《说文·又部》)

"叔"的本义是拾取。后被借用称丈夫的弟弟。本义使用很少。"拾",捡取。《说文·手部》:"拾,掇也。"《左传·哀公三年》:"无备而官办者,犹拾沈也。""拾"与"叔"都以本义构同,在先秦时,都有用例,处于共时层面。训词"拾"常用,被训词"叔"罕用。

趾，足也。(《周易·噬嗑》"屨校灭趾"陆德明释文)

"趾"的本义是脚。王力先生曾指出"趾"本作"止"，表示足。后来词义逐渐由脚缩小到脚的一部分，表示脚趾。①"足"的本义也表示脚。《说文·足部》："足，人之足也，在下。"段注据《玉篇》"在"下增"体"字。《尚书·说命上》："若跣弗视地，厥足用伤。"孔安国传："跣必视地，足乃无害。"先秦时，训词"足"常用，训释被训词"趾"。

二　异域等值

由于地域不同，会产生很多方言词。训词与被训词之间表现为通语与方言或方言与方言之间的关系，两者的词义等值。例如，我们以汉代为共同时域，根据《方言》，方言区大概分十二个：秦晋、周韩郑、赵魏、卫宋、齐鲁、东齐海岱、燕代、北燕朝鲜、楚、南楚、南越、吴越。② 词义的等值训释有如下几种情况。

1. 以通语释方言

被训词属于某一方言区。《诗经·唐风·鸨羽》："肃肃鸨羽，集于苞栩。"毛传："栩，杼。"孔颖达疏："陆机《疏》云：'今柞栎也。徐州人谓栎为杼，或谓之为栩。'……谓栎为杼，五方通语也。"徐州地区的方言为"杼"。"栎"是通语。

被训词属于多方言区。《尔雅·释鸟》："鷽，负雀。"郭璞注："鷽，鹞也。江南呼之为鷽，善捉雀，因名云。"江南包括多个方言区，"鷽"是多个区域使用的名称。《尔雅·释宫》："瓴甋谓之甓。"郭璞注："今江东呼瓴甋。""甓"指砖。"瓴甋"是异名，用于江东，处于多方言区。

2. 以方言释方言

训词与被训词都是方言词，有多种情况。其一，一物两称者各属于某一地区。《诗经·陈风·墓门》"墓门有梅"毛传："梅，柟。"《尔雅·释木》有同样词条，邢昺疏："孙炎云：'荆州曰梅，杨州曰柟。'"这两词

---

① 参见王力《新训诂学》，载叶圣陶编《开明书店二十周年纪念文集》，中华书局1985年版，第197页。
② 李恕豪研究《方言》，划分为这十二类，参见李恕豪《扬雄〈方言〉与方言地理学研究》，巴蜀书店2003年版。

都属于小方言区。《周礼·天官·玉府》:"衽席床笫。"郑玄注:"笫,箦也。""笫""箦"属于不同的大方言区。《方言》五:"床,齐鲁之间谓之箦,陈楚之间或谓之笫。"其二,一物两称者属于同一方言区。《尔雅·释虫》:"蟋蟀,蛬。"《方言》十一:"蜻蛚,楚谓之蟋蟀,或谓之蛬。""蟋蟀"与"蛬"同属于楚地方言。其三,一物两称者都属于多方言区。《诗经·曹风·蜉蝣》:"蜉蝣之羽,衣裳楚楚。"毛传:"蜉蝣,渠略也,朝生夕死。"孔颖达疏:"舍人曰:'蜉蝣,一名渠略。南阳以东曰蜉蝣,梁宋之间曰渠略。'"《方言》十一:"蜉蝣,秦晋之间谓之蟝蟝。""南阳以东"比较笼统,是一个多方言区。"渠略"即"蟝蟝",既属于"梁宋之间",也属于"秦晋之间",是两个大方言区。其四,一物两称者,其中一名属于一个方言区,另一名属于多方言区。《尔雅·释鸟》:"燕,鳦。"郭璞注:"齐人呼鳦。""鳦"是"乙"的今字。《说文·乙部》:"乙,玄鸟也。齐鲁谓之乙,取其鸣自呼,象形。鳦,乙,或从鸟。"段玉裁注:"本与甲乙字异,俗人恐与甲乙乱,加鸟旁为鳦。"《太平御览》九百廿二引《尔雅》旧注云:"齐曰燕,梁曰乙。""鳦"属于齐鲁大方言区和梁这个小方言区,"燕"仅属于齐地。《尔雅·释器》:"不律谓之笔。""笔"与"不律"两词的读音有密切关系。宋郑樵注:"缓声为不律,急声为笔。"在不同地区,由于音转产生了这两个词。郭璞《尔雅注》:"蜀人呼笔为不律也,语之变转。"《说文·聿部》:"笔,秦谓之笔。""吴谓之不律。""不律"属于蜀地和吴地两个方言区。"笔"仅属于秦晋方言区。其五,多个词语属于多方言区。《尔雅·释鸟》:"仓庚,鵹黄也。"《方言》八:"鵹黄,自关而东谓之鸧鶊,自关而西谓之鵹黄,或谓之黄鸟,或谓之楚雀。""鸧",同"鵹"。"鸧黄"即"鵹黄",是一个词。《广韵·支韵》:"鵹,黄鵹。鸧,同鵹。""鵹黄"(鸧黄)、"鸧鶊""黄鸟""楚雀"属于多方言区。其六,方言区域不明。《尔雅·释器》:"縸谓之罝,罝,罦也;罦谓之罬,罬,覆车也。"《诗经·王风·兔爰》:"有兔爰爰,雉离于罗。"孔颖达疏:"孙炎曰:'覆车网,可以掩兔者也。'一物五名,方言异也。"根据注疏,"縸""罝""罦""罬""覆车"都是方言词,究竟属于哪些方言区,有待于进一步考证。

三 异时等值

词汇系统内部，新词产生，与旧词处于不同的时段层面，新词训释旧词或旧词训释新词，词义相同。训词与被训词的异时是相对的，正如段玉裁《说文解字注》"今"字下注所言：

> 今者，对古之称。古不一其时，今亦不一其时也。云是时者，如言目前，则目前为今，目前已上皆古。如言赵宋，则赵宋为今，赵宋已上为古。如言魏晋，则魏晋为今，魏晋已上为古。班固作《古今人表》，汉人不与焉，而谓之古今人者，谓近乎汉者为今人，远乎汉者为古人也。①

1. 新的单音词产生

不同时代，人们对事物的认识角度会有所不同。新的单音词由命名角度不同而产生，与旧词构成同实异名的训释关系。兹举四例说明。

> 载，岁也。夏曰岁，商曰祀，周曰年，唐虞曰载。(《尔雅·释天》)
> 瑒，玉爵也。夏曰瑒，殷曰斝，周曰爵。(《说文新附·玉部》)
> 夏曰瑚，商曰琏，周曰簠、簋，皆宗庙盛黍稷之器而饰以玉，器之贵重而华美者也。(《论语·公冶长》"瑚琏也"朱熹集注)
> 锡谓之鈏。(《尔雅·释器》)

第一例，"岁之与年异名而实同。"(《诗经·大雅·云汉》"旱既太甚"毛传)"岁""祀""年""载"四个词在先秦取自不同时代的命名取向。郭璞《尔雅注》："(夏)取岁星行一次，(商)取四时一终，(周)取禾一熟，(唐虞)取物终更始。"《尚书·尧典》："九载，绩用弗成。"孔颖达疏："孙炎曰：'岁，取岁星行一次也。祀，取四时祭祀一讫也。年，取禾谷一熟也。载，取万物终而更始。'"孙氏所言"岁""祀""年"

---

① 段玉裁：《说文解字注》，上海古籍出版社 1988 年版，第 223 页。

"载"的命名理据允恰。"岁",夏时称年为岁,取岁星运行一次之意。"祀",来源于古人的祭祀活动,古代四季有不同的祭祀内容,各种祭祀进行完毕,说明过了一年。"年",本指五谷成熟,庄稼每年成熟一次,故引申指年。于省吾先生以为"年乃就一切谷类全年的成熟而言"①。"岁""祀""年""载"表示时间单位,依时代先后顺序而产生。

第二例,"琖",小玉杯。《礼记·明堂位》:"爵用玉琖仍雕。"孔颖达疏:"琖,夏后氏之爵名也。以玉饰之,故曰玉琖。"夏、商、周分别用"琖""斝""爵"表示。

第三例,"瑚",古宗庙盛黍稷的礼器。《论语·公冶长》:"子贡问曰:'赐也何如?'子曰:'女,器也。'曰:'何器也?'曰:'瑚、琏也。'"夏、商、周分别用"瑚""琏""簠"(簋)表示。

第四例,"锡",一种金属元素。银白色,富有延展性。《说文·金部》:"锡,银铅之间也。""锡"本作"易"。李孝定《甲骨文字集释》第十四卷:"锡,卜辞假'易'为之,不从金。""易"与"锡"是古今字的关系,"锡"出现较晚。《说文·金部》:"鈏,锡也。""鈏"是"锡"的古名。

2. 由单音词发展出双音词

上古汉语保留了原始语言,"远古人民对一类事物按照不同的颜色、形相、性能等等,一一给以不同的特称,而缺乏概括一类的统称(类名)。这种特殊的命名方式,自与后世的修饰语加类名的表示法完全不同"②。原始语言表现为单音词,后出的"修饰语加类名的表示法"构成双音词。训诂中多以双音词训释单音词。《尔雅·释器》:"鸟罟谓之罗。兔罟谓之罝。麋罟谓之罞。彘罟谓之羉。鱼罟谓之罛。""罗""罝""罞""羉""罛"是单音词,具有原始语言的特征。每个正名的异名都以"罟"为共名,前面加上限制成分构成。"鸟罟""兔罟""麋罟""彘罟""鱼罟"分别与单音异名产生于不同的时代。《尔雅·释兽》:"甝,白虎。虪,黑虎。""甝""虪"分别指毛色不同的老虎,属于原始语言。异名以"虎"为共名,前面加修饰成分。"白虎""黑虎"与"甝""虪"时代有先后,词义相同。

---

① 于省吾:《释禾、年》,载《甲骨文字释林》,中华书局1979年版,第250—251页。
② 胡奇光:《中国小学史》,上海人民出版社1987年版,第65页。

一些单音词转化为复合词的构成词素，根词与复合词同义为训。《尔雅·释虫》："蠖，蚇蠖。"郝懿行义疏："其行先屈后申，如人布手知尺之状，故名尺蠖。""蚇蠖"也作"尺蠖"，身体细长，行动时一屈一伸地前进，像用大拇指和中指量尺寸一样。原来的"蠖"作为"蚇蠖"的一个词素，是根词。《尔雅·释鱼》："螣，螣蛇。""螣"，传说中一种能飞的神蛇，"螣蛇"由个体名称和类名组成。"光，光明也。"（《素问·灵兰秘典论》"余闻精光之道"张志聪集注）"光"是一个一般词语，"光明"是同义结构的复合词，被训词"光"充当"光明"的构词语素。

3. 有的词本是双音词，后代又出现新的多音节词语，仍然表示这个意义

《礼记·祭法》："夜明，祭月也。"郑玄注："夜明亦谓月坛也。"
《礼记·祭法》："幽宗，祭星也。"郑玄注："幽宗亦谓星坛也。"
《礼记·祭法》："雩宗，祭水旱也。"郑玄注："雩宗，亦谓水旱坛也。"

"夜明"，祭月坛名。"幽宗"，祭星坛名。"雩宗"，祭水旱之神的坛。汉代出现了新词"月坛""星坛""水旱坛"，郑玄用它们解释"夜明""幽宗""雩宗"。

第一类后出的单音词具有多义性。第二类后出的双音词为了分担单音词的义项而产生，多具有单义性。第三类先后产生的双音词义项都很少。相比之下，第二、三类的词义等值关系最显豁。

上述等义词是就它们的最初使用状况而言的，在后世还会发生变化，但仍然构成了词义等值关系。例如：

姝，好也。（《说文·女部》）

《说文》以"好"释"姝"，至少在汉代，"好"是通语，"姝"是方言词。《方言》一："赵魏燕代之间曰姝。好，其通语也。""好"与"姝"构成异域等值关系。到晋时，"姝"已变为通语。《方言》"好"条"姝"字郭璞注："亦四方通语。"这时期，两词仍构成共域等值关系。

"古汉语中的等义词，或者是不同层次语言的积累，或者是不同方言

· 79 ·

中对同一事物的不同称呼。"① 与这些等义词的形成来源相应,在释义中形成共时、共域等值或异域等值、异时等值。古汉语中很多名物词形成词义的等值训释,在训诂学形成初期,备受学者们的重视,以《尔雅》为例,后十六篇中的等值训释比比皆是。这在后代训诂专著中被沿承下来。

第二节　词义的准等值训释

训词与被训词意义相同,还构成准等值训释关系。这类词有别于等义词,由同义词中的一般同义词构成,聚合标准符合同义词的一般原则:"所谓同义,是说这个词的某一意义和那个词的某一意义相同。"② 它们在一个意义上构成同义关系,理性意义同中有异,其中附加意义可同可异。训词与被训词在同一个义位上是相同的,训词揭示了被训词的完整义位。一般同义词的差异比等义词之间的差异大,形成的词义训释关系不是完全等值的,这类释义为准等值训释。同时,有些不宜列入同义词范畴的词语,只要意义相同,也能用来训释,形成词义的准等值训释。

准等值训释在训诂释义中非常普遍。例如:

薮者,泽也。(《风俗通义·山泽》引《尔雅》)
阖谓之扉。(《尔雅·释宫》)
淫谓之霖。(《尔雅·释天》)

第一例,"薮""泽"均指天然湖泊。两词又有差异,地势低洼之处的湖泊称"湖"。草木禽兽聚集的大泽叫"薮"。第二例,"阖""扉"都表示门扇。"阖"是门之门扇,"扉"是户之门扇。"门""户"数量不同,位置亦有别。宅院或更大区域的称"门",堂室内部的称"户"。与此相对应,宅院以外门的门扇叫"阖",两扇,外形较大;堂室内户的门扇叫"扉",一扇,外形比前者小。第三例,"淫""霖"都表示久雨。作用不

---

① 蒋绍愚:《古汉语词汇纲要》,北京大学出版社1989年版,第108页。
② 王力:《同源字论》,载《同源字典》,商务印书馆1982年版,第24页。

同:"淫",久雨成灾;"霖",久雨消灾。三个释例,以训词训释被训词,表示相同的义位,理性意义又有细微差别。

值得注意的是,许多表示概括的词用来训释表示具体的词。训词只表示泛指,而被训词既能表示泛指,也能表示专指。这类词的释义很有规律性。例如,集体名词训释个体名词,表示泛指。

  鵱鷜,鹅。舒雁,鹅。(《尔雅·释鸟》)

上古的"鹅"包括家养与野生两种。"舒雁,鹅"邢昺疏引李巡曰:"野曰雁,家曰鹅。"郝懿行义疏:"《内则》疏引某氏云:'在野舒翼飞远者为鹅。'……今按:雁、鹅同类而别,古人则通。《庄子·山木篇》云:'命竖子杀雁而烹之。'盖雁即鹅矣。鹅有苍、白二色,苍者全与雁同。"综合邢昺与郝懿行的注释,"鹅"是泛称。"鵱鷜",野鹅。郭璞《尔雅注》:"今之野鹅。""舒雁",家鹅。清王树枏《尔雅郭注佚存补订》云:"舒与舍通,今人称舍称家皆一义,舒凫犹家凫,家雁谓之鹅,家凫谓之鹜,与在野者同类而异物。"

"鵱鷜""舒雁"既能表示泛指,也能表示专指。"鹅"只表示泛指。以"鹅"训释这两个词,表示泛指。

在同义词内部,如果其中的两词相同点较多,训诂中常用其中的一个词训释另一个词。其他的词,在语义层面具有具体特征的词常常用表示泛称的词训释。

  涘为厓。隩,隈。(《尔雅·释丘》)

"涘""厓""隩""隈"是一组同义词,分两个训释词条。

"隩""隈"词义的近似点更多,都指曲折的水岸。"隩",向内弯曲的水岸。《说文·水部》:"澳,隈厓也。其内曰澳,其外曰隈。""澳",或作"隩",水边深曲处。《说文·阜部》:"隩,水隈厓也。"段玉裁注:"厓,山边也。引申之为水边,隈厓谓曲边也。"《尔雅·释丘》:"隩,隈。厓内为隩,外为隈。"《申鉴·时事》:"若乱之坠于澳也,则可信者解矣。"黄省曾注:"澳,厓内近水之处。""隈",向外弯曲的深水岸。《淮南子·览冥》:"田者不侵畔,渔者不争隈。"高诱注:"隈,曲深处,鱼所聚也。""隩"还是江东方言。释例"隩"条郭璞注："今江东呼为浦隩。"郝懿行义疏："隩当作隈。《文选诗注》引作'今江东人呼浦为隈',是也。""隩""隈"词义的区别点相对,一个向内,一个向外,故以"隈"释"隩"。

"厓"条,"厓",水边,泛称。《尔雅·释丘》："望厓洒而高岸。"郭璞注："厓,水边。"《玉篇·厂部》："厓,水边也。或作涯。"先秦至汉,"涯（厓）"为常用词。"浚",大水边。《说文·水部》："浚,水厓也。《周书》曰：'王出浚。'"引经见于《尚书·泰誓》。《诗经·秦风·蒹葭》："所谓伊人,在水之浚。"又《大雅·大明》："在渭之浚。"毛传皆训"浚"为"厓"也。《庄子·秋水》："秋水时至,百川灌河,泾流之大,两浚渚崖之间,不辨牛马。"成玄英疏："浚,岸也。"张衡《西京赋》："汉氏初都,在渭之浚。"从这些例子看出,"浚"皆用于大水流。"厓"训释"浚",表示泛指。

《尔雅》"厓"条词义范围大于"隈"条,单列两训条形成对照,更能精确解释词义。

同义词中,如果表示泛称的词很多,就可构成一组同义词,相应地,具有具体特点的同义词构成低一级同义词。同义词具有多层次性。"不同义类的同义词组的共义,也形成相应的等级,从概念来看,就是大小不一的层次。"[①] 如黑色,分为两组,一是"黑、墨、皂、乌、玄",都作泛称。另一组是"涅、缁、骊、黧、黔、黛",各用于具体对象。[②] 训诂释义中,上一级词可训释下一级词。如"涅"组均用"黑"或"青色"解释。

    涅,黑也。(《广雅·释器》)
    缁,黑也。(《仪礼·既夕礼》"缁纯"郑玄注)
    骊,黑也。(《小尔雅·广诂》)
    黧,黑也。(《楚辞·九叹·逢纷》"颜霉黧以沮败兮"王逸注)
    黔,黑也。(《左传·襄公十七年》"邑中之黔"陆德明释文)
    黛,青色。(《文选·潘岳〈藉田赋〉》"绀辕缀于黛耜"吕向注)

[①] 黄金贵：《古汉语同义词辨释论》,上海古籍出版社2002年版,第281页。
[②] 王凤阳先生在同义词研究中,分别构组了这两组同义词,并辨析了词义的差别。参见王凤阳《古辞辨》,吉林文史出版社1993年版,第918—919页。

"涅"的使用范围限于石头。"缁"主要应用于布帛及布帛的制品。"骊"多用于马,表示毛色深黑。"黸"多用于表示人的面色、肤色。"黔"多指烟熏之色,也用来表示人的面色。"黛"经常用于形容眉、山、树的青黝色。① 训词"黑"(或"青色")解释了这几个词的完整义位,它们在同一层次上意义有细微差别。

在"黑"组,"玄""墨""皂""乌"用"黑"或"黑色"解释。

  玄,黑也。(《小尔雅·广诂》)
  墨,黑也。(《孟子·滕文公上》"面深墨"赵岐注)
  皂,黑色。(《集韵·晧韵》)
  黑色曰乌。(《古今韵会举要·虞韵》)

在"涅"组,用同组其他词解释的,非常少。用"黑"组其他词解释的也很少。例如:

  黔,黎也。(《说文·黑部》)
  黔,黧也。(《说文系传·黑部》)
  缁谓之皂。(《说文·白部》"草"字下朱骏声通训定声)

《说文》"黔"字段玉裁注:"黎……俗作黧。小徐本作黧,乃用俗字改许也。"从这几组的释义情况看,具有特定使用范围的词,一般用表示泛称的词解释,构成准等值关系。反之,则基本不构成一个释义词条。在同层次释义中,训词表达被训词的"黑"义,这是两个同义词的同一义位,上述"玄"释作"黑"就是这样。在上下层次释义中,低层次的词用高层次的词"黑"训释,表示泛指义。这类准等值训释由于只训释被训词的义位,不说明词义的区别特征,所以词义的层次性不强。

训诂释义还用不共时而同义的词训释被训释词,仍然表示泛指。如"衣、服"是一组上古时形成的同义词,都表示衣服。"衣"是衣服的总称,"服"是衣裳及各种饰物的总称。

---

① 王凤阳先生在同义词研究中,分别构组了这两组同义词,并辨析了词义的差别。参见王凤阳《古辞辨》,吉林文史出版社1993年版,第918—919页。

衣，服也。(《尚书·康诰》"绍闻衣德言"蔡沈集传)
服，衣也。(《韩非子·外储说右下》"行不与同服者同车"王先慎集解)

"衣""服"相互训释了词的义位。到中古时期，"衫"成为单衣的通称。故训如下：

衫，衣也。(《说文新附·衣部》)

"衣"与"衫"的产生时间不同，但"衣"到中古时仍在广泛使用，用来训释词义，表义非常清楚。该条表示衣服义。同义词是分时段的，以上古、中古、近代汉语分为三个时域，如果都是同一时域内的，就可构组为同义词。不同时域的词只要在一个意义上相同，就可以用其中的一个训释另一个。

训诂释义中，除了用单音词训释单音词，还广泛使用同义复词训释单音词。同义词的研究，"凡是并列结构中的同义复词，决不能入组"①。因为同义复词多表示泛指。它们不需构组就能看出同中之异。而在训诂释义中，一看便知正是达到了理想的释义效果。用同义复词训释对应的单音词形成准等值训释，个别情况下形成等值训释，需把两者区别开。

1. 同义复词训释单音词，形成准等值训释

同义复词训释两个对应的单音词。

路，道路。(《玉篇·足部》)
道，道路也。(《论语·阳货》"道听而途说"皇侃疏)

"路"，泛指大路。"道"，人为规定的大路。②"道路"，地面上供人或车马通行的部分。《周礼·夏官·司险》："司险掌九州之图，以周知其山林川泽之阻，而达其道路。""道路"在先秦时期就已产生，后世被用来训释"路""道"，都表示道路，理性意义有细微差别。

同义复词训释组成它的一个单音词。

---

① 黄金贵：《论古汉语同义词的构组》，《浙江学刊》2002年第1期。
② 请参见王建莉《〈尔雅〉同义词考论》，中华书局2012年版，第204—205页。

桢，桢干。(《广韵·清韵》)

"桢""干"是同义词，"桢、干对文则别，散则通。桢之言贞也，贞者正也。"(《尔雅·释诂下》"桢，干也"郝懿行义疏)两词都指筑墙时所用的木柱。竖在两端的叫"桢"，竖在两旁障土的叫"干"。当"桢""干"组合成复合词时，表示它们的共同意义，在先秦就有不少用例。《尚书·费誓》："峙乃桢干。"孔安国传："题曰桢，旁曰干。"孔颖达疏："题曰桢，谓当墙两端者也。旁曰干，谓在墙两边者也。"孔安国与孔颖达辨析了"桢""干"的不同，在《尚书》中"桢干"表示筑墙时所用的木柱。《广韵》以"桢干"解释"桢"，表示泛指义，两词的理性意义有细微差别。

2. 一组同义词互相融合为多个同义复词，训释单音词，形成准等值训释

国，邦国。(《广韵·德韵》)
邦，谓国家。(《尚书·周官》"保邦于未危"孔颖达疏)

从商代起，随着国家的发展，先后出现了"国"与"邦"这两个名称。"国"，诸侯在封地内所建的有宗庙、社稷的都邑。"邦"，以国为中心的整个封地。有古雅、庄重色彩。[①]"邦国"，国家。《诗经·大雅·瞻卬》："人之云亡，邦国殄瘁。"刘琨《劝进表》："或多难以固邦国，或殷忧以启圣明。"例句中的"邦国"仍然具有"邦"的语用色彩。"邦国"训释"国"，表示国家。

"国""邦"后又出现了"家"。"家"，包括被封者的整个家族及家长统治下的奴隶、农奴及管辖下的土地。"家"与"国""邦"同义。"有家，有国也。"(《读书杂志·逸周书第四》"肆我国家"王念孙按)"五家即五国也。"(《史记·苏秦列传》"三军之良，五家之兵"司马贞索隐引高诱注《战国策》云)"国家"表示泛指，用来训释"邦"。

危，危险也。(《尔雅·释诂下》"嚍，幾，烖，殆，危也"邢昺疏)

[①] 参见黄金贵《古代文化词义集类辨考》，上海教育出版社1995年版，第3页。

险，谓危险。(《左传·昭公十二年》"不可以占险"孔颖达疏)

危，危殆。(《诗经·小雅·节南山》"式夷式已，无小人殆"毛传："无以小人之言至于危殆也。")

"危"，危险，侧重于不安定。"险"的本义表示险阻。《说文·𨸏部》："险，阻难也。""险"侧重于人遇到了阻难。《荀子·荣辱》："安利者常乐易，危害者常忧险；乐易者常寿长，忧险者常夭折。"这是事态险恶。《文选·张衡〈西京赋〉》："襄岸夷涂，修路陵险。"这是路途险峻。"殆"，危险，强调处于困顿的处境。①

"危险"，艰危险恶，不安全。以"危险"训释"危""险"，都表示危险。"危殆"与"危险"同义，训释"危"，也表示危险。"危险""危殆"虽然都能解释单音词，但并不能说明这两个同义复词是等义的，它们的理性意义有差别，在此不做讨论。

3. 单音词兼泛指与特指两个意义，同义复词训释单音词，分别形成等值与准等值训释

声，谓声音。(《尔雅·释言》"憸，声也"郭璞注)

"声"与"音"同义。《说文·耳部》："声，音也。""声"与"音"在两个义项上构成同义关系，部分理性意义有差别。"声""音"构成的同义复词，在两个义项上训释"声"。

其一，声音，声响。"声"的意义比"音"广泛，凡物体相撞击、相摩擦发出的音波传到耳鼓的都可以叫"声"；只有抑扬顿挫、悦耳的声音才叫"音"。《礼记·乐记》："声成文谓之音。"孔颖达疏："声之清浊杂比成文谓之音。"

其二，乐声。能表现出音阶的、简单的乐音叫"声"，以乐器配合的和谐乐音叫"音"。段玉裁《说文解字注》"声"字下云："'音'下曰：声也。二篆为转注，此浑言之也。析言之，则曰，生于心有节于外谓之音。宫商角徵羽，声也；丝竹金石匏土革木，音也。""宫、商、角、徵、

---

① "危""殆"的辨析，参见王凤阳《古辞辨》"危、殆"条，吉林文史出版社1993年版，第868页。

羽"是音阶,故叫"五声";"丝、竹、金、石、匏、土、革、木"是指用这八种材料制成的乐器,故称"八音"。故训辨析了"声""音"的同中之异。"宫商角徵羽杂比曰音,单出曰声"(《礼记·乐记》"故形于声"郑玄注),"声、音、乐三者不同矣;以声变乃成音,音和乃成乐,故别为二名,对文则别,散则可以通"(《诗大序》"情发于声,声成文谓之音"孔颖达疏)。诸说皆是。

"声音",由物体振动而发生的声波通过听觉所产生的印象。《礼记·乐记》:"乐必发于声音,形于动静,人之道也。"鲍照《拟行路难》诗之七:"声音哀苦鸣不息,羽毛憔悴似人髡。""声"表示声音时,"声音"训释"声"形成等值训释。"声"表示乐音时,"声音"训释"声"形成准等值训释。

4. 相近的多组同义词组合为同义复词,训释单音词,形成准等值训释

"覆、盖"是一组同义词,"掩、蔽、遮"是另一组同义词。[①] "覆"组与"掩"组意义相近,都表示覆盖,在方向方面有差异,故分别构组。两组的同义词都能融合为同义复词,训释同组或异组单音词。

> 覆,盖覆也。(《说文·西部》徐锴系传)
> 蔽,覆盖也。(《老子》十五章"故能蔽不新成"王弼注)
> 蔽,遮掩也。(《论语·阳货》"女闻六言六蔽矣乎"朱熹集注)

"覆""盖"表示由上而下的遮掩。"覆"侧重于遮盖体是凸形物,好像被盆、盂或类似的东西扣住一样。《吕氏春秋·音初》:"帝令燕往视之,鸣若谧隘,二女爱而争抟之,覆以玉筐。"《庄子·天下》:"天能覆之而不能载之,地能载之而不能覆之。"前一例是具体的凸形物,后者"天"是类比的凸形物。用"盖覆"解释"覆",表示覆盖。

"掩""遮""蔽"与"覆盖"不同,它们没有特定的方向。"蔽"侧重于把对象掩盖起来,使人看不见或接触不到。《礼记·内则》:"女子出门,必拥蔽其面。"《论衡·命义》:"春秋之时,败绩之军,死者蔽草。"

[①] 关于覆盖义,王凤阳分为这两组,并详细辨析了两组词的同中之异。参见王凤阳《古辞辨》,吉林文史出版社1993年版,第500—501页。

当用"覆盖"解释"蔽"时,"覆盖"不与"蔽"对应,两词都表示覆盖。"覆盖"表示由上而下的遮掩。"蔽"保持原有的词义特征。

在同组内部,同义复词训释另外一个单音词,表示一个义位。上述"蔽"训为"遮掩"就是这种情况。"遮掩",覆盖,侧重于没有方向性。"遮掩"训释"蔽"表示覆盖,两词的理性意义有细微差别。

在有细微差别的同义词组之间,单音词与异组词组合成的复合词,训释该单音词,也表示泛指。仍以"蔽"组为例:

(掩)谓掩覆也。(《方言》卷十三"翳,掩也"郭璞注)

"掩",覆盖物大于所覆之物,将所覆之物整个地盖住。两物之间是接触的。《荀子·解蔽》:"掩耳而听者,听漠漠以为哅哅。"《礼记·月令》:"毋聚大众,毋置城郭,掩骼埋胔。"前者手与耳接触,后者土与尸体接触,都能把所覆之物盖住。故训多用"覆"解释"掩",① 这是没有层次性的单音词训释。当"掩"与"覆"组合成复合词时,表示泛指义,用来解释"掩"。

5. 同义复词兼泛指与特指两个意义,用特指义训释,不形成准等值训释

"室""宫"为同义词,都表示房屋。《尔雅·释宫》:"宫谓之室,室谓之宫。"秦汉以来,"宫"又专门指称帝王之宫。而"室"却不表示这个意义。费衮《梁溪漫志·古者居室皆称宫》:"古者居室贵贱皆通称宫,初未尝分别也。"《说文·宀部》"室"字朱骏声通训定声:"古者宫室贵贱同称……秦汉以来,惟王者所居称宫焉。""宫"表示专指的用例较多。《吕氏春秋·知度》:"古之王者,择天下之中而立国,择国之中而立宫,择宫之中而立庙。"《史记·秦始皇本纪》:"作宫阿房,故天下谓之阿房宫。"

"宫室"表示两个意义:其一,房屋的通称。《周易·系辞下》:"上古穴居而野处,后世圣人易之以宫室,上栋下宇,以待风雨。"其二,帝王的宫殿。《管子·牧民》:"夫明王不美宫室,非喜小也。"《史记·项羽

---

① 例如,《孟子·尽心下》"夷考其行而不掩焉者也"朱熹集注,《淮南子·兵略》"掩节而断割"高诱注等,都释作"掩,覆也"。

本纪》:"项羽引兵西屠咸阳,杀秦降王子婴,烧秦宫室,火三月不灭。"

用"宫室"训释"宫",要根据具体情况来分析。

> 宫,谓宫室。(《礼记·祭统》"即宫于宗周"孔颖达疏)

此处的"宫"表示帝王之宫,"宫室"是用特指义解释"宫",形成等值训释。

同义复词与单音词的意义在同一层次上,用同义复词释义,形成等值训释,这一类数量很少。若不在同一层次上,就形成准等值训释。同义复词的释义更容易让读者理解被训词的意义,也易于感知它们之间的词义差异,更能凸显训词与被训词之间的准等值关系。

第三节　词义的非等值训释

训词与被训词不是同义为训,但仍然正确解释了词义,这构成非等值训释。它包括两种类型,一是上位义训释下位义,训词与被训词为上下义位的关系。二是义素训释义位。训词的义位是被训词义位的一个组成部分,两者的意义关系或是表层的或是隐含的。

训词以上位义训释被训词的下位义在训诂中非常普遍。早在先秦时期就有了大名、小名之分。《荀子·正名篇》:"物也者,大共名也……鸟兽也者,大别名也。"荀子所说"大共名""大别名"就是大名、小名,这是辨别名物有共名、别名之殊。从逻辑上看,大名与小名是种概念与属概念的关系,"大名是事物大类的名称,小名是事物小类的名称;大名是事物的共名,小名是事物的专名"[1]。大名、小名是相对的,"物"是大名,"鸟"或"兽"就是小名;"兽"是大名,"犊"就是小名。基于这种认识,古人习惯用上位义训释下位义。例如:

> 鲦,鱼也。(《说文·鱼部》)

---

[1] 程俊英、梁永昌:《应用训诂学》,华东师范大学出版社1989年版,第74页。

鮊，鱼也。(《玉篇·鱼部》)
鮦，鱼也。(《玉篇·鱼部》)
鳁，鱼。(《文选·张协〈七命〉》"潜鳁骇"吕延济注)
鳟，鱼也。(《玉篇·鱼部》)

上下义位是相对的，由于"义场切分的粗细不同，词项的存缺有别，义域的大小不等"①，上下层级中的词不是整齐对应的。相应地，上下义位的训释关系也是相对的。

有的情况下，上位词与下位词构成上下义位关系，表现出系统的上下义位训释关系。

骏，马也。(《文选·傅毅〈舞赋〉》"良骏逸足"李善注)

"骏"，良马。训词"马"与被训词"骏"之间是上下义位的关系。"骏"又作为上位词，表示上位义，训释下位义。

駒，骏也。(《说文·马部》)
驌，骏马。(《说文·马部》)
駔，骏马也。(《玉篇·马部》)
駉，骏马也。(《广韵·青韵》)
驥，骏马也。(《慧琳音义》卷一百"慕骥"注引《考声》云)

"駒""驌""駔""駉""驥"为一组同义词，均是"骏"或"骏马"的下位词，形成系统的上下义位训释关系。

单个词的多条释义，训词也会构成上下义位关系。

駒騤，马。(《尔雅·释畜》)
駒騤，野马也。(《尔雅·释畜》"駒騤，马"邢昺疏引《字林》云)

---

① 张志毅、张庆云：《词汇语义学》，商务印书馆2005年版，第67页。

第三章 词训

> 骈𬴊，马也。(《文选·左思〈吴都赋〉》"鞗骈𬴊"刘逵注)
> 骈𬴊，良马也。(《文选·左思〈吴都赋〉》"鞗骈𬴊"吕向注)

"騊駼"，良马名。"騊駼"，属于马。《逸周书·王会》"禺氏騊駼"孔晁注："騊駼，马属。"它也属于一种野马。训诂中用逐级的"马""野马"释义。"骈𬴊"，良马名。故训以逐级的"马""良马"释义。"野马""良马"与被训词构成直接的上下义位关系，释义更精确。

有的情况下，上下位词是间接的，中间缺少其他上位义的训释。

> 骊，马也。(《文选·曹植〈求自试表〉》"骋舟奋骊"李周翰注)

"骊"，深黑色的马。与它同位的词有"骥""骃""骝"等，几乎不用"马"释义。这些词构成一个义场：各种颜色的马。在词汇系统中，没有表示这个意义的词，所以缺失这一义位层面的词训。"骥""骃""骝"多用义界式释义，而"骊"用"马"，词义的训释不及上述"駒"等词那样严密。

对于多个训条，一个被训词若用同一训词解释，并非都是用上位义来训释。需要结合语境、语法来辨识，主要注意以下几种情况。

首先，有的是灵活同位义的训释，与上位义的训释不同。

有些词看似上位义，实际是临时同位义的训释。同义词中有一类灵活同义词。张弓云："有些词在一定上下文中，彼此可能构成同义关系，离开具体上下文就不是同义，有这种同义关系的词可以叫作灵活的同义词。"与之相对的是固定同义词，即"不以上下文为转移的，词汇中公认的同义词"[①]。后一类在训诂释义中构成等值与准等值训释。前一类当词处于具体的语境，释义者解释它的临时意义，训词与被训词构成灵活同义词。这类易与上位义的训释相混，以致误解词义。

> 餱，食也。(《诗经·小雅·伐木》"干餱以愆"毛传)
> 餱，食也。(《诗经·大雅·公刘》"乃裹餱粮"陆德明释文)

[①] 张弓：《现代汉语修辞学》，天津人民出版社1963年版，第34页。

"餱",干粮。《说文·食部》:"餱,干食也。"《伐木》之"干"限制"餱","餱"在句中并不表示专指。《伐木》"干餱"高亨注:"干餱即干粮。这里用以代表普通的食品。""干"与"餱"组合,泛指普通的食品。毛亨训以"食",训词与被训词之间构成灵活同义词。

《公刘》"粮"字陆德明释文:"粮,餱也。""餱"与"粮"同义连用,泛指食粮。"餱"还能与其他词构成同义连用,如与"粻"构成"餱粻",《尚书·费誓》:"我惟征徐戎,峙乃餱粻,无敢不逮。""餱粻"表示粮食。"餱"还与上位词"食"组合为"餱食",也泛指粮食。《旧五代史·晋书·少帝纪》:"仓廪不足,则辍人之餱食帑藏不足。""餱"与"粮"析言有别,"餱"专指干粮。毛亨以"食"释"餱",是以上位义解释,训词与被训词构成上下义位的关系。

其次,有的训释了与文中某词相关的词,表示储存态下的意义,不形成上下位义的训释关系。

驷,马也。(《国语·周语下》"月之所在辰马农祥也"韦昭注)
驷,马也。(《礼记·三年问》"若驷之过隙"陆德明释文)

第一例,"辰马",房宿和心宿。"房宿",一名天驷。《国语·周语下》:"昔武王伐殷,岁在鹑火,月在天驷。"韦昭注:"天驷,房星也。""天驷"与"辰马"有密切关系。《国语》"辰马"韦昭注:"辰马,谓房、心星也。心星,所在大辰之次为天驷。驷,马也,故曰辰马。"韦昭以"马"训"驷","驷"并非释例原句被注释的词,训释了储存态下的意义。"驷"确实能泛指马。《史记·孙子吴起列传》:"今以君之下驷与彼上驷,取君上驷与彼中驷,取君中驷与彼下驷。"所以韦昭的注释表明"驷"与"马"是同义关系。

第二例,"驷",驷马,驾一车之四马。《老子》:"虽有拱璧,以先驷马,不如坐进此道。"驷马奔跑的速度非常快。其他文献中也有"驷之过隙"句,《墨子·兼爱下》:"人之生乎地上之无几何也,譬之犹驷驰而过隙也。"这是描写驷马奔驰的速度极快。后用以比喻光阴飞逝。从此判断《礼记》中的"驷"表示专指。释例孔颖达疏:"驷谓驷马,隙谓空隙,驷马骏疾,空隙狭小以骏疾而过。狭小言急速之甚。"马有优劣之分,唯优等马才能体现速度快。驷马属于优等马,故例句的"驷"表示驷马。释例并非解释文中之义,而是用上位词解释"驷"的固定意义,确定"驷"的类属概念,形成上下义位的关系。

最后,有的解释词中语素的意义,也不属于上下义位的训释。

骥,马也。(《文选·陆机〈赠冯文罴迁斥丘令〉》"方骥齐镳,比迹同尘"张铣注)

骥,马也。(《文选·张协〈七命〉》"天骥之骏"张铣注)

"骥",千里马。《说文·马部》:"骥,千里马也。"上述《赠冯文罴迁斥丘令》文李善注:"《礼仪注》曰:'方,并也。'《南都赋》曰:'騄骥齐镳。'……和其光同其尘。"这里的"骥"指千里马,言奔跑速度极快,能和光同尘。另外,《南都赋》有"騄骥齐镳","騄""骥"各表专指,是两种不同的马,该句与《赠冯文罴迁斥丘令》的"方骥齐镳"类似,也推证"骥"表示专指。前一例张铣以"马"释"骥",是上下义位的关系。

《七命》中的"骥"与"天"融合为一个词,表示天马,神马。从此意义进一步引申,表示骏马。《文选·颜延年〈赭白马赋〉》:"汉道亨而天骥呈才。"《晋书·庾阐列传》:"天骥汗血。"《七命》之"天骥"李善注:"天骥,天马也。"李善也把"天骥"作为一个词解释。"骥"是"天骥"的一个构词语素,张铣释"骥"为"马",解释了语素的意义。

训诂释义中以训词的义素训释包括两种情况。

其一,训词表达被训词义位的一部分。义位表现为表层义,"词的表层义即这个词的具体使用义,有确定的指代对象,是人们运用语言进行交际的基本单位和材料"[①]。训词揭示表层义的一部分,比较明显、直接地说明词义的重要特征义素,而略于揭示类义素。

飫,私也。(《尔雅·释言》)

"飫",古代君主燕饮同姓的私宴。《诗经·小雅·常棣》:"傧尔笾

[①] 苏新春:《汉语词义学》,广东教育出版社1997年版,第70页。

豆，饮酒之饫。"毛传："饫，私也。不脱屦升堂谓之饫。"陈奂传疏："《湛露》：'厌厌夜饮。'传：'夜饮，燕私也。宗子将有事，则族人皆侍。'《楚茨》：'诸父兄弟，备言燕私。'传：'燕而尽其私恩。'此即私字之义。'不脱屦升堂谓之饫。'《传》既本《尔雅》释饫为私，而又申明其为燕私也。"陈奂明确指出《毛传》本自《尔雅》的释义，"私"即为"燕私"之"私"。《国语·鲁语下》："绎不尽饫则退。"韦昭注："说曰：'饫，宴安私饮也。'"汪远孙发正："燕私者何也？祭已而与族人饮也。""饫"表示一种宴会，本质特征是"私"。故训也用义界式解释了"饫"的词义，《尔雅》"饫"字邢昺疏引孙炎曰："饫，非公朝私饮酒也。"从中看出"私"是义界式中的一个成分，揭示了词义的一个特征。

　　餬，寄也。(《广雅·释诂三》)

　　"餬"，寄食，谓以粥、糊充实口腹。《左传·昭公七年》："饘于是，鬻于是，以餬余口。"杜预注："于是鼎中为饘鬻。饘鬻，糊属，言至俭。"《左传·隐公十一年》："寡人有弟，不能和协，而使餬其口于四方。"杜预注："餬，鬻也。"孔颖达疏："《说文》云：'餬，寄食也。'以此传言餬口四方，故以寄食言之……《释言》云：'餬，饘也。'则餬是饘、鬻别名。今人以薄鬻涂物谓之餬纸、餬帛，则餬者以鬻食口之名，故云餬其口也。"孔氏详尽说明了"餬"表示寄食义的根据，甚是。故训解释"餬"不尽一致，例如：

　　餬，寄食也。(《说文·食部》)
　　餬，寄也。寄食为餬。(《方言》二)
　　餬，寄食鬻也。(《资治通鉴·齐纪二》"驱督老弱餬口千里之外"胡三省注引《说文》)

　　三例的训释详略不一，但都有"寄"，说明"寄"是"餬"的一个重要释义要素。《广雅》的释义表达了"餬"的一个重要意义特征。

　　其二，训词表达被训词的深层义。"词的深层义是潜伏隐含在表层义内部的词义成分。它不与特定的具体对象相联系，只有一种宽泛、粗略的意义指向，并依附在表层义上起作用。"① 这类意义的表达比较宽泛、隐晦，具有明显的主观色彩，不能成为义位训释的表层要素。

　　春，蠢也。(《楚辞·大招》"春气奋发"王逸注)

　　"春"，春季，春天。《释名·释天》："春，蠢也，万物蠢然而生也。"春天，万物勃然萌发，所以以"蠢"解释"春"，描绘了与"春"相关的物态。

　　虚，间也。(《尔雅·释诂下》)

　　"虚"，空无所有。《尔雅》"虚，间也"条邢昺疏："虚无者，虚无所有也，是皆有间隙也。"又，郝懿行义疏："虚者，实之间也。"邢氏与郝氏的理解角度不同，前者是"虚之间"，后者是"实之间"。《尔雅》释"虚"为"间"，显然隐含内存于词义中。

　　这类训释的识别离不开文意判断、训词词义辨正等多方面因素，具体注意以下几方面。

　　第一，在不同文句中，相同的训释表示的词义特征实际并不相同。

　　餤，进也。(《尔雅·释诂上》)
　　餤，进也。(《诗经·小雅·巧言》"盗言孔甘，乱是用餤"毛传)

　　两例中的"餤"都释为"进"，并没有表达出词在句中的完整词义。
　　"餤"，进食。《说文·食部》朱骏声通训定声："餤，进食也。"《尔雅》词条以"进"释"餤"，这是解释了它的词义特点。朱骏声《说文通训定声·谦部》："《尔雅·释诂》：'餤，进也。'旧注：'甘之进也。'按：进食也。从食，炎声。《类篇》引《说文》有此字。"故训以"进"解释，表示进献，省略了对象。这是在储存态下解释了部分词义内容。

　　"餤"由进食义引申为增多或加多。《诗经》句朱熹注："谗言之美，

---

① 苏新春：《汉语词义学》，广东教育出版社1997年版，第70页。

如食之甘，使人嗜之而不厌，则乱是用进矣。"《礼记·表记》引用该例句，其中的"餤"字郑玄注："餤，进也。""进"没有增多义，但有增进义，是增多的一个义素。

第二，在相同文句中，不能根据甲词的训释推断乙词的训释。

骍，赤。牺，纯也。（《诗经·鲁颂·閟宫》"皇皇后帝，皇祖后稷，享以骍牺"毛传）

"骍"，赤色马。亦指赤色牛、羊、猪等。《广韵·清韵》："骍，马赤色也。"《诗经·鲁颂·駉》："薄言駉者，有骓有駓，有骍有骐，以车伾伾。"毛传："赤黄曰骍。"孔颖达疏："骍为纯赤色，言赤黄者，谓赤而微黄。"《礼记·郊特牲》："牲用骍，尚赤也。""骍"的意义再引申，表示赤色。《小尔雅·广诂》："骍，朱也。"《论语·雍也》："犁牛之子骍且角。"杨伯峻注："骍，赤色。"《周礼·地官·草人》："凡粪种，骍刚用牛。"郑玄注："骍谓地色赤。""骍"的这个意义在上古、中古、近代汉语中都有文献用例，词义已经相当稳定。《诗经》"骍"字毛亨释为"赤"，是解释了"骍"的一个义位。

"牺"，古代祭祀用的纯色牲畜。《说文·牛部》："牺，宗庙之牲也。"《六书故·动物一》："凡畜之牡，毛羽纯具者，牺也。"《尚书·微子》："今殷民乃攘窃神祇之牺、牷、牲。"孔传："色纯曰牺。"例句中的"牺"释作"纯"，解释了"牺"的词义特征。

"骍""牺"故训都释以颜色，但不能简单地根据"骍"的训释就随意推断"牺"的训释类型与它一致。"骍""牺"在例句中构成偏正关系，各自表达的意义不同。

第三，不同文句的释义虽然相同，但分属同位义的训释和义素的训释。

矩，方。规，圆。（《太玄·玄图》"天道成规，地道成矩"范望注）

规，圆也。矩，方也。（《文选·张衡〈思玄赋〉》"泯规矩之员方"旧注）

"规",圆规,画圆形的工具。《玉篇·夫部》:"规,正圆之器也。""规"又引申指圆形。《楚辞·大招》:"曾颊倚耳,曲眉规只。"王逸注:"规,圆也。""矩",画方形或直角的用具。《正字通·矢部》:"矩,为方之器。""矩"又引申指方形。《六韬·虎韬》:"天浮铁螳螂,矩内圆外,径四尺以上。"

《太玄》句中的"规"与"矩"对文,各表示圆、方。范望解释了这两个词的义位。第二例,《文选》"规矩"与"员方"对应,可知"规""矩"各表示本义,释以"圆""方",正揭示了两词的词义特征。这种释义还有,如《庄子·骈拇》"且夫待钩绳规矩而正者"成玄英疏:"圆也。矩,方也。"

第四,故训释以义素,正误混杂,不能盲目信从,应该明辨词义。

> 溉,清也。(《诗经·大雅·泂酌》"挹彼注兹,可以濯溉"毛传)

"溉",洗,洗涤。《诗经·桧风·匪风》:"谁能亨鱼?溉之釜鬵。"毛传:"溉,涤也。"这训释了本义。《泂酌》之"溉"毛亨释为"清",揭示了本义"洗涤"的一个词义特点,仍说明"溉"在句中表示本义。孔颖达申发其义:"谓洗之使清洁。"从本句看,释义为"清"似乎准确无误。如果联系上下文则扞格难通。王引之《经义述闻》对此作过精审分析。

> 家大人曰:"上章'可以濯罍',罍为祭器,此章之'溉',义亦当然。溉当读为'概'……《春官·鬯人》:'凡祭祀,社壝用大罍,禜门用瓢赍,庙用修,凡山川四方用蜃,凡祼事用概,凡疈事用散。'郑注曰:'修、蜃、概、散,皆漆尊也。概,尊以朱带者。'疏曰:'黑漆为尊,以朱带落腹,故名概。概者,横概之义。'是罍与概皆尊名,故二章言'濯罍',三章言'濯概'也。此与《天官·世妇》之'濯摡'不同,若训'溉'为'清',则与'濯罍'之文不类矣。"[1]

---

[1] (清)王引之:《经义述闻》,江苏古籍出版社2000年版,第164页。

训诂释义研究

"溉",通"概",漆酒樽。《说文·水部》朱骏声通训定声:"溉,假借为概。"毛亨以义素释义不当。

第五,辨识训词的词义,推断释义的类型。

通常情况下,训诂学家使用常用词的意义训释,读者一望便知,很容易辨别解释了词义的哪些内容。但常用词具有多义性,训诂学家可能使用其中比较生僻的意义训释,这时训词表示的意义就不是被训词词义的一部分。

> 沤,柔也。(《诗经·陈风·东门之池》"东门之池,可以沤麻"毛传)

例句"沤麻"郑玄笺:"于池中柔麻,使可缉绩作衣服。""沤麻"与"柔麻"对应。"沤"训作"柔"者,故训还有。① "柔"是否解释了"沤"的词义特征,关键是要搞清"柔"的意义。"柔"具有浸渍义。《礼记·内则》:"捣珍,取牛羊麋鹿麕之肉,必脄,每物与牛若一,捶反侧之,去其饵,孰出之,去其皽,柔其肉。"郑玄注:"柔之为汁和也。""沤""柔"是同义词。"沤"的本义表示长时间浸泡。"柔"表示浸泡使之软化、柔韧。《汉语大词典》释"柔麻"为"用水浸麻,使之软化",也是把"柔"释作浸泡义。"柔"的常用义为柔化、柔软。它在例句中不能完全表示这个意义。毛亨以"柔"释"沤",不是义素的训释,而是同位义的训释。

---

① 例如,《诗经·小雅·白华》"白华菅兮"毛传,又"已沤为菅"陆德明释文都与释例同。

第四章 语训

用短语、句子说明词的意义称为语训。语训比词训在释义方面有很大的优越性,它能从各个角度、各个层面描写和说明词义的内容。但这也增加了释义的难度。在纷繁复杂的训诂释义中,语训与词的性质有密切关系。有的语训以有限的语言准确表达出完整的义位;有的语训表达义位的部分内容。本章在研究语训一般规律的基础上,还进一步探讨名物词的语训这种特殊现象。在众多类型语词释义中,名物词的语训具有明显的类化特征,形成了一定模式。

第一节 义位的完整训释

语训表达被训词的一个义位,结构通常与被训词义位的构成相吻合。义位由义值和义域组成,义值表示义位的质,即质义素;义域表示义位的量,即量义素。语训,既说明义值,也说明义域。义值的说明内容包括区别性义素与附加性义素。

名词指称事物,训释的区别性义素主要表现在以下几个方面。

其一,性状。

瓷,瓦器。(《玉篇·瓦部》)
糙,凡米不精者皆曰糙。(《正字通·米部》)
坟,土膏肥也。(《广韵·吻韵》)
鉼金谓之钣。(《尔雅·释器》)
舠,小船。(《玉篇·舟部》)

羊六尺为羬。(《尔雅·释畜》)

缙，帛赤白色也。(《说文·糸部》)

轺，轻车也。(《说文·车部》)

淢，疾流。(《说文·水部》)

豝，牝豕也。(《说文·豕部》)

凫，野鸭。(《广韵·虞韵》)

豕一岁曰豵。(《诗经·豳风·七月》"言私其豵，献豜于公"毛传)

这一类包括的范围较广，有材料、质地、形状、大小、颜色、轻重、状态、性别、习性、年龄等。如上所列的"瓦"表示"瓷"的材料。"钣"所释之"饼"，表示形状。《说文》之"淢"，训语中的"疾"表示状态。"豝"，母猪，《说文》训语中的"牝"表示性别。

其二，范围。

色，颜气也。(《说文·色部》)

皮，兽革。(《篇海类编·身体类·皮部》)

炭，烧木余也。(《说文·火部》)

籍，公家之常徭。(《尚书大传》"急则不赋籍"郑玄注)

这一类的区别性义素限定词义的范围。"色"，脸上的神情、气色。段玉裁《说文解字注》："颜者，两眉之间也。心达于气，气达于眉间，是之谓色。""颜"限定了"气"的范围。"炭"，木炭，把木材和空气隔绝，加高热烧成的一种黑色燃料。徐锴《说文》系传："炭，烧木未灰也。""烧木"限定了"余"的范围。

其三，用途。

糈，祭神米也。(《广韵·语韵》)

罝，兔网也。(《说文·网部》)

笼，举土器也。(《说文·竹部》)

土，地之吐生物者也。(《说文·土部》)

这类的区别性义素说明名词指称事物的某种用途。如，"糈"，《广韵》中的"祭神"说明指称义素"米"的用途。"土"，土壤、泥土，《说文》中的"吐生物"说明词义的用途。

其四，行为主体。

> 蜜，蜂所作食。（《广韵·质韵》）
> 木实为果。草实为蓏。（《周易·说卦》"为果蓏"孔颖达疏）
> 宅，人之居舍曰宅。（《玉篇·宀部》）

这类的区别性义素指出事物的施与者。"蜜"，蜂蜜。《广韵》的注解中"蜂所作"是区别性义素，修饰指称义素"食"。"果"，树木所结的果实。"蓏"，草本植物的果实。孔颖达分别以"木""草"指出两种果实为何种植物所结。"宅"，《玉篇》释以"人之居"，揭示了"舍"的居住对象。

其五，位置、处所。

> 垂，远边也。（《说文·土部》）
> 陛，升高阶也。（《说文·自部》）
> 袒，亲身衣也。（《六书故·工事七》）
> 軨，轺车前横木也。（《说文·车部》）

这类的区别性义素指出事物的远近位置、地点等。"垂"，边疆，边际，《说文》以"远"说明指称义素"边"的位置。"袒"，贴身内衣，《六书故》以"亲身"说明"衣"的位置。"軨"，《说文》释以"轺车前"，表明处所。

其六，方式。

> 辇，车用人挽者也。（《六书故·工事三》）
> 轿，牛车也。（《集韵·笑韵》）

"辇"，人挽或推的车，"用人挽"表示驾车的方式。"轿"，牛拉的车，《集韵》中的"牛"说明"轿"的驾驭方式。

名词的区别性义素以性状类为最多，包括事物的各方面特征。范围、用途、行为主体、位置、处所等类次之，方式一类最少。从上述的例证来看，基本为名物词，表示具体的事物，在人们的认知领域中具体有形，通过外部特征就能反映事物的差异。性状类的居多，正符合这一特点。

区别性义素易于识别，这主要决定于语义表达的结构，上述训词的区别性义素都具有简洁明快的特点。训诂的释义结构，区别性义素都比较凝练，或用一个字表达，如"瓷，瓦器"，一个"瓦"点出了词义特点。或用短语表达，如"蜜，蜂所作食"，"蜂所作"是一"所"字结构。在训诂的训语中，指称义素仅说明一类，区别性义素又简短，故很容易突出词义的特点。

如果一个词的语义成分比较复杂，训诂中会通过分层释义的方式，将其转化为简单的结构，区别性义素仍很容易辨别。例如：

古者从坐，男女没入县官为奴，其少才知以为奚。（《周礼·天官·序官》"奚三百人"郑玄注）

"奚"，古代奴隶的一种，缺少才智。"奚"的义素分析式为"少才智的奴"，"少才智"是区别性义素。"奴"与"奚"关系密切，必须解释清楚"奴"，"奚"的意思才能明白。"奴"是指称义素，先详释"奴"的词义，再以"其少才知"解释"奚"。通过两个步骤的训释，"少才智"言简意赅，很好地揭示了"奚"的语义特征。

释义者使用不同语词来表达区别性义素，均很清晰。

轨，车徹也。（《说文·车部》）
轨，车辙也。（《玉篇·车部》）
轨，车迹。（《广韵·旨韵》）

区别性义素的表达词语不同。"轨"的区别性义素是痕迹，"徹"通"辙"，"辙"表示车轮碾过的痕迹。"迹"，痕迹。"辙""迹"都能表示区别性义素。

有时，简洁的释义结构被后世的训诂学家详细解释，以便人们对区别性义素有更深入的了解。

古者民食莫重于禾黍，故谓之嘉谷。谷者，百谷之总名……嘉谷之实曰粟，粟之皮曰穗，中曰米。(《说文·卤部》"粟（粟），嘉谷实也"段玉裁注)

　　谓高其两旁而中低伏之舍也。(《说文·广部》"庑，中伏舍"段玉裁注)

　　"粟"，古代泛指谷类。《说文》以"嘉谷"为区别性义素，"实"为指称义素。段玉裁分别解释"嘉谷"和"实"，前者的内涵更加详尽。"庑"，两旁高而中间低的屋舍。"中伏"是"舍"的区别性义素，段玉裁进一步扩展为"高其两旁而中低伏"，词义内容更明确。

　　动词指称行为动作，形容词指称性质状态。训释的区别性义素主要有如下几类。

　　其一，主体。

　　　涸，水竭也。(《玉篇·水部》)
　　　串，物相连贯也。(《正字通·丨部》)
　　　零者，草之堕也。(《广雅·释诂二》"零，堕也"钱大昭疏义)
　　　混，丰流也。(《说文·水部》)
　　　昏，日冥也。(《说文·日部》)
　　　酷，酒味厚也。(《玉篇·酉部》)
　　　烈，火猛也。(《说文·火部》)

　　这类的区别性义素表示行为动作或性质状态的发出者。"涸"，水干枯。《玉篇》中的"水"指出"竭"的主体。"零"，草木凋零。释例中，区别性义素"草"是"堕"的主体。"混"，水势盛大。《说文》中的"流"限定了义素"丰"这一状态。"酷"，酒味浓厚。"酒味"限定了"厚"的性质。

　　其二，对象。

　　　泊，止舟也。(《玉篇·水部》)
　　　说，述也，宣述人意也。(《释名·释言语》)
　　　陶，作瓦器。(《吕氏春秋·慎人篇》"陶于河滨"高诱注)

暗，日无光也。(《说文·日部》)
　　饱，食多也。(《广韵·巧韵》)

　　这类的区别性义素表示动作行为或性质状态的施与对象。"泊"的区别性义素是"舟"，是义素"止"的施与对象。"饱"的区别性义素为"食"，表示"多"这个状态的对象。
　　其三，方式。

　　探，远取之也。(《说文·手部》)
　　侧持弦矢曰执。(《仪礼·大射》"左执弓，右执一个"郑玄注)
　　车运曰转。(《史记·平准书》"转漕甚辽远"司马贞索隐)
　　割，谓以刀裂之也。(《尔雅·释言》"割，裂也"邢昺疏)
　　简，略不礼于我也。(《孟子·离娄下》"诸君子皆与欢言，孟子独不与欢言，是简欢也"孙奭疏)

　　此类表示各种方式。如，"转"，"车"是"转"的区别性义素，表示运输的方式。"简"的区别性义素是"不礼于我"，表示义素"略"的方式。
　　其四，程度。

　　攴，小击也。(《说文·攴部》)
　　瞩，视之甚也。(《集韵·烛韵》)
　　议深为骂。(《云笈七签》卷八七)
　　绛，大赤也。(《说文·糸部》)
　　苍，谓薄青色。(《素问·阴阳应象大论》"在色为苍，在音为角"王冰注)
　　斗，峻绝也。(《后汉书·窦融传》"河西斗绝，在羌胡中"李贤注)

　　区别性义素表示动作行为或性质状态的程度。"瞩"，极力地看。"甚"是区别性义素，说明"视"的程度。"朱"，大红色，比绛色（深红色）浅，比赤色深。段玉裁《说文解字注》："大赤者，今俗所谓大红也。"

・104・

《礼记·月令》："(孟夏之月)乘朱路,驾赤骝,载赤旗,衣朱衣。"孔颖达疏:"色浅曰赤,色深曰朱。"《说文》训语中,"大"说明"赤"的程度。

其五,处所、时间。

　　舀,抒臼也。(《说文·臼部》)
　　餔,夕食也。(唐玄应《一切经音义》卷十四引《三苍》曰)

区别性义素表示动作行为的处所、时间。"舀",用瓢、勺等取物。"臼"是区别性义素,表示处所。段玉裁《说文解字注》:"抒,挹也。既舂之,乃于臼中挹出之。今人凡酌彼注此皆曰舀,其引伸之语也。""餔"的区别性义素是"夕",表示时间。

动词与形容词的区别性义素,主体、对象、方式、程度等类较普遍,处所、时间类较少。动词多表示具体的动作行为,有手动、物动、足动、目动、口动、身动等,具体可感,动作行为的表现形式反映了事物的区别性特征。形容词表示的性质状态,训诂中或选择与人们的日常生活密切相关的事物,以它为代表作训,具体而形象;或选择与被训词相关联的词语,比较训释,也易于描述。如上述"暗",以"日"为关联义素,是人们最为熟知的事物,以"无光"为区别性义素,形象地揭示了光线不明亮这种状态。"绛""苍"是两个色彩词,释义者选取同义词"赤",在前面加"大",以颜色深浅揭示"绛"的区别性特征。"苍""青"同义,王冰仅在"青"前加"薄",通过比较颜色深浅,揭示"苍"的语义特征。动词、形容词区别性义素的表达,体现了释义者化复杂为简单、化抽象为形象的意图。

词义内部有的包含两个以上的区别性义素。语训也表达了多个区别性义素。

　　钿,金花饰。(《集韵·先韵》)
　　靪,反推车。(《说文·车部》)
　　汲,引水于井也。(《说文·水部》)
　　购,悬重价以求得其物也。(《说文解字注》)
　　澄,水清定。(《广韵·庚韵》)

"钿",用金、银、玉、贝等制成的花朵状的首饰。《六书故·地理一》:"钿,金花为饰,田田然。"《集韵》中的"金""花"都是区别性义素,"金"表示这种首饰的材料,"花"表示形状。"汲"是动词,《说文》中的"水""井"为区别性义素,"水"表示"引"的对象,"井"表示处所。"澄",水清而静止。《广韵》中的"清"表示"水"的性质,"定"表示状态,两者构成"澄"的区别性义素。

词的多个区别性义素是上述各种区别性义素类型的累加,这类词的训释比单纯训释一个区别性义素要复杂。区别性义素反映事物的本质特征,在词义训释中不可或缺。但在训诂释义中,存在将多个区别性义素只训其一的现象,以致词义训释不精确。各种故训有优劣之分。

地高曰丘。(《尚书·禹贡》"九河既道……桑土既蚕,是降丘宅土"孔安国传)

谓非人力所为,自然生者。(《尔雅·释丘》"非人为之丘"邢昺疏引李巡云)

丘,土之高也,非人所为也。(《说文·丘部》)

孔传"丘"为"地高","高"是一个区别性义素。《尔雅》及其后世训诂以"非人为"(或"自然生")解释,这也是"丘"的一个区别性义素。《说文》的训释中包括这两个义素,准确、全面地揭示了"丘"的本质特征,"丘"的语义结构为:自然形成+高。我们应以《说文》之训为准。

案郭《图》,水中自然可居者为洲。人亦于水中作洲,而小不可止住者名潏,水中地也。(《尔雅·释水》"水中可居者曰洲,小洲曰陼,小陼曰沚,小沚曰坻。人所为为潏"陆德明释文)

人所为之曰潏。潏,术也,偃使水郁术也,鱼梁、水礁之谓也。(《释名·释水》)

潏,水中坻,人所为为潏。(《说文·水部》)

"潏",人工建造的水中高地,指堤堰、鱼梁、水礁等。《尔雅》以"人所为"释"潏",陆氏进一步指出水中之地小而不可居住。《释名》说明"澒"相当于鱼梁、水礁等。"人所为"是"澒"的一个区别性义素,《尔雅》《释名》都没有明确指出"澒"的另一个区别性义素——水中。《说文》包含了这两个义素,训释更为完整。

在分析多个区别性义素的表达时,要注意厘清词的本义与引申义。

园,所以树果也。(《说文·口部》)
园所以树木也。(《诗经·郑风·将仲子》"无逾我园,无折我树檀"毛传)
圃,郑康成曰:"果蓏曰圃,菜茹曰园。"(宋戴侗《六书故》卷二十六)

前两条释例指出"园"种植的对象是果、木,第三条指出"园"的种植对象是菜蔬。是不是它们的解释不完整,须合二为一呢?《说文》与毛传解释的是"园"的本义。至少公元前八世纪中国就有了果园。《诗经》中有多处记载,《魏风·园有桃》"园有桃""园有棘"。《左传·宣公二年》:"赵穿攻灵公于桃园。"这是明确的果园之称。所以"园"最初指果园,种植果树等木本植物。后来"园"的词义范围扩大,既种植果木,也种植菜蔬。《周礼·地官·载师》:"以场圃任园地。"江永解曰:"谓城外有可为园圃之地授九职中艺园圃者,使贡草木果蓏之物,场人掌之。"① 即国人(贵族)众多,宜在城门外、郭门内空间之地树艺蔬菜、桑麻果木以专供彼辈取食之用。句中"园地"即指园圃之地,"园"包括圃。秦以后亦然。今园犹是园圃共名总称,如"果园""菜园""竹园",皆以"园"称。由此,《说文》、毛传为正解。戴侗所引郑康成的解释,是说明"园"的引申义,这就有失片面,"园"应包括"果蓏""菜茹"两个区别性义素,词义范围大于"圃"。

附加性义素是词义的附属意义,并不能揭示词义所反映事物、动作行为、性质状态的本质特征,是次一级意义,但它能提供各种相关信息,是区别性义素的有益补充,有利于全面、透彻地理解词义。语训中表达的附加性义素主要有如下几种类型。

---

① 江永:《周礼疑义举要》,载《丛书集成初编》,中华书局1985年版,第19页。

一 属性

第一，次要的理性意义。

鹬，知天将雨鸟也。（《说文·鸟部》）

麒，仁兽也，麇身，牛尾，一角。（《说文·鹿部》）

祠，春祭曰祠。品物少，多文词也……仲春之月，祠不用牺牲，用圭璧及皮币。（《说文·示部》）

云"遂，田首受水小沟也"者，即《遂人》云"夫间有遂"是也。匠人为沟洫，田首广二尺，深二尺，谓之遂，故云田首受水小沟，五沟以遂为最小也。（《周礼·地官·稻人》"稻人掌稼下地。以潴畜水，以防止水，以沟荡水，以遂均水，以列舍水，以浍写水，以涉扬其芟作田"郑玄注"遂，田首受水小沟也"孙诒让正义）

烹，煮也。皆尝以烹牲牢而祭祀也。（《史记·孝武本纪》"禹收九牧之金，铸九鼎，皆尝鬺烹上帝鬼神"裴骃集解引徐广曰）

"鹬"，水鸟名。候鸟，体色暗淡，喙细长，腿亦长，趾间没有蹼。常栖田泽，捕食小鱼及昆虫。天将雨即鸣。李时珍《本草纲目·禽二·鹬》集解引陈藏器曰："鹬如鹑，色苍觜长，在泥涂间作鹬鹬声，村民云田鸡所化，亦鹌鹑类也。"《说文》释以"知天将雨"，只揭示了次要的理性意义。"麒"，古代传说中的一种动物。形状像鹿，头上有角，全身有鳞甲，尾像牛尾。古人视为仁兽、瑞兽，用来象征祥瑞。以"仁"释"麒"，表达了人们赋予这种动物的一种主观情感，并不能反映动物本身的体貌、习性等。"祠"，春祭。《说文》详细介绍了这种祭祀的方式、用品，都是次要的理性意义。"遂"，田间受水、排水的小沟。孙诒让具体介绍了"遂"的深、广尺寸，是次要的理性意义。"烹"，煮。集解训语"皆尝以烹牲牢而祭祀也"，补充介绍了煮的对象以及用途，不是词义的核心成分。

第二，文化背景义。这类介绍与被训词有关的文化背景，是义位的补充义值。

杜子春云："赍，当为粢。道中祭也。汉仪：每街路輒祭。"玄谓赍犹送也。送道之奠，谓遣奠也。（《周礼·春官·小祝》"及葬，设道赍之奠，分祷五祀"郑玄注）

以丹注面曰的。的，灼也。此本天子诸侯群妾，当以次进御，其有月事者，止而不御，重以口说，故注此丹于面，灼然为识。女史见之，则不书其名于第录也。是即此矣。（《释名·释首饰》）

丹，巴越之赤石也。（《说文·丹部》）

帚，粪也。古者少康初作箕帚秫酒，少康，杜康也。（《说文·巾部》）

洗，承盥洗者弃水器也。士用铁。（《仪礼·士冠礼》"夙兴，设洗直于东荣"郑玄注）

"赍"，遣送、送。郑玄引杜子春之语，"赍"与汉朝的祭祀礼仪有关，"赍"所送的对象为"奠"，杜子春主要解释了"赍"的文化背景义。"的"，古代妇女面部装饰的红点，刘熙详细介绍了这种装饰的由来、作用，也属于文化背景义。"丹"，丹砂、朱砂，古代主要用作颜料，是"丹"的附属的文化义。"帚"，扫帚，《说文》附带介绍"少康初作箕帚秫酒"，是相关的制帚历史。"洗"，古代盥洗时接水用的金属器皿，形似浅盆，郑玄训语中的"士用铁"，附带介绍了用"洗"的礼仪制度。

二 风格

古汉语词语有雅言与俗语之分，语训中说明了词的语用意义。训诂者以"美称"说明词语有典雅的风格，以"俗"说明词语有通俗的风格。它们成为义位的补充义值。

甫是丈夫之美称。（《仪礼·士冠礼》"伯某甫，仲叔季，唯其所当"郑玄注）

嫔，妇人之美称也。（《周礼·天官·大宰》"七曰嫔妇，化治丝枲"郑玄注）

俗呼胊瓜为䠂。（《尔雅·释草》"䠂，胊也"郭璞注）

《说文》："唠呶，讙也。"按，俚俗有云唠叨者，即此小转。（清

翟灏《通俗编·言笑》)

"甫",古代男子的美称,多附于表字之后。如,孔子为尼甫,周大夫有嘉甫,宋大夫有孔甫等,诸如此类。"嫔",有德行的妇女。《周礼》贾公彦疏:"嫔妇,谓国中妇人有德行者。""嫔"为古代妇女的雅称。"瓞",小瓜,郭璞注"瓞"为俗称。"唠叨",说话啰唆,翟灏释"唠叨"为俚俗之语。

三 时代

古汉语的词汇系统处在不断更新与变化中,语训中以当代词语解释古语词,并说明时代。还有的解释当代词语,也特别说明时代。这些时代的说明是被训词词义的补充义值,即时代义素。

> 泔,周谓潘曰泔。(《说文·水部》)
> 今谓食久味变作泔。(章炳麟《新方言·释器》)
> 浙江,出新安黟县南蛮中,东入海,今钱塘江是也。(《山海经·海内东经》"浙江出三天子都"郭璞注)

"泔",淘米水。《说文》训语中以"周"说明时代。"泔"的另外一个义项是食物放久而变味。章炳麟解释这个词义产生于他所处的时代,具有时代性。第三条"浙江"的训语"出新安黟县南蛮中,东入海"表达了词义的区别性特征,"今"是附加性义素。

四 方域

训诂中把方言词与外来词作为重要的训释对象,指出词语的所属区域,即义位中表示方域的补充义素。

第一,方言词。

> 遥,远也。梁楚曰遥。(《方言》卷六)
> 酋,熟也。自河以北,赵魏之间火熟曰烂,气熟曰糦,久熟曰

酋。(《方言》卷七)

忸怩，慙涩也。楚郢江、湘之间谓之忸怩。(《方言》卷十)

《方言》分别解释了"遥""酋""烂""糦""酋""忸怩"等，指出这些词的所属地域，它们的方言意味构成附加性义素。

第二，外来词。

北燕、朝鲜、洌水之间谓伏鸡曰抱。(《方言》第八)

所谓佛者，本号释迦文者，译言能仁。(《魏书·释老志》)

璧珋，即璧流离也。《地理志》曰……《西域传》曰："罽宾国出璧流离。"璧流离三字为名，胡语也。犹珣玗琪之为夷语。(《说文解字注》)

"抱"，禽鸟孵卵。《方言》提到"朝鲜"，"抱"具有异国色彩。"佛"，佛陀的简称。本义为"觉"，《魏书》以"译"训释，说明它是外来词。"璧珋"，有光的美石，也称"璧流离"，段玉裁以为是"胡语"。"胡"所指的地域范围较广，对西域诸国，汉、魏、晋、南北朝人皆称曰胡，包括印度、波斯、大秦等。"璧流离"具有浓郁的异域色彩。

语训中有时揭示词的义域，名词、动词、形容词的义域各有不同。

名词义位的解释，常表现为"义位=指称义素+区别性义素"的格式，其中的指称义素表示词义的所属类别，构成义域。

邸，属国舍。(《说文·邑部》)

瓦，土器也。(《玉篇·瓦部》)

"邸"，战国时诸国客馆，汉诸郡王侯为朝见而在京都设置的住所。"属国"是指称义素，也是"邸"的所属类别。第二例，"土"表示"瓦"的义域。

动词、形容词也表现为同样的格式，训语中表达的词义所属类别称为"指称义素"，例如：

扣，牵马也。(《说文·手部》)

> 腌，渍肉也。（《说文·肉部》）
> 膴，土地腴美。（《玉篇·肉部》）
> 漫、淹，败也：湿敝为漫，水敝为淹。（《方言》卷十三）

"扣"，牵住，勒住马缰。"腌"，用盐浸渍肉。"膴"，（土地）肥美。"漫""淹"都表示腐败。这五个词的指称义素是"牵""渍""腴美""敝"，都构成被训词的义域。

词的义域训诂还有寓含、个体列举、分类列举、类别限定等框架。

首先，含一元的，所指单一，多为专名。训诂释义中对这类义位义域的限定，寓于确定义值中，是限定义位独有的语义特征。

> 昴，白虎之中星。（《尚书·尧典》"日短星昴，以正仲冬"孔安国传）
> 玄枵，虚中也。（《左传·襄公二十八年》）

"白虎"，西方七宿奎、娄、胃、昴、毕、觜、参的总称。"昴"是其中之一，义域小于"白虎"。"玄枵"，十二星次之一，女、虚、危三宿在其中。虚宿为其标志星。"虚"的义域小于"玄枵"。

其次，含确定几个元的，运用列举的方式。

> 金，五色金也。白金银，青金铅锡，赤金铜，黑金铁，黄金为之长。（《正字通·金部》）
> 辰，谓日、月、星也。（《文选·张衡〈东京赋〉》"建辰旒之太常，纷炎悠以容裔"李善注引薛综曰）
> 尊，酒器也……《周礼》六尊：牺尊、象尊、著尊、壶尊、太尊、山尊，以待祭祀宾客之礼。（《说文·酋部》）

"金"，金属总称。包括银、铅、锡、铜、铁、黄金。"辰"，日、月、星的统称，传注的"日、月、星"指明了"辰"的义域。"尊"，古代盛酒礼器。以《周礼》为例，该举了六种尊。

最后，含元不易计数的，运用列举式、类别限定式、隐含式。

凡物各有形色，故天之云色，地之土色，牲之毛色，通谓之物。（《周礼·春官·保章氏》"以五云之物，辨吉凶水旱降丰荒之祲象"孙诒让正义）

凡鸟兽未孕曰禽。（《周礼·天官·庖人》"庖人掌共六畜六兽六禽"郑玄注）

牧者，畜养之总名，非止牛马也。（《说文·牛部》"牧，养牛人也"桂馥义证）

"物"，形色。孙诒让列举了几项"形色"：天、地、牲。"禽"的类别限定为鸟兽。"牧"的类别限定为"非止牛马"的牲畜。

祧，以豚祠司命。（《说文·示部》）
酪，泽也，乳汁所作。（《释名·释饮食》）
雺，雨雪盛貌。（《广韵·唐韵》）
酬，主人进客也。（《说文·酉部》）

上述词的义域不宜用列举式、类别限定式，义域的限定隐含于语义特征的描写中。如"祧"，用小猪祭司命神。训语中的"祠"为祭祀，是"祧"的所属类别，这就描写了一个大的义域。"以豚"及"司命"是"祧"的语义特征，它们区别于其他祭祀词语，是个限定性的义域。"雺"，训语中的"盛"表达词义的所属类别，"雨雪"限定了"雺"的义域。

在语训中，以义值的表达为最重要，义域其次。对词义内部各个组成部分的表达，一方面看词本身的特点；另一方面看个人的主观取舍。语训通过语言表述的形式详细地将一个义位解构成各个成分，而各个成分有机组合，又达到了准确释义的目的。

第二节 义位的局部训释

语训能够揭示词义的各个方面，常常是释义的角度、详略程度多种多样。语训除了完整表达义位的结构，还表达义位的一部分。一般来说，即使是非常简略的释义,不管角度如何不同,区别性义素不能缺失;有时根据具体情况,附加性义素也要补足。义域在训语中是一个必要部分。在训诂释义中,会出现略掉其中一部分的情况,还有的是部分表达不准确。

一 略训义域

语训中只有区别性特征,义域被省略了。

> 沙,水傍。(《集韵·支韵》)
> 沙,水旁也。(《诗经·大雅·凫鹥》"凫鹥在沙,公尸来燕来宜"毛传)

"沙",水旁地,滩。《周易·需》:"需于沙,小有言,终吉。"孔颖达疏:"沙是水傍之地。"孔疏有"地",揭示了"沙"的义域。《集韵》与毛传都省略了"地"。

> 巫,祝也。女能事无形以舞降神者也。(《说文·巫部》)

"巫",古代从事祈祷、卜筮、星占,并兼用药物为人求福、除灾、治病的人。商代巫的地位较高,周时分男巫、女巫。男巫祭祀时多作舞以娱鬼神。《周礼·春官·男巫》:"男巫,掌望祀,望衍,授号,旁招以茅;冬堂赠,无方无算;春招弭,以除疾病;王吊,则与祝前。"女巫是以歌舞迎神、掌占卜祈祷的女官。《周礼·春官·女巫》:"掌岁时祓除衅浴,旱暵则舞雩;若王后吊,则与祝前;凡邦之大灾,歌哭而请。"男巫、女巫同属司巫,司职各异。《说文》提到女巫,却不提男巫,义域不完整。

> 杖,所以扶行也。(《集韵·漾韵》)

"杖",手杖,拐杖。《礼记·曲礼上》:"大夫七十而致事,若不得谢,则必赐之几杖。"崔瑗《杖铭》:"乘危履险,非杖不行,年老力竭,非杖不强。"《集韵》用"所"字结构代替了"杖"的义域。

二　略训区别性义素或附加性义素

扫，除秽也。（《正字通·手部》）

《正字通》解释了"扫"的主要理性意义。当代辞书释义还补充了该词的附加性义素。《汉语大字典》《汉语大词典》释"扫"："用扫帚除去污秽。""用扫帚"揭示了"扫"所表示动作的工具。内含"工具"的这一语义特征在文献用例中并不能直接表现出来。《论语·子张》："子游曰：'子夏之门人小子当洒扫应对，进退则可矣。'"《史记·日者列传》："且夫卜筮者扫除设坐，正其冠带。"《中说·述史篇》："故君子大其言，极其败，于是乎扫地而求更新也。"《论衡·纪妖篇》："蚩尤居前，风伯进扫，雨师洒道。"诸例的"扫"没有"帚"与之搭配，但却暗含"用扫帚"这个语义特征。"扫"与"擦""抹""刷""拭""清"等为类义词，都表示清楚秽物，而工具是它们的区别之一。因此，"扫"之"用帚"义揭示出来，有助于词义的透彻理解，《正字通》略掉了这部分训释。

望，祭日月、星辰、山川也。（《淮南子·人间》"郊望禘尝"许慎注）

"望"，古祭名。遥祭山川、日月、星辰。许慎解释了主要语义特征。根据文献记载，上古祭祀有严格的等级规定，举行望祭的主要是帝王、诸侯。《孔子家语·正论》："楚昭王有疾，卜曰：河神为祟。王弗祭。大夫请祭诸郊，王曰：'三代命祀，祭不越望……'遂不祭。"王肃注："天子望祀天地，诸侯祀境内，故曰'祭不越望'也。"王充《论衡·吉验》："楚共王有五子：子招、子圉、子干、子皙、弃疾。五人皆有宠，共王无适立，乃望祭山川，请神决之。"该句"望祭"的主人为楚共王。"帝王"是一个比较重要的概念特征，《汉语大字典》将其作为解释的一部分。古代的传注忽略了"望"的主体，其他训诂专著也如此，如，《广雅·释天》："望，祭也。"《字汇·月部》："望，祭名。望而祭之，故曰望。"

阧，峻立也。（《集韵·厚韵》）

"阧",同"陡",《集韵》解释了"陡"的状态,但未指出词义内含的事物类别。根据古代文献,"陡"多与山相连。林滋《望九华山》:"虚中始讶巨灵擘,陡处乍惊愚叟移。"朱鹤龄《禹贡长笺》卷九:"诸葛亮亦从此攻魏,进窥关洛,然陈仓箕谷之间,山谷陡峻,转运极艰。"《徐霞客游记·黄山游日记》:"路宛转,石间塞者凿之,陡者级之。""陡"的适用对象比较固定。《汉语大字典》《汉语大词典》都释"陡"为"山势峻峭"。"山势"是区别性义素,训诂中未予揭示。

> 割,肆解肉也。(《周礼·天官·内饔》"掌王及后世子膳羞之割亨煎和之事"郑玄注)

"割",用刀截断。《尔雅·释言》:"割,裂也。"邢昺疏:"割,谓以刀裂之也。"邢昺在训语中加了"以刀"。《汉语大字典》与《汉语大词典》释"割",在训语中都表述了"用刀"这个区别性特征。郑玄注《周礼》之"割",略掉了区别性义素。

三 区别性义素表达不准确

故训准确解释了被训词的义域,区别性义素表达或笼统或不严密。

> 坳,地不平也。(《说文新附·土部》)

《说文新附》所解区别性义素为"不平",地面特征包括的类型就比较广,既可以指洼下,也可以指凸起。考察文献用例,"坳"主要指地面洼下处。《庄子·逍遥游》:"覆杯水于坳堂之上,则芥为之舟,置杯焉则胶,水浅而舟大也。"王先谦集解引支遁云:"谓堂有坳垤形也。"韩愈、孟郊《城南联句》:"掘云破嶙嵼,采月漉坳泓。"祝充注:"坳,地不平。""坳"与"窊"(或"洼")连用,表示地面的低洼处。苏轼《丙子重九》诗之一:"惟有黄茆浪,堆垄生坳窊。"柳宗元《永州龙兴寺东丘记》:"凡坳洼坻岸之状,无废其故,屏以密竹,联以曲梁。"其他训诂专著有释"坳"为洼下的,如,《集韵·爻韵》:"坳,地窊下也。"《说文新附》的解释过于笼统。

喧，大语也。(《玉篇·口部》)

"喧"，形容词，描写的状态是声音大而且嘈杂，犹以嘈杂为主。《曾子·明明德》："君子终不可喧兮，如切如磋者道学也。"《晋书·后妃列传上》："百姓喧骇，宜镇之以静。"诸例的"喧"表示的声音都有吵闹的特征。"喧"还与"哗""呼""沸""勃"等连用，更能突出高声杂乱的状态。《后汉书·陈蕃传》："今京师嚣嚣，道路喧哗，言侯览……等与赵夫人诸女尚书并乱天下。"《后汉书·铫期传》："光武趣驾出，百姓聚观，喧呼满道，遮路不得行。"欧阳修《论狄青札子》："闻外议喧沸，而事系安危，臣言狂计愚，不敢自默。"洪迈《夷坚甲志·姚仲四鬼》："四鬼渐喧勃欲上。"《玉篇》用"大"描绘声音的状态，表达不严密。

四 过度训释区别性特征

故训义域准确，区别性特征中多加了不必要的部分，使得义位的表达一部分准确，一部分失当。

謇，直言貌。(《正字通·言部》)

《正字通》限定"謇"的词义范围是"言"，表示言语忠诚、正直，有的文献用例确实反映了这一方面。《楚辞·招魂》："弱颜固植，謇其有意些。"王逸注："謇，正言貌也。"《后汉书·杨李翟应霍爰徐列传》："翟酺资谲数取通，而终之以謇谏。"这是直言谏诤。元稹《献事表》："喜顺从而怒謇犯，亦古今之情一也。"这是正直敢言而触犯别人。"謇"的外延不限于此，还泛指正直、忠诚。《抱朴子·汉过》："致其果毅，忠謇离退。"《后汉书·韦彪传》："又谏议之职，应用公直之士，通才謇正，有补益于朝者。"《北史·李彪传》："彪前后六度衔命，南人奇其謇博。"韩愈《唐故江西观察使韦公墓志铭》："始至襄阳，诏拜谏议大夫。既至，日言事，不阿权臣，謇然有直名，遂号为才臣。"《正字通》解释的词义范围狭小。

阪，大坡不平也。(《龙龛手鑑·阜部》)

此例释"阪"的对象是"大坡",包括的义域类型广泛。《诗经·秦风·车邻》:"阪有漆,隰有栗。"毛传:"陂者曰阪。"这是能种树的山坡。《汉书·西域传》:"又有三池盘石阪道,陿者尺六七寸,长者径三十里,临峥嵘不测之深。"这是石头坡。《商子·来民》:"秦四境之内,陵阪丘隰不起十年征。"这是一般的斜坡。《汉书·蒯通传》:"必相率而降,犹如阪上走丸也。"这说明坡式很陡。文献中,"阪"常与"阻""险""峻"连用,表示坡陡,多为险要之处。《吕氏春秋·孟春纪·正月纪》:"善相丘陵阪险原隰。"《史记·袁盎晁错列传》:"文帝从霸陵上,欲西驰下峻阪。"《吴子·吴起初见文侯》:"舍而未毕,行阪涉险,半隐半出。"陆贾《新语·资质》:"闭绝以关梁,及隘于山阪之阻。"《龙龛手鑑》训语中的"大"都暗含了这些语义特征。该书又在训语中加"不平",指坡面不平。它不属于"阪"固有的义位成分,训语中多此赘语。

林,平土有丛木曰林。(《说文·林部》)

"林",成片的竹、木。《诗经·邶风·击鼓》:"于以求之,于林之下。"毛传:"山木曰林。"毛亨释"林"在山中。《吕氏春秋·安死》:"世之为丘垄也,其高大若山,其树之若林。"高诱注:"木藂生曰林也。"文献中的"林"在"丘垄"上,地势一定不平。《说文》释"林"有区别性义素"平土",为赘语。

诏,教导之。(《尔雅·释诂下》"诏,导也"郭璞注)

"诏",教导,告诫。郭璞的训语中有一"之"字,盖表示"诏"是动词,后面跟宾语。"诏"确实可跟宾语。《管子·小称》:"管仲有病,桓公往问之曰:'仲父之病病矣,若不可讳,而不起此病也,仲父亦将何以诏寡人?'""诏"后也可不跟宾语。《荀子·大略》:"故舜之治天下不以事诏而万物成。""诏"常与"教""诲""导"连用,形成同义关系,也提示了"诏"为动词,后面不跟宾语。《说苑·政理》:"巫马期则不然,弊性事情劳烦教诏,虽治犹未至也。"《宋书·桂阳王休范传》:"先帝穆于友于,留心亲戚,去昔事平之后,面受诏诲,礼则君臣,乐则兄弟。"《后汉书·皇后纪上·和熹邓皇后》:"尚幼者,使置师保,朝夕入宫，抚循诏导，恩爱甚渥。"李贤注："诏，告也。""诏"后面是否跟宾语，不是必须解释的内容。郭璞用"教导"解释，语义已明，加一"之"字，实为过度释义。

上述训诂释义的例子，一部分源于训诂专著，一部分源于训诂传注。义位的局部训释存在于这两种训诂典籍中，数量不多。这类训释，有的是古人的表达习惯使然，有的是表达不严密，有的是表达错误。第一、二种情况，一般不影响读者理解词义。如上述释例，"杖"的义域不出现，"扫"的训语不出现"用彗"，读者也能掌握它们的词义。第三种情况会影响读者理解词义，如上述释例"坳"，未解释清楚区别性义素，容易误导读者。

第三节 名物释义模式

名物词的训诂释义很有特点，形成了模式。名物词的释义采用义界式，谓"用一句或几句话来阐明词义的界限，对词所表示的概念的内涵作出阐述或定义"①。根据逻辑规则，归纳出名物词的训释格式：名物词＝种差＋属词（以下用 B 代表名物词，用 t 代表种差，用 L 代表属词）。它几乎运用于各类名物词中，能准确解释名物词的意义，我们称之为"归类限定"模式。② 这一模式有标准格式与各种变式。名物释义模式对今天的辞书编纂有重要的借鉴意义。

名物词释义的标准格式：B＝tL。种差用词或短语表述，属词在后，tL构成偏正结构。例如：

纯玉曰全。(《说文·入部》)
　t　 L

---

① 陆宗达：《训诂简论》，北京出版社 2002 年版，第 195 页。
② 符淮青曾详尽分析了现代汉语名物词在词典中的释义，归纳为"归类限定"模式。古汉语名物词的释义模式主要方面与之相同，所以我们沿用这一称法。以此看出，"归类限定"模式早存于名物训诂中，现代辞书释义正是在此基础上的继承与发展。请参见符淮青《"词义成分—模式"分析（表名物的词）》，《汉语学习》1997 年第 1 期。

蓑，草雨衣也。(《说文·衣部》)
　　　t　　L

蛕，腹中长白虫也。(柳宗元《骂尸虫文》"彼修蛕恙心"蒋之翘辑注)
　　　　t　　　　L

B = tL 的变式有四种。

1. B = Lt 属词在前，种差用词或短语表述，对所属类别起修饰限制作用

官职，职官之长。(《吕氏春秋·圆道》"令出于主口，官职受而行之"高诱注)

荑，茅之始生也。(《诗经·邶风·静女》"自牧归荑，洵美且异"毛传)

凡米不精者皆曰糙。(《正字通·米部》)

男子先生为兄，后生为弟。(《尔雅·释亲》)

山如堂者，密；如防者，盛。(《尔雅·释山》)

2. B = tL (L 为表名称的词，如"名""总名""通称""总称""别名"等)，这种形式用来说明被训词的名称身份

粱，米名也。(《说文·米部》)

鎡，锄之别名。(《唐写切韵残本·金部》)

古者以粟为黍、稷、粱、秫之总称。(李时珍《本草纲目·谷二·粟》)

粱，亦诸谷总名。(《左传·桓公二年》"粢食不凿"孔颖达疏)

鍭矢为金镞八矢之通名。(《周礼·夏官·司弓矢》"杀矢、鍭矢用诸近射、田猎"孙诒让正义)

神、祇，众灵之通称。(《文选·木华〈海赋〉》"惟神是宅，亦祇是庐"李善注)

士者，男子之大号。(《诗经·郑风·女曰鸡鸣》"女曰鸡鸣，士曰昧旦"孔颖达疏)

这种训诂释义形式，说明名物词"梁""镒""粟""粢""鏃矢""神""祇""士"作为名称使用时，分别具有相应事物"名""别名""总称""总名""通名""通称""大称"的性质，分别属于别名、通称、总称等。处在"t"位置上的词语或是 B 的同义词，如"锄"；或是指明 B 的范围，如"米"。

3. B = t（L）这是省略格式，属词因不同情况而被省略

  可食者曰原。(《尔雅·释地》)
  水潦所止，泥丘。(《尔雅·释丘》)
  杭，檕梅。枊者聊。(《尔雅·释木》)
  粉，傅面者也。(《说文·米部》)
  毂，辐所凑也。(《说文·车部》)

《尔雅》前两个词条都归属于不同的篇目与类目。"原"条属于"释地"的下位范畴"野"，"野"是"原"的属词。"泥丘"条属于"释丘"的下位范畴"丘"，"丘"是"泥丘"的属词。这两条的属词因类目而省略。第三条，"杭"，山楂树，以异名"檕梅"解释。"聊"是杭的一种，"枊者"为"者"字结构，属词因前面的异名释义而省略。第四条，"粉"的本义是化妆用的粉末。徐锴《说文》系传："古傅面亦用米粉。故《齐民要术》有傅面英粉，渍粉为之也。又红染之为红粉。"释语中无属词，但"粉"归"米"部，大略提供了所属范围。"毂"，车轮的中心部位，释语无属词，"毂"属"车"部，大概提供了它的所属类别。

4. B = tL$_1$ + tL$_2$（或 L$_1$t + L$_2$t……）属词出现多个，种差修饰、限制属词

  瑞，信节也，诸侯之圭也。(《玉篇·玉部》)
  璩，玉名，耳饰也。(《说文新附·玉部》"璩，环属"郑珍新附考)

"瑞"的第一个属词是"节"，表示符节。第二个属词是"圭"，表示玉类。两个属词前的限制词语不同。"璩"的前一属词是"名"，后一属词是"饰"，种差分别为"玉""耳"。

· 121 ·

名物词的释义大都属于上述五式中的一种。另外，还有这五式的交叉组合。如下面三条释义都是2式与1式的组合：

　　箪，竹管之属也，用贮饭。(《论语·雍也》"一箪食，一瓢饮，在陋巷，人不堪其忧，回也不改其乐"皇侃疏)
　　鬲，鼎属，实五觳，斗二升曰觳。象腹交文，三足。(《说文·鬲部》)
　　钯，锄属，五齿，平土除秽用之。(《正字通·金部》)

同一名物词从不同角度审视，会属于不同的语义范畴。由此，解释被训词的属词或种差均有不同，但释义模式不变。例如：

　　琨，石之美者。(《说文·玉部》)
　　琨，美玉。(《字汇·玉部》)

　　糉，芦叶裹米也。(《说文新附·米部》)
　　糉，角黍也。(《集韵·送韵》)

　　糒，干饭也。(《说文·米部》)
　　糒，干饡。(《集韵·怪韵》)

　　苦，苦菜也。(《诗经·唐风·采苓》"采苦采苦，首阳之下"毛传)
　　苦，苦荼也。(《礼记·内则》"濡豚，包苦实蓼"郑玄注)

"琨"或归入石类，或归入玉类，反映人们认识的角度不同，两种释义互相联系、互相补充，多方面揭示了该词反映事物的特征。古人对此释义有精辟分析。《尚书·禹贡》："厥贡惟金三品，瑶、琨、筱簜。"孔颖达疏："美石似玉者也……王肃云：'瑶、琨，美石次玉者也。'"属词"石""玉"具有类义关系。"糉"，一个用"米"、一个用"黍"；"糒"，一个用"饭"、一个用"饡"；"苦"，一个用"菜"、一个用"荼"。属词间构成上下义位关系。名物词训释的多个属词之间通常具有类义关系，这反映出词义与外界事物的多种联系。注释者多方反映这种联系，就更能精确地揭示词义特点。另外，名物词的所属类别数量有限，通常反映了人们的常识，属词的识别比较容易。

与名物词的类别相比，种差的内容要复杂得多，"在表名物词的释义中，种差的内容是多种多样的，可以是形态、结构、功用、成因、时间、空间、数量、程度、评价，等等"①。种差出现的数量不等。

俎，礼俎也。(《说文·且部》)
俎，祭器，如几，盛牲体者也。(《资治通鉴·汉成帝绥和元年》"为其俎豆"胡三省注)

《说文》之"俎"，用"礼"揭示了它的社会功用。胡三省注"俎"，说明了社会功用、形状、性能。后者详于前者。

种差的表达方式也不同。

骏，马鬣也。(《说文新附·马部》)
骏，马项上毛也。(慧琳《一切经音义》卷四十一引《独断》)

钢，炼铁也。(《玉篇·金部》)
钢，坚铁。(《集韵·唐韵》)

骛，马名。(《广韵·号韵》)
骛，千里马名也。(《吕氏春秋·察今》"良马期乎千里，不期乎骥骛"高诱注)

"骏"的属词都是"马"，种差不同，一个用"鬣"，一个用"项上毛"，语言表达方式不同，都用来说明形态。"钢"的属词是"铁"，《玉篇》用"炼"，重在加工方法；《集韵》用"坚"，重在质地。"骛"的种差分别是"马"与"千里马"，构成上下义位关系。

上述"归类限定"的释义理想度不同。标准格式和各种组合式最为理

---

① 符淮青：《"词义成分—模式"分析（表名物的词）》，《汉语学习》1997年第1期。

想，变式中的第二式最低。释义中如何选择更好的格式呢？这需要考虑内部意义表达规则。

"归类限定"释义模式内部，"属词"侧重归类，"种差"侧重词义的特点，两者完美结合才能达到理想释义的效果。归类的正确与否，直接决定了种差的说明，而种差的内容客观上非常丰富，选择哪一种又是仁者见仁、智者见智。一般来说，在正确归类的前提下，能反映词义本质特征的必须说明，次要的种差则根据释义的目的、释义者的主观认识进行取舍。词义的本质特征具有类型特征，需根据种类来定。说明植物重形貌、习性、功用；说明动物重形貌、习性；说明器物重构造、性能、功用。每种内部根据实际情况，可适当取舍，如"椴"，郭璞《尔雅注》云"今南人呼桂厚皮者为木桂。桂树叶似枇杷而大，白花，花不著子。丛生严岭，枝叶冬夏常青，间无杂木"。释义包括形貌、习性，内容丰富且准确。

"归类限定"是一种比较有效的释义模式，对现代辞书编纂有重要的指导作用。以《汉语大字典》《汉语大词典》为例，名物词的释义，种差或属词的表达存在一些弊端，而故训提供了准确释义的范例，种差或属词的表达非常准确。针对《汉语大字典》《汉语大词典》释义的不足，列出故训释义之长处。

第一，完整揭示了词义本质特征的类型。

登，祭祀时盛肉食的礼器。（《汉语大字典》）
登，古代祭器名。（《汉语大词典》）

对文则木曰豆，瓦曰登；散则皆名豆。故云瓦豆谓之登。（《尔雅·释器》"瓦豆谓之登"邢昺疏）
木曰豆，瓦曰登。豆，荐菹醢也；登，大羹也。（《诗经·大雅·生民》"卬盛于豆，于豆于登"毛传）

《汉语大字典》《汉语大词典》两部辞书都有属词"器"。种差的多少、内容不尽相同，《汉语大字典》有"祭祀""盛肉食""礼"三个，《汉语大词典》有"古代""祭"两个。其中"祭祀""盛肉食"反映了词义的本质特征，但并不完整。"登"的制作材料是反映词义本质特征的一个重要方面，但没有说明。"登"与"豆"为一组同义词，上述两条训诂释例比较了同中之异，"瓦豆谓之登"形成释义模式，"瓦制"（即"陶制"）为"登"的一个重要区别性特征。训诂中"登"的词义本质特征类型的揭示更完整。

第二，种差内容充实。

荀，草名。（《汉语大字典》）

（青要之山）有草焉，其状如葌，而方茎、黄华、赤实，其本如槁本，名曰荀草，服之美人色。（《山海经·中山经》）
荀草赤实，厥状如菅，妇人服之，练色易颜。（郭璞《山海经图赞·中山经》）

"荀"，即"荀草"。《说文新附·艸部》："荀，艸也。"这是以属词训释，《汉语大字典》盖沿用于此，反映词义本质特征与次要特征的种差几乎没有说明，释义太宽泛。上述古代典籍大致描述了"荀"的形态、花色、根茎、果实、功用，都是以语文义解释，均属概念义中的种差，完整而丰富。

軝，长毂之軝也，朱而约之。（《诗经·小雅·采芑》"方叔率止，约軝错衡，八鸾玱玱"毛传）
軝，长毂之軝也。《考工记》曰："兵车、乘车其毂长于田车也。"是为长毂约者，以皮缠之而上加以朱漆也。（李樗、黄櫄《毛诗集解》卷二十一）

軝，车毂上的装饰。（《汉语大字典》）

故训角度、详略不一。《玉篇·车部》："軝，毂饰。"《汉语大字典》盖沿用于此。"装饰"在车毂的哪部分？使用什么材料？什么颜色？都未予说明。古代传注说明"軝"的材料是皮革，上涂红色，在车毂两端。"位置"属于词义的本质特征，"材料""颜色"为次要种差。

《汉语大字典》规模宏大，释义力求完备，故这些方面都应充实到释义的种差内容中。

训诂释义研究

第三，种差具体。

轱以字形校之，颇与轴相近，而以声类求之，则疑当为前胡之叚字。（《墨子·经说下》"载弦其前，载弦其轱，而县重于其前"孙诒让间诂）

轱，车的一部分。（《汉语大字典》）

"轱"到底指车上的哪部分呢？传注训诂有明确说明。孙氏释"轱"是"胡"的假借，"胡"指车辕前端下垂的木棍。《周礼·秋官·大行人》"立当前侯"郑玄注引汉郑司农曰："前侯，谓驷马车辕前胡，下垂柱地者。"表示"前胡"义的"轱"的用例还有一些。例如，睡虎地秦墓竹简《秦律·司空》："及大车辕不胜任，折轱上，皆为用而出之。"《墨子·经说下》："若夫绳之引轱也，是犹自舟中引横也。"因此，"轱"即车的前胡。《汉语大字典》释"车"的种差为"一部分"，太笼统。孙诒让间诂更具体。

第四，种差正确。

（蛭蝚）今逢土润溽时，泥草间多生此物，俗谓之马蟥。其身细长而柔，引之辄断，首锐如铲，能入人股掌哑其血。（翟灏《尔雅补郭》）

蛭蝚，水蛭。俗称蚂蟥。（《汉语大词典》）

旧注以为"蛭蝚"就是水蛭，郝懿行《尔雅义疏》："《说文》：'蛭蝚，至掌也。'《本草》：'水蛭，《别录》一名蚑，一名至掌。'然则《释鱼》'蛭虮'，即是物也。"钱大昕《答问七》："问：'蛭蝚、至掌是何物？'曰：'此即《释鱼》之蛭虮。'"《汉语大词典》的释义与此相同。此解不当。

"蛭蝚"见于《尔雅·释虫》，与同书《释鱼》的"蛭"都属蛭纲，但为不同种类。"蛭蝚"是非水中所生之蛭。翟灏《尔雅补郭》云："'虮''蛭'见《释鱼》篇，固是水族。'蛭''蝚'别见《释虫》，可知其非生于水矣。"古代蛭分水蛭、泥蛭、草蛭、石蛭等诸种，以所生之地不同而为别。根据《尔雅》中的《释虫》《释鱼》归类标准，后三种属虫类，生于陆地。有的注家以为"蛭蝚"专指陆生蛭的一种，如尹桐阳《尔雅义证》云："今山蛭也。又称草蛭。陆生蛭之一种，形稍大，长寸所，栖于山谷土石间，降雨时则上栖于枝叶间或草际，闻人足音近，急附着之而吸其血液，甚为害，至掌所以名也。"恐拘执于一隅。"蛭蝚"，泛指陆生蛭，现俗称旱蚂蟥。

释例中翟灏释"蛭蝚"的种差准确。《汉语大词典》将"蛭蝚"的种差释作"水"，不当。

第五，种差与属词都准确。

> 纮，冠卷维也，冠饰也。（《玉篇·糸部》）
> 纮，冕之饰，用组为之，以其组从下屈而上属之于两旁，垂余为缨。（《礼记·礼器》"管仲镂簋，朱纮，山节，藻棁，君子以为滥矣"孔颖达疏）

> 纮，系于颔下的帽带。（《汉语大字典》）

《汉语大字典》释"纮"的属词为"帽带"、种差为"系于颔下"，均不准确。

两条训诂释例表明"纮"是"冠饰"或"冕之饰"，也说明了带子的系法。其他典籍还有详细解释。《集韵·耕韵》："纮，一曰缨从下而上者。"《仪礼·士冠礼》："缁组纮纁边。"郑玄注："有笄者屈组为纮，垂为饰。"贾公彦疏："谓以一条组于左笄上系定，绕颐下，又相向上仰属于笄屈系之，有余因垂为饰也。"从旧注看，"纮"并不是固定帽子的带子，而是作装饰之用；系法也并非打结于颔下，而是由颔下向上系于笄，垂者为缨。两条故训解释"纮"的种差与属词准确。《汉语大字典》的释义不当。

第六，义项被故训所解。

> 铞，釜属，通作鎗。（《集韵·庚韵》）
> 䰝有足曰铞。（《太平御览》卷七百五十七引《通俗文》）

《汉语大字典》释"铞"为"温器，似锅，三足"，并引用上述两条

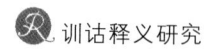

释例为书证。不当。

《集韵》与《太平御览》所释都表明"铛"是一种炊具。"铛",又作"鎗",《六书故·地理一》:"鎗,三足䥐也。俗作铛。""䥐"或"釜"都是古代的炊具。《南史·孝义传上·陈遗》:"初吴郡人陈遗,少为郡吏,母好食鎗底饭。""鎗"正为古代的锅。同文在《世说新语·德行》有相同记载,文中"鎗"作"铛","铛"表示炊具。《清异录·建康七妙》卷下:"金陵士大夫渊薮家,家事鼎铛有七妙,薑可照面,馄饨汤可注砚,饼可映字,饭可打擦擦……嚼着惊动十里人。"根据训诂的几条释义,"铛"指一种炊具,类似䥐,三足,用于烧煮饭食。

《集韵》与《太平御览》准确解释了"铛"的属词与种差。《汉语大字典》未释此义,不当。

"归类限定"释义模式的运用,增强了名物词释义的可操作性。在释义模式内部,针对不同名物类别,属词与种差的内容、详略程度的表达均有不同,形成一个词的多种释义形式。今人汲取这些释义,采取以下几种方法,以《汉语大字典》《汉语大词典》为例略加说明。

一 择优

名物训诂有多种,有的只表达概念的某方面特征,有的却全面准确揭示了词义特征,现代辞书选择最完善的释义。

> 糈,祭神米也。(《玉篇·米部》)
> 糈,精米,所以享神。(《楚辞·离骚》"巫咸将夕降兮,怀椒糈而要之"王逸注)

王逸的注释比《玉篇》多一"精"字,词义的外延更严密。《汉语大字典》释"糈"为"祭神用的精米",这是选择了训诂的理想释义。

二 重组

有的名物词释义,属词不同,种差丰简不一,但都是对词义某方面特征的说明,现代辞书根据不同需要,进行重新组合,力求理想的释义。

铏，菜和羹之器。(《仪礼·公食大夫礼》"宰夫设铏四于豆西东上"郑玄注)

　　铏，羹器也。(《玉篇·金部》)

　　铏，祭器。(《广韵·青韵》)

　　铏则鼎之小者……(今)铏直以磁盂为之，便盛羹，则曰铏碗而已。(清毛奇龄《辨定祭礼通俗谱》卷三)

　　铏受一斗，两耳三足，高二寸，有盖。士以铁为之，大夫以上以铜为之，诸侯饰以白金，天子饰以黄金。(《三礼图·铏》)

　　古籍从各个角度解释"铏"，属词或解为"器"，或解为"鼎"，种差内容更是丰富多彩，包括外形、大小、材料、性能、功用等。《玉篇》《广韵》和郑玄注过于简单，毛奇龄用比较的方法，指出"铏"的大小，主要介绍所处时代"铏"的功用与质地。《三礼图》所释无属词，只对"铏"作出一般说明。这些解释没有错误，只是构建了粗略的释义框架。现代辞书对故训重新组合，《汉语大词典》注"铏"为"盛菜羹的器皿。古常用于祭祀"。《汉语大字典》释"铏"为"古代盛羹的小鼎，两耳三足，有盖，常用于祭祀"。这些释义都胜于故训。

三　综合

　　名物词的训诂释义比较丰富，当代辞书从中借鉴，进一步归纳、补充有关的内容，属词也作适当变通，这是一个综合创新的过程，释义更为严密。

　　耜，田器也。(《诗经·周颂·良耜序》"良耜，秋报社稷也"陆德明释文)

　　耜，掘土具也。(《庄子·天下》"禹亲自操橐耜而九杂天下之川，腓无胈，胫无毛，沐甚雨，栉疾风"成玄英疏)

　　耜，臿属。(《淮南子·汜论》"古者剡耜而耕"高诱注)

　　耜，似也，似齿之断物也。(《释名·释用器》)

　　耜，耒端木。(《玉篇·耒部》)

　　耜，耒下刺土臿也。古以木为之，后世以金。(《六书故·植物一》)

语训中的属词有"器""具""属""物""木""舀"等，种差反映的方面也比较多，有功用、形状、材料、位置等。当代辞书综合归纳故训，同时增补新内容。《汉语大词典》注"耜"："耒下铲土的部件，初以木制，后以金属制作，可拆卸置换。"《汉语大字典》注"耜"："耒下端铲土的部分。装在犁上，用以翻土。先以木为之，后改用金属。"两部辞书释"耜"的属词是"部件"或"部分"；种差部分，继承故训的有"耒下（端）铲土"以及材料方面，又增释了"可拆卸置换""装在犁上，用以翻土"等。"耜"是综合创新的释义。

"归类限定"作为名物训诂释义模式，实为属词加种差的二分式释义方法，揭示了名物词各方面的特点，易于准确认识古代名物词。模式内部意义表达规则是决定理想释义的内在机制。名物训诂释义模式在意义表达规则方面也有不足，但瑕不掩瑜，它成为古代词义训释的一个优良传统。现代汉语词典的名物词释义也表现为"归类限定"模式，这正源于传统训诂。名物训诂释义模式对于当代辞书释义并不过时，它能为现代电子词典的编写设计提供方法以及丰富的语料。

第五章 综合训

词训与语训中两种以上的方式同时使用就构成综合训。综合训集词训与语训于一条中，表达词义丰富多样，形成长于词训与语训的释义优势。在临时意义的基础上经过高度概括，就形成固定意义。综合训反映了训者对词义变化的认识过程，形成固定意义与临时意义分层次释义的方法。泛指与特指是两类比较特殊的词义，这两类词的综合训数量很大，无论从形式，还是从内容方面，都值得重视。

第一节 词义的两项式训释

词训与语训在综合训条中的位置不固定。词训表现为以一个训词训释被训词，或出现在语训前，或语训的中间，或语训的后面。语训表现为一个短语或句子，也可以是多个短语或句子。训词与训语形成综合训的两项式，相辅相成，从不同角度发挥了训释词义的作用。从表达的词义内容看，主要有以下三种训释结构。

一 一个词训 + 一项语训内容

1. 词训与语训形成互补关系

训释中运用一个训词释义。还运用语训，不管是一个短语或句子，还是多个短语或句子，仅说明一项语义。它们从不同角度，丰富了词义训释的内容。

第一，一个等值训释 + 一项语义训释内容。

鼫，五技鼠也。能飞不能过屋，能缘不能穷木，能游不能渡谷，能穴不能掩身，能走不能先人。(《说文·鼠部》)

栈，以木于危险处为路，名阁道也。(《慧琳音义》卷八十二"栈道"注引《考声》云)

羽，鸟羽，翡翠、孔雀之属。(《国语·晋语四》"羽旄齿革"韦昭注)

尧，犹尧尧也，至高之貌。(《白虎通义·号》)

田祖，始耕田者，谓神农也。(《周礼·春官·籥章》"凡国祈年于田祖"郑玄注)

被训词"鼫""栈""羽""尧""田祖"的异名分别是"五技鼠""阁道""鸟羽""尧尧""神农"。语训运用各种释义方式。"鼫"用描述式义界，说明其技能。"栈""尧""田祖"运用定义式义界，指出词义所指对象。"羽"运用列举式，说明词义适用的范围。

第二，一个准等值训释＋一项语义训释内容。

符，信也。汉制以竹，长六寸，分而相合。(《说文·竹部》)

墨，黥也。先刻其面，以墨窒之。(《周礼·秋官·司刑》"墨罪五百"郑玄注)

洁，白，金之气也。(《素问·五常政大论》"其气洁"张志聪集注)

卑，贱，谓其才德薄。(《左传·昭公二十五年》"语卑宋大夫，而贱司城氏"杜预注)

被训词"符""墨""洁""卑"的同义词分别是"信""黥""白""贱"，分别形成准等值训释关系。语训方面，"符"介绍汉代关于符的制度。"墨"用描写式，介绍该种刑制。"洁""卑"用定义式，指出所指物。

第三，一个不等值训释＋一项语义训释内容。

牢，闭也，养畜生之圈也。(《慧琳音义》卷三十"牢笼"注引《说文》)

月，阙也，大阴之精。(《说文·月部》)

鹿，兽也。象头角四足之形。(《说文·鹿部》)

缶，乐器，陶土为之。(《文选·杨恽〈报孙会宗书〉》"仰天抚缶"吕延济注)

河，水。出焞煌塞外昆仑山，发原注海。(《说文·水部》)

"牢"，关养牲畜的栏圈。"闭"表示"牢"的词义特点，二者是非等值关系。"养畜生之圈"是一个定义式的解释。"月"用"阙"揭示其词义特点，二者是非等值关系。"大阴之精"是一个义界。被训词"鹿""缶""河"的训词"兽""乐器""水"都是上位义。语训部分，"鹿"用比况式描述动物的形态。"缶"说明它的材质。"河"用叙述的方式介绍了黄河的源头及流向。

2. 语训是词训内容的进一步说明

训者先用训词解释，后面再用一句话或短语，内含训词，深入说明训词之义，前后语义一致，由浅入深。

第一，在准等值训释上进一步说明语义。

储，亦备也，谓畜物以为备曰储也。(《玄应音义》卷三"储水"注)

雅，正也，言今之正者以为后世法。(《周礼·春官·大师》"教六诗，曰风，曰赋，曰比，曰兴，曰雅，曰颂"郑玄注)

勒，刻也，刻识之也。(《释名·释言语》)

赈，赐也，给赐贫乏也。(《慧琳音义》卷十二"赈给"注引《考声》)

"储"用同义词"备"训释，意义没有具体说明，语训"畜物以为备"内含"备"，指出"备"的对象及其方式，这样解释更清楚。"雅""勒""赈"用同义词"正""刻""赐"训释，后面的训语中包括这三个训词，指出词义表示的所指物。

第二，在非等值训释上进一步说明语义。

戟，格也，旁有枝格也。(《释名·释兵》)

黍者，暑也，种者必待暑。(《齐民要术·黍穄》引《氾胜之书》曰)

儒者，柔也，能以德柔服人也。(《尔雅·序》"英儒瞻闻之士"邢昺疏)

"戟"，古代兵器名。合戈、矛为一体，长柄，顶端有直刃，两旁各有横刃，可以横击、直刺，杀伤力比戈、矛大。训词"格"揭示了"戟"的外形特点，"旁有枝格"进一步说明格的位置。"黍"，植物名。一年生草本作物。喜温暖，不耐霜，抗旱力极强。子实淡黄色者，去皮后北方通称黄米，性黏，可酿酒。训词"暑"揭示"黍"喜温的特点，训语"种者必待暑"进一步说明种植时对温度的要求。"儒"，古时对学者、读书人的称呼。训词"柔"揭示词义特点，语训进一步说明"柔"的内涵。

3. 词训＋以语训表述的构词理据

训者用训词解释被训词，还用一句话或短语，说明有关词的得名理据。词训与语训间的语义有一定的相承关系。

济、河间，其气专，质性信谦，故云兖；兖，信也。(《尚书·禹贡》"济、河惟兖州"孔颖达疏引李巡注《尔雅》解州名云)

旻犹愍也，愍万物凋落。(《尔雅·释天》"秋为旻天"郭璞注)

统，犹本也，以其记祭祀之本，故名祭统。(《礼记·祭统》郑玄题注)

鲁，鲁钝也。国多山水，民性朴鲁也。(《释名·释州国》)

"兖"以同义词"信"解释，训语解释在"兖州"中的构词理据。"旻"以同义词"愍"解释，训语解释"旻天"之"旻"的构词理据。"统"的训词是"本"，训语说明"祭统"的得名之由。"鲁"之义为鲁钝，训语解释了鲁国的得名之由。

二　一个词训＋两项语训内容

1. 词训与语训构成互补关系

训释中运用一个训词释义。还运用语训，表现为多个短语或句子，说明两项语义内容。它们从不同角度训释，词义内容的训释全面而深入。

第一，一个等值训释+两项语义训释内容。

> 棋，枳也。有实，今邳郑之东食之。（《礼记·曲礼下》"妇人之挚棋榛"郑玄注）

> 牧，牧田，在远郊，皆畜牧之地。（《周礼·天官·大宰》"四曰薮牧"郑玄注）

> 右，车右，勇力之士，执戈矛以退敌。（《尚书·甘誓》"右不攻于右，汝不恭命"孔安国传）

> 先妣，姜嫄也。姜嫄履大人迹，感神灵而生后稷，是周之先母也。（《周礼·春官·大司乐》"以享先妣"郑玄注）

"棋"，木名。落叶乔木，熟时肉质红棕色，味甜，供食用。训词"枳"是"棋"的异名。语训介绍这种果木可以食用，还说明了食用之地。"牧"用"牧田"解释，指授予民众为公家放牧的场地。语训先说明地点，再说明功用。"右"的异名为"车右"，古制一车乘三人，尊者居左，御车人居中，骖乘居右。居右者即为车右。先用定义式说明对象，再进一步说明在车战中的职责。"先妣"，传说中先祖之母。郑玄先用异名"姜嫄"解释，再讲述传说中的故事，最后用定义式说明词义的所指。

第二，一个准等值训释+两项语义训释内容。

> 镯，钲也，形如小钟，军行鸣之以为鼓节。（《周礼·地官·鼓人》"以金镯节鼓"郑玄注）

> 玺节，印章，如今斗检封矣，使人执之以通商。（《周礼·地官·司市》"凡通货贿，以玺节出入之"郑玄注）

"镯"，古代军中乐器，钟状的铃。段玉裁《说文解字注》"钲"字下云："镯、铃、钲、铙四者，相似而有不同。钲似铃而异于铃者，镯、铃似钟有柄，为之舌以有声。钲则无舌。柄中者，柄半在上，半在下，稍稍宽其孔为之抵拒，执柄摇之，使与体相击为声。"郑玄释"镯"，首先采用词训的方式，列举与其相似的事物"钲"作为训词，其次用比喻的形式——"形如小钟"说明其形状，最后再介绍其用途，即"军行鸣之以为鼓节"。"玺节",古代准许通商的凭证。以同义词"印章"作为训词,其次用譬况——"如今斗检封"说明其形式。《周礼·地官·司市》:"凡通货贿,以玺节出入之。"郑玄注:"玺节,印章,如今斗检封矣。"贾公彦疏:"汉法,斗检封,其形方,上有封检,其内有书。则周时印章上书其物,识事而已。"最后再介绍其用途,即"使人执之以通商"。

第三,一个不等值训释+两项语义训释内容。

芹,菜也,可以为菹,亦所用侍君子也。(《诗经·小雅·采菽》"言采其芹"郑玄笺)

枸桹,树也,直而高,其用与枰梠同。(《文选·左思〈吴都赋〉》"枰梠枸桹"刘逵注)

礼者,体也,统之于心,行之合道,谓之礼也。(《礼记·礼运》"礼也者,义之实也"孔颖达疏)

枰,平也,以板作,其体平正也。(《释名·释床帐》)

"芹"用上位词"菜"解释,语训中先说明"芹"的做法,可做腌菜。然后说明它的食用对象。"枸桹"用上位词"树"解释,再描述外形,最后说明用途。"礼"用"体"解释,说明词义特点,两者为不等值训释,语训中先述思想,再述行动。"枰",独坐的板床。先用"平"解释,说明这种床的特点。再用语训述其材质与外形。

2. 词训+一项语训的语义内容+语训表达的得名理据

训释中用一个训词释义。语训中,不论长短繁简,先说明一项语义内容,再说明有关词的得名理据。

烝,众也。气盛貌,冬万物毕成,所荐众多,芬芳备具,故曰烝。(《公羊传·桓公八年》"冬曰烝"何休注)

蚁者,蚍蜉虫也。此虫色黑,知蚁裳色玄。以色玄如蚁,故以蚁名之。(《尚书·顾命》"麻冕蚁裳"孔颖达疏)

幞,幞头,周武帝所制,裁幅巾出四脚以幞头,乃名焉。(《广韵·烛韵》)

"烝"的同义词为"众",语训中,用"气盛貌"指出词义表达的对象，再用三个句子说明"烝"的得名理据。"蚁"用同义词"蚍蜉虫"解释。语训中，先说明该虫的颜色，再说明"蚁裳"之"蚁"的得名理据。"幞"，古代的一种头巾。先用同义词"幞头"解释，语训再介绍这种头巾的由来和"幞头"的得名理据。

3. 词训 + 语训表达的两个得名理据

训释中用一个训词释义。语训说明有关词的得名理据，由于理据有两种说法，而训者不能确定，故一一列出。

> 布，布也，布列众缕为经，以纬横成之也。又太古衣皮，女工之始，始于是，施布其法，使民尽用之也。（《释名·释采帛》）
>
> 车辐，棒也……用以夹车，故谓之车辐。一曰形似辐，故谓之车辐也。（《古今注·舆服》）

"布"，棉、麻、葛、丝、毛等织物的通称。"布"的得名理据或是布列经、纬线纺织而得，或是由施布皮衣而得。"车辐"，仪仗用的木棒。得名理据或由其作用而得，或由其外形似辐而得。

三　一个词训 + 三项以上语训内容

这一类主要是词训与语训构成互补关系。训释中运用一个训词释义。还运用语训，表现为多个短语或句子，说明三项以上语义内容。它们从不同角度，词义内容的训释透彻深入。

1. 一个等值训释 + 三项以上语义训释内容

> 豻，胡地野狗，似狐，黑喙，皆貙之类，故又呼貙豻。（《尔雅·释兽》"貙獌，似狸"郭璞注"今山民呼貙虎之大者为貙豻"邢昺疏引《字林》）
>
> （鼯鼠）状如小狐，似蝙蝠肉翅，翅尾项胁毛紫赤色，背上苍艾色，腹下黄，喙颔杂白，脚短爪长，尾三尺许，飞且乳，亦谓之飞生，声如人呼，食火烟，能从高赴下，不能从下上高。（《尔雅·释鸟》"鼯鼠，夷由"郭璞注）
>
> 草虫，常羊也。大小长短如蝗，奇音，青色，好在茅草中。（陆

玑《毛诗草木鸟兽虫鱼疏》)

"豻",古代北方的一种野狗,形如狐狸而小,黑嘴,善守,又名"貆豻"。语训说明这种狗的产地、类型、外形、皮毛之色、所属类别。"鼯鼠",鼠名。外形像松鼠,生活在高山树林中。尾长,背部褐色或灰黑色,前后肢之间有宽大的薄膜,能借此在树间滑翔,吃植物的皮、果实和昆虫等。古人误以为鸟类,又名"飞生"。语训描述了这种鼠的外形、体表颜色、习性、声音等。"草虫",草螽,又名"常羊"。语训描述这种昆虫的大小、声音、体表颜色、生活场地。

2. 一个准等值训释+三项以上语义训释内容

瞽,矇也。以为乐官者,目无所见,于音声审也。(《诗经·周颂·有瞽》"有瞽有瞽"郑玄笺)

琰,玉圭,长九寸,执以为信,以征不义也。(《慧琳音义》卷九十三"琬琰"注引《说文》)

棠,桵棠木,生崐崘山,黄色赤实,味如李,食之使人不溺。(《广韵·唐韵》)

御者,进也。凡衣服加于身,饮食入于口,妃妾接于寝,皆曰御。(《周礼·天官·叙官》"女御"孙诒让正义)

"瞽""矇"都表示盲人。"瞽"是失去眼球或眼球塌陷。"矇"是有眸子而失明。"瞽""矇"形成准等值训释。语训部分介绍了"瞽"身体缺陷部分,可从事的职业以及职能三个方面语义内容。"琰",琰圭,圭的上端尖锐者,古代作为征讨不义的符信。"玉圭",古代帝王、诸侯朝聘或祭祀时所持的玉器。琰为玉圭之一种。语训描述了"琰"的外形、功用、目的三个方面的语义内容。"棠",木名。有赤白两种。赤棠木理坚韧,实涩无味;白棠,亦称甘棠、棠梨,实似梨而小,可食,味甜酸。"桵棠木"即白棠。"棠"与"桵棠木"形成准等值关系。语训中描述了它的产地、花色、果实之色、口味、食用后果等五个方面的语义内容。"御"与"进"形成准等值训释。语训从服饰、饮食、侍寝三个方面训释词义。

· 138 ·

3. 一个不等值训释 + 三项以上语义训释内容

芩，草。茎如钗股，叶如竹，蔓生泽中下地咸处，为草真实，牛马皆喜食之。(陆玑《毛诗草木鸟兽虫鱼疏》卷上)

甀，酒器。中宽，下直，上锐，平底。陶瓦为之，容五斗。(《逸周书·器服》"甀迤"朱右曾集训校释)

笞之为言耻也，凡过之小者捶挞以耻之。汉用竹，后世更以楚。(《说文·竹部》桂馥义证引《唐书·刑法志》)

瓒，亦圭也。圭之状刻上邪锐之，于其首为杓形，谓之瓒，于其柄中为注水道，所以灌鬯酒；三玉二石，谓五分玉之中二分是石。(《说文·玉部》徐锴系传)

"芩"，禾本科，芦苇一类的植物。先用上位词"草"解释，再用语训描述这种植物的茎、叶、生长方式、生长地、子实、食用对象等。"甀"，陶制容器，多用以盛酒。先用上位词"酒器"解释，再用语训描述它的外形、质地、容积等。"笞"，古代用荆条或竹板敲打的一种刑罚。"笞"的一个词义特征是"耻"，"笞"与"耻"形成不等值关系。语训中说明这种刑法的适用对象、方法、目的、汉代以及后代刑具的变化。"瓒"，古代祭祀用的玉制酒勺。先用"圭"释其特点，以圭作为杓柄，再说明圭柄的构成及其功用，最后说明这种礼器的玉、石比例。

综合训中，前两大类比第三类数量更多。词训最简洁，给读者以最直观的印象。语训采用各种方式对被训词进行说解，语言表达形式多样，既可以概括被训词词义的多个特征，还可以述其源流、说明得名理据。综合训则兼采词训与语训的不同长处，它虽然也有详略深浅的不同，但比前两种释义形式更多样、释义内容更丰富。

第二节　固定与临时意义的分层训释

随文而释的词义高度概括后可归纳出固定意义。固定意义与临时意义有非常密切的关系，如何在动态变化中确定义位？这是现代辞书语义研究关注的难题。19世纪中期,欧洲学者做出分层释义的初步尝试。20世纪中期,俄国学者明确提出词的意义、意味的分层次释义法。

意义与意味关系非常密切,分层次释义法中包括这两个层次。关于词的意义、意味关系,俄国语言学家有如下论述:①

> 意味也即附在主要意义(称名意义)之上的次要意义、伴随意义、补充意义。(阿赫曼诺娃《语言学术语词典》)

> 除了词义的基本类型外,俄语中很多词有意味,它们与某一意义相联系,但终究与意义不同……尽管意义与意味在语义上看起来是一致的,但这种意义与基本意义仍然有差别,其差别还没有达到可以看作是独立意义的程度,它好像是主要意义或直接意义的伴随意义。(福明娜《现代俄语词汇学》)

分层次释义法是在词义具有动态性前提下提出的,"词本身并不是作为一个其定义一成不变的某个系统的一个单位而抽象地存在的,词是要使用的"。"上下文有时候给在语义上没有虚化的词的意义明显地添加了内容。在这种情况下,我们可以称之为上下文引起的细微差别;我们大多在这种意义上的变化既不绝对是偶然的、但也还没有固定下来的情况下采取这种提法"。② 义位是固定意义,也即分层次释义法中的"意义"。意味相当于随文所释的词义,还不能算作义位。过去,我们研究过意味问题,它相当于意义色彩、语义色彩、语义变体等。训诂中解释义位,就是要对词义进行概括。临时意义的解释缺乏概括性,蒋绍愚称之为"义位变体",云:"由上下文而显示的不同意义,我们称之为义位的变体。""出现在具体上下文中的都是义位变体,而义位变体的概括才是义位。"③ 蒋先生提出的"义位变体"相当于意味,与义位之间是具体与概括的关系。

训诂释义反映了这种层次关系,释义者先以通训方式揭示词的固定意义,再采取随文释义的方法解释意味,把两方面的释义活动联系起来,就能看出于词义动态变化中归纳概括了义位。《诗经·周南·桃夭》:"之子

---

① 下面两条引文均转引自张金忠《试论词典的分层次释义法》,《辞书研究》2002年第6期。
② [捷]拉迪斯拉夫·兹古斯塔主编:《词典学概论》,林书武等译,商务印书馆1983年版,第58、94页。
③ 蒋绍愚:《古汉语词汇纲要》,北京大学出版社1989年版,第42页。

于归，宜其室家。"毛传："之子，嫁子也。"陈奂《毛诗传疏》："之，犹是也。之子为嫁子，传随文训也。"以"是"训"之"，是解释义位。把"之子"又释作"嫁子"，是说明意味。陈奂明确指出后者是"传随文训"，即随文释义。两种释义的关系一目了然。

凡此，固定意义的解释多表现为词训，临时意义的解释多表现为语训，两者结合形成综合训。主要有以下三种形式。

第一，等值训释 + 语训。

  屏谓之树，刻之为云气。（《文选·张协〈七命〉》"云屏烂汗"李善注引《礼记》郑玄曰）
  叙，秩次也，谓先尊后卑也。（《周礼·天官·小宰》"以官府之六叙正群吏"郑玄注）

"树"，照壁。对着门的小墙。用同义词"屏"解释。语训补充说明文中的照壁上刻着云气。"叙"用双音词"秩次"解释，在文中具体指先尊后卑的位次。

第二，准等值训释 + 语训。

1. 固定意义 + 伴随意义

  绝，截也，谓截然高峻而无所依也。（《大戴礼记·子张问入官》"故上者尊严而绝"王聘珍解诂）
  服，事也，给公事之役也。（《汉书·食货志上》"其服役者不下二人"颜师古注）
  折，断也，谓断狱也。（《慧琳音义》卷三"折伏"注引孔注《尚书》）
  克，胜也，谓性好凌人也。（《论语·宪问》"克伐怨欲不行焉"皇侃义疏）
  挤，排也，言重伤之也。（《荀子·仲尼》"抑有功而挤有罪"杨倞注）
  将，帅也，帅行也，谓将领行也。（《玄应音义》卷二十二"俱帅"注引《字略》）

"绝"的同义词是"截",语训说明"绝"的内涵,在文中表示整肃的样子。"服",从事,致力,用同义词"事"解释。语训说明从事的范围是"公事之役"。"折",判断,裁决。用同义词"断"解释,语训说明在原文中的对象"狱",即讼案。"克",凌犯,用"胜"解释。语训说明"胜"在文中的"性好"特点。"挤",推挤,同义词"推"训释,"重伤之"是解释在文句中的具体意义。"将",率领,文中表示率领行进。

2. 固定意义+补充意义

固定意义的训释方式不变。语训表达了原句其他成分与被训词组合而成的语义。

> 述,修也。言以尧舜为本始而遵修之。(《汉书·艺文志》"祖述尧舜,宪章文武"颜师古注)
> 造训为就,谓就而祭之也。(《周礼·春官·大祝》"大会同,造于庙"孙诒让正义)

"述"的同义词是"修",表示遵循。文句有"尧舜",说明"述"的方法。"造"用"就"训释,表示到。文句中有"庙",语训说明了到庙中的目的。

第三,不等值训释+语训。

固定意义揭示了词义的次要特征,次要语义与文中的伴随意义相合,形成临时意义。

> 用,资也。资以施行也。(《逸周书·逸文》"上言者下用也,下言者上用也"朱右曾集训校释)
> 劳者,勤也。闵其勤劳而慰劳之。(《尚书·盘庚中》"予念我先神后之劳尔先"孔颖达疏)
> 臣,坚也,厉志自坚也。(《资治通鉴·周纪一》"君臣既自贤矣"胡三省注)

第一例,"用"以"资"训释,构成不等值关系。"施行"是伴随意义,与"资"相合,这是随文释义。第二例,"劳",用"勤"说明次要意义。"慰劳"是伴随意义,与前面的"闵其勤劳"相合构成临时意义。

第三例,"臣"的一个词义特征是"坚",文中的"厉志自坚"说明臣在文中的具体含义。

古汉语中,单音词有多义性,"意义"与"意味"很多,训释随之也灵活多变,主要有以下几种情况。

第一,用同一个词训释固定意义,语训表示的临时意义各有不同。

> 义,宜也。嫡子嗣国,得礼之宜。(《史记·吴太伯世家》"君义嗣"裴骃集解引王肃曰)
> 义,宜也,言以此行之而得其宜也。(《周易·系辞下》"禁民为非曰义"孔颖达疏)
> 义,宜也。用旧法典刑宜于时世者以刑杀。(《尚书·康诰》"用其义刑义杀"孔传)

"义",适宜。用同义词"宜"解释。第一句训释礼仪之宜。第二句训释行动之宜。第三句训释法典之宜。

> 享,献也,谓献馔具于鬼神也。(《周礼·春官·大宗伯》"以肆献祼享先王"贾公彦疏)
> 享,训献也,言絜清齐敬以酒食献神也。(《左传·隐公十一年》"而况能禋祀许乎"杜预注"絜齐以享谓之禋"孔颖达疏)
> 享,献也,致其岁终之功于王,谓之献也。(《礼记·曲礼下》"五官致贡曰享"郑玄注)
> 享,献也,谓受其献也。(《荀子·强国》"则君享其成,群臣享其功"杨倞注)

"享"的固定意义是献。在上述四部专著中"享"表示多个临时意义。前两例所训敬献之物各有不同。第一例,把陈设食物之具敬献给鬼神。第二例,把酒食敬献给鬼神。后两例的施动者与受动者不同。第三例,是献功于王。第四例,表示接受所献之功。

> 权,平也。视其平沈之均也。(《国语·齐语》"权节其用"韦昭注)

> 权,平也。平节其器用小大偫句之宜也。(《国语·齐语》"权节其用"韦昭注)

韦昭注释"权"在"权节其用"中的意义,固定意义表示平均、平衡,用同义词"平"解释。两处语训的表达各有侧重。

第二,用不同的词训释多个固定意义,语训表达的临时意义各有不同。

> 礼者,履也,其所践履,当适时要,故礼所以顺时事也。(《左传·成公十六年》"德刑详义礼信,战之器也"孔颖达疏)
> 分布于事各有条理之谓礼,故礼者,体也。(《大戴礼记·曾子大孝》"礼者,体此者也"孔广森补注)

"礼",敬神,祭神以致福。用同义词"履"解释。语训强调了礼在《左传》中要"顺时事"。"礼"用"体"解释,表示体统,体制。语训强调了"礼"在《大戴礼记》中"有条理"。

> 腊者,猎也。言田猎取兽,以祭祀其先祖也。(《风俗通义·腊》)
> 腊,接也,新故交接,故大祭以报功也。(《后汉书·陈宠传》"犹用汉家祖腊"李贤注)

第一例,"腊",祭名。祭百神。"猎"揭示了它的次要词义特征。语训中,"祭祀"是中心意义,加上其他附加成分,成为具体意义。第二例,"腊"用"接"解释了词义的次要特征,语训中"大祭"揭示中心意义,与"新故交接""报功"组合,表达了在句中的临时意义。

> 正,犹定也,谓定极星所在之处也。(《周礼·考工记·匠人》"以正朝夕"孙诒让正义林乔荫云)
> 正,当为止,言止于礼义也。(《荀子·儒效》"有所正矣"杨倞注)
> 正之言正也,射者内志正则能中焉。(《周礼·夏官·射人》"九节五正"郑玄注)

正，读如整，整理之也。(《管子·弟子职》"左手正柎"集校引王筠云)

第一例，"正"，决定，确定。用"定"解释，语训补充了"定"在文句中的对象"极星所在之处"。第二例，"正"，止。语训补充了"正"在文句中的对象"礼义"。第三例，"正"，端正，用"正"解释，语训说明了端正的主动者为"射者内志"。第四例，"正"，整理。语训说明"正"的对象为"之"（即"柎"）。

第三，用不同的词表达相同的固定意义，语训表达的临时意义各有不同。

殿之言填也，谓镇军后以扞敌。(《汉书·周勃传》"击章邯车骑殿"颜师古注)

殿，镇后也。言兵败而镇其后也。(《后汉书·马武传》"武独殿"李贤注)

这两例"殿"的义位都表示行军走在最后，只是所用释词不同。"殿"用"填"解释了一个意义特征，在语训中中心意义是"镇军后"，补充了目的"扞敌"。第二例，"殿"用双音词"镇后"解释固定意义，语训补充了镇后的形势是"兵败"。

第四，用同一个词训释，表达的固定意义或同或不同。语训表达的临时意义或同或不同。

禘犹谛也，审谛无所遗失。(《公羊传·僖公三十一年》"禘尝不卜"徐彦疏)

禘者，谛也，谓审谛昭穆也。(《论语·八佾》"禘自既灌而往者"皇侃疏)

禘者，谛也，言使昭穆之次审谛而不乱也。(《春秋·闵公二年》"吉禘于庄公"孔颖达疏、《论语·八佾》"禘自既灌而往者"邢昺疏)

禘之为言谛，谛审昭穆尊卑之义也。(《后汉书·章帝纪》"其四时禘祫"李贤注引《续汉书》曰)

>　　禘之为言谛也，序昭穆谛父子也。(《白虎通义·宗庙（佚文）》)
>　　禘者，谛也，取已迁庙主合食太祖庙中。(《太平御览》卷五百二十八引《五经通义》)

　　前五例，"禘"，细察。用同义词"谛"解释。在以上文献中语训表达的临时意义都不同。第一例，补充了结果"无所遗失"。第二、三、四例，指出审查的对象是排列次序。第五例，强调审查父子的排列顺序。第六例，"禘"与"谛"同义，表示古代帝王、诸侯举行各种大祭的总名。语训具体说明了文中的宗庙祭祀。

　　综合训的分层释义增加了词义训释的难度，既要准确概括出词的固定意义，也要准确理解文句表达的具体语境。从固定意义与临时意义两个层次释义，体现了意义的动态变化过程，也体现了释义的动态过程，它很好地解决了训诂兼训固定与临时两类意义的难题。传统训诂虽然在理论上没有提出"分层次释义法"，但通过大量的实践工作反映出这一思想，为如何表达两类意义提供方法与示例，证明了当今这种释义方法的合理性。

第三节　泛指与特指义的训释

　　泛指与特指是古今学者都非常关注的词义问题。古代训诂学者采用综合训，既表达了泛指与特指之间的词义关系，也表达了词义与语境的关系。

　　泛指与特指是相对的一组概念。蒋绍愚认为，"泛指是一个词在某种语言环境中可以用来表示原来由它的上位义表示的意思"；"特指和泛指相反，是一个词在某种语言环境中可以用来表示原来由它的下位义表示的意义"。"'泛指'是用一类事物中主要的东西来代表这一类……'特指'是用某一类事物的通名来称呼这一类事物中的主要的东西……'泛指'和'特指'实际上有一种共同的心理基础，只不过一是以种为属，一是以属为种罢了"。① 一个词的原有词义与泛指义或特指义之间是上下义关系（Hyponymy），其中主要表现为种属关系。训诂释义中，以综合训反映特指与泛指的现象非常普遍。

一 词训表示泛指，语训表示特指

1. 一个泛指义对应一个特指义

> 禽，鸟，小鸷也。（《战国策·韩策三》"身执禽而随诸御"鲍彪注）
> 组，谓绶也，所以带玺也。（《汉书·高帝纪上》"系颈以组"颜师古注）
> 体谓容体，谓设官分职各得其尊卑之体。（《礼记·仲尼燕居》"官得其体"孔颖达疏）
> 庶，繁，谓居之者众也。（《诗经·大雅·公刘》"既庶既繁"朱熹集传）

"禽"，鸟。原文中特指凶猛的小鸟。"组"，丝带，特指佩印用的绶。"体"，身体。特指尊卑之体。"庶"，繁多。特指居住的人很多。"禽""组""体""庶"的词训都表示泛指，语训都表示特指。

2. 一个泛指义对应多个特指义

有时，词的一个泛指义引申出多个特指义。训诂中在一个泛指义的基础上，解释多个特指义。

> 逝训为往。故知逝者谓去仕他国。（《诗经·秦风·车邻》"逝者其耋"孔颖达疏）
> 逝，往也。谓往嫁之也。（《诗经·小雅·车舝》"思娈季女逝兮"陈奂传疏）
> 揆，度也。树八尺之臬而度其日之出入之景，以定东西，又参日中之景，以正南北也。（《诗经·鄘风·定之方中》"揆之以日，作于

---

① 蒋绍愚：《古汉语词汇纲要》，北京大学出版社1989年版，第111—112页。

楚室"朱熹集解）

揆，度。谓量民之材而施教之。（《大戴礼记·子张问入官》"揆而度之"王聘珍解诂引卢注）

前两例，"逝"用同义词"往"解释。特指义分别是"去仕他国""往嫁"。后两例，"揆"，度量，揣度。用"度"解释了泛指义。语训都表示特指义。

3. 多个泛指义对应多个特指义

词有多个泛指义与特指义，训诂中显示了每组泛指与特指的对应关系。

闬，闾也。汝南平舆里门曰闬。（《尔雅·释宫》："所以止扉谓之闳"郭璞注引《说文》）

闬，门也，谓巷门也。（《玄应音义》卷二十三"里闬"注）

闬，门也。汝南平舆里门曰闬。（《说文·门部》）

第一例，"闬"，用"闾"解释，表示里巷的大门。"汝南平舆里门"，特指某一地点的里门。段玉裁注"闬"云："当许时古语犹存于汝南平舆也。"第二例，与里门义相对，"闬"后又泛指门。段玉裁《说文解字注·门部》："闬，用为凡门之称。"《左传·襄公三十一年》："高其闬闳，厚其墙垣。"词训与语训表明它们是泛指与特指的关系。第三例，"闬"用泛指义"门"解释，再解释特指的某一门名。

二　词训、语训都表示特指内容

1. 词原本表示泛指，后引申表示特指

麻者，枲麻，绩其皮以为布。（《论语·子罕》"麻冕，礼也"刘宝楠正义）

齿，象齿，所以为弭。（《国语·楚语下》"龟、珠、齿、角、皮、革、羽、毛"韦昭注）

气，谓卫气……卫气者，所以温分肉而充皮肤，肥腠理而司开

阊。(《素问·阴阳应象大论》"形不足者，温之以气"王冰注)

妃即夫人，与后参职，配王兼众事。(《吕氏春秋·季春》"后妃斋戒"高诱注)

第一例，"麻"，麻类植物的总名，有大麻、亚麻、苎麻等。茎皮纤维长而坚韧，可供纺织等。上例"麻"特指其中的枲麻。训词"枲麻"，大麻的雄株。只开雄花，不结子，纤维可织麻布。《尚书·禹贡》："荆河惟豫州……厥贡漆、枲、絺、纻。"语训解释了枲麻的功用。第二例，"齿"，泛指牙齿。又引申特指象牙。第三例，"气"，气息。特指脉气和卫气，具有保卫肌表、抗御外邪的作用。《周礼·天官·兽医》："凡疗兽病，灌而行之，以节之，以动其气。"郑玄注："气，谓脉气。"该例用"卫气"解释，语训进一步说明它的功能。第四例，"妃"，配偶，妻。引申特指皇帝的姬妾，太子和王侯的妻。此处解释了"妃"的特指义。

2. 词原本表示特指，后引申表示泛指

髦即是鬣，皆谓马之骏也。(《诗经·鲁颂·駉》"有骍有骆"毛传"白马黑鬣曰骆"孔颖达疏)

以氂为幢曰旄，因之呼氂为旄。(《说文·犛部》"氂，犛牛尾也"段玉裁注)

郊，谓近郊，去王城五十里。(《仪礼·觐礼》"至于郊"郑玄注)

"髦"，特指马颈上的长毛。引申泛指动物头颈上的长毛。《山海经·南山经》："(亶爰之山)有兽焉，其状如狸而有髦，其名曰类。""旄"，古代用牦牛尾做竿饰的旗子，又泛指旌旗。"郊"，特指距国都五十里之地，泛指城外，野外。这三例分别解释了"髦""旄""郊"的特指义。

三 词训、语训都表示泛指内容

1. 词原本表示特指，后引申表示泛指

库，舍也，物所在之舍也。(《释名·释宫室》)

149

纮，纲也。若小车盖四维谓之纮，绳之类也。（《淮南子·原道》"纮宇宙而章三光"高诱注）

甸，田也，治田又入谷也。（《逸周书·职方》"又其外方五百里为甸服"孔晁注）

室，谓庐舍，如市楼候馆之属是也。（《荀子·王制》"平室律"王先谦集解引郝懿行曰）

"库"，特指储藏战车兵甲的屋舍，引申泛指贮物的屋舍。"纮"，编磬成组的绳子。《仪礼·大射》："鼗倚于颂磬西纮。"郑玄注："纮，编磬绳也。"引申泛指绳子。"甸"，本义表示王田。《说文·田部》："甸，天子五百里地。"《国语·周语上》："邦内甸服。"韦昭注："甸，王田也。"引申泛指田野。"室"，本义谓堂后之正室，引申泛指房屋、宅舍。上述四例分别解释了"库""纮""甸""室"的泛指义。

2. 词原本表示泛指，后引申表示特指

丸，圆，倾侧而转者。（《说文·丸部》）

氓，民也，盖男子而不知其谁何之称也。（《诗经·卫风·氓》"氓之蚩蚩，抱布贸丝"毛传）

阉，竖也。宫中奄阍闭门者。（《说文·门部》）

"丸"，本义是小而圆的物体，特指弹丸。《广韵·桓韵》："丸，弹丸。""氓"，百姓，引申特指外地迁来之民。"阉"，被阉割的人，古代常用来看守宫门，还特指宦官。这几条分别解释了"丸""氓""阉"的泛指义。

四　泛指与特指训释相对成条

1. 词原本表示特指，后引申表示泛指

江，水。出蜀湔氐徼外崏山，入海。（《说文·水部》）

江，公也。小水流入其中公共也。（《释名·释水》）

环，璧也。肉好若一谓之环。（《说文·玉部》）

游环，靳环也。游在背上，所以御出也。(《诗经·秦风·小戎》"游环协驱，阴靳鋈续"毛传)

"江"的本义是长江，又引申泛指大河流。第一例是特指义的训释。第二例是泛指义的训释。"环"，特指璧的一种，圆圈形的玉器，又泛指圆圈形的物品。第三例是特指义的训释，第四例训释泛指义。

2. 词原本表示泛指，后引申表示特指

穬，麰有芒者，大麦也。(《慧琳音义》卷四十三"穬麦"注)
穬，亦名穬麦，亦糠多而面少也。(《慧琳音义》卷七十八"糠穬"注)
节，犹信也，行者所执之信。(《周礼·地官·掌节》"掌节上士二人"郑玄注)
节，六节也。山国用虎节，土国用人节，泽国用龙节，皆以金为之；道路用旌节；门关用符节，都鄙用管节，皆以竹为之。(《国语·周语上》"为赘币瑞节以镇之"韦昭注)

"穬"，大麦，还特指穬麦，是大麦的一种。前一例训释泛指义，后一例训释特指义。第三例，解释了"节"的泛指义，表示符节。古代使臣所持以作凭证。第四例，解释了"节"的特指义，表示六节，即古卿大夫朝聘天子诸侯，或吏民通行他国，用作凭证的六种信物。

五 一个词有多个泛指与特指训释

1. 一个词有两个特指训释

服，事也，给公事之役也。(《汉书·食货志上》"其服役者不下二人"颜师古注)
服，丧服。三年斩，杖碁，大功，小功缌，以尊卑亲疏为等差。(《正字通·月部》)

"服"的本义是从事。第一条训释了特指义"给公事之役"。"服"，还是对衣服、宫室、车马、器物等的泛称，又引申特指丧礼规定穿的丧服。第二例解释了特指义。这两个特指义的来源不同。

几，玉几，天子所凭也。（《文选·王融〈三月三日曲水诗序〉》"授几肆筵"刘良注）

几，俎也，长七尺。（《文选·张衡〈东京赋〉》"度室以几"薛综注）

"几"，古人席地而坐时供倚靠的器具。第一例，"几"，在文中特指玉几。第二例，"几"，古代搁置物件的小桌。长度大小不一，有的文献记载"几长五尺，高尺二寸，广二尺"（《礼记·曾子问》"奠币于殡东几上"孔颖达疏引阮谌《礼图》云）。训例中用同义词"俎"解释，训语特指七尺长的桌子。

2. 一个词有两组特指、泛指训释

房，旁也，室之两旁也。（《释名·释宫室》）

房，西房也，诸侯左右房也。（《大戴礼记·诸侯迁庙》"脯醢陈于房中"卢辩注）

房，居也，言子居其中也。（《玄应音义》卷二十二"房穗"注）

"房"，古代指正室两旁的房间。第一条解释了本义。第二条，"房"特指西房。第三条，"房"泛指房屋。前两条释义表明它们构成一组泛指与特指的关系；第一条与第三条释义又表明它们构成一组特指与泛指的关系。

3. 一个词有多组特指、泛指训释

组一：

士，夫也。言饷妇与耕夫相慰劳也。（《诗经·周颂·载芟》"侬其在京，有侬其士"朱熹集传）

士者，事也，任事之称也。（《白虎通义·爵》）

第五章 综合训练

组二：

士，狱官也。管仲自鲁囚执于士官，桓公举以为相国。(《孟子·告子下》"舜发于畎亩之中，傅说举于版筑之间，胶鬲举于鱼盐之中，管夷吾举于士"赵岐注)

士谓里尉，每里当置舍使尉居焉。(《管子·八观》"乡毋长游，里毋士舍"尹知章注)

士，理官，亦主听察。(《尔雅·释诂》"士，察也"郭璞注)

"士"，本义指未婚男子。引申泛指成年男子。王引之《经义述闻·毛诗中》："依亦壮盛之貌。言农夫壮盛，足任耕作，故下文遂言'有略其耜，俶载南亩'也。谓之士者，壮年之称。"又引申特指对品德好、有学识或有技艺的人的美称。上文第一组解释了泛指义与特指义。

上文第二组例子中，"士"包含三个特称。分别指掌管刑狱的官员、里尉、法官。它们有一个相同的泛指义，"士"，泛称诸侯臣僚、各级官吏。《尚书·秦誓》："嗟，我士，听无哗。"孔安国传："誓其群臣，通称士也。"孔颖达疏："士者，男子之大号，故群臣通称之。"

组一：

祖者，始也，己所从始也。自父之父以上皆得称焉。(《诗经·大雅·生民序》"生民，尊祖也"孔颖达疏)

祖，始也，始受命也。(《资治通鉴·汉纪七》"天子宜世世献祖宗之庙"胡三省注)

组二：

祖，始也。黎民始饥，命弃为稷官也。(《汉书·食货志上》"舜命后稷以黎民祖饥"颜师古注引孟康曰)

祖者，始也，为行始。(《仪礼·既夕礼》"乃祖"贾公彦疏)

祖，始也，谓将行之始也。(《礼记·檀弓上》"主人既祖填池"孔颖达疏)

祖者，始也，始载于庭也。(《白虎通义·崩薨》)

· 153 ·

祖，始也。既受聘享之礼，行出国门，止陈车骑，释酒脯之奠于軷，为行始也。(《仪礼·聘礼记》"出祖释軷"郑玄注)

组三：

祖，始也。以生人将行而饮酒曰祖。(《孝经·丧亲章》"哀以送之"唐玄宗注"祖载送之"邢昺疏)

将行而饮酒曰祖；祖，始也。(《仪礼·既夕礼》"有司请祖期"郑玄注)

组四：

祖，法也。言以为常法。(《史记·龟策列传》"常以月旦祓龟，先以清水澡之，以卵祓之，乃持龟而遂之，若常以为祖"司马贞索隐)

第一组，"祖"，自祖父以上各辈尊长。这两例都是解释词的泛指义。
第二组，"祖"，开始。各例词训都用"始"训释，语训均特指一类行动的开始。
第三组，"祖"，死者将葬时之祭。泛指为死者作祭。两例都是解释特指义。
第四组，"祖"，泛指法则。又引申特指常法。该例词训表示泛指，语训表示特指。
泛指与特指的词义稳定程度不同，有的表示固定义，有的表示临时义。泛指、特指产生的临时义中，泛指义很少，特指义居多。训诂中在训释泛指与特指义时，多反映特指义的使用状态，有的固定，有的临时。例如，以下特指表示固定意义。

诗者，歌也，所以节舞者也。如今三节舞矣。(《国语·鲁语下》"其辑之乱"韦昭注)

器，皿也，饮食之器。(《尔雅·释器》"释器第六"陆德明释文)

沟，水渎，广四尺，深四尺。(《说文·水部》)

石，砭，所以砭弹人臃肿也。（《战国策·秦策二》"扁鹊怒而投其石"高诱注）

有的特指义也同时是临时意义，有以下几种情况。
在一条中泛指表示的是固定意义，特指表示的是临时意义。

庸，用也，用其所当用。（《尚书·康诰》"庸庸祗祗"蔡沈集传）
氛氲，盛也，谓香气远布貌也。（《希麟音义》卷二"氛氲"注引王逸注《楚辞》）
肄，余也；斩而复生曰肄。（《诗经·周南·汝坟》"遵彼汝坟，伐其条肄"毛传）
氅，犹芒也，谓四散山林之间。（《古文苑·扬雄〈蜀都赋〉》"禽兽奇伟氅山林"章樵注）

"庸"用同义词"用"解释，表示泛指。语训"用其所当用"表示特指。"氛氲"，盛貌。这里特指香气盛浓，云雾朦胧貌。"肄"，用"余"解释表示泛指，"斩而复生"是指树木再生的嫩条。"氅"，用"芒"解释，表示四散貌。语训特指散于山林间。

词的泛指义是固定义，由它引申出的多个特指义，既有固定意义，也有临时意义。

旷，空也。谓空无室家。（《诗经·邶风·雄雉序》"男女怨旷"孔颖达疏）
旷，空也。室家空也。（《汉书·贡禹传》"是以内多怨女，外多旷夫"颜师古注）
旷，空也。空谓无草也。（《荀子·强国》"则郊草不瞻旷芸"杨倞注）

"旷"，空缺。用"空"解释了泛指义，该义引申特指无妻的成年男子，或无夫的成年女子。语训说明了"旷"的特指义。前两例训释的是固定意义。第三例训释特指义，是临时意义。

· 155 ·

词的词训与语训表示特指义，也是临时意义。

  根，竹茎。茎根通言也。（《文选·刘桢〈赠从弟〉》"徘徊孤竹根"刘良注）
  书，尚书，论政事也。（《法言·寡见》"说事者莫辩乎书"李轨注）

"竹茎"是"根"的特指义，语训进一步说明"茎根通言"。"书"在文中特指《尚书》，语训说明了这本书的主要内容。这两例训释了临时意义。

泛指、特指是训诂释义中的一种特殊现象，既需要训诂学者准确认识这两个概念，也需要准确归纳每个词的义位。综合训是一种比较适用的解释形式，运用起来灵活自如。它既可以将泛指与特指容纳于一条中，也可以完整、单独地解释特指与泛指义。运用综合训表达泛指、特指的词义内容也较准确，既能高度概括，也能结合具体语境。

第六章 类比释义

古代训诂学者不仅训释单个词，还类聚多个词进行训释。多词类聚并非杂乱无序，而是形成三种语义关系，构成三类词：同义词、反义词、类义词。释义者对这三类词的训释已经具备了系统的观念。古汉语中对比训释这三类词的多种语义关系，求其同，述其异，我们称其为类比释义。同义词、反义词、类义词各具有不同的聚合特征，类比释义情况也就各有不同。

第一节 同义词的训释

同义词是一种常见的聚合结构，古代训诂学者以一义相同的标准类聚，[①] 在此基础上再进行类比释义。古汉语同义词始终与训诂释义不能分离，"训诂释义是古汉语同义词辨释的基本性质"，"从同义词的性质而论，古汉语同义词辨释属于训诂学范畴，乃是词义训诂的一种类型、方式"。[②] 类比释义的对象中，同义词的释义最为深入完备，释义形式多种多样，词义的类比特点也比较突出。

同义词的释义方式主要表现为以下几种情况。

一 只释同，不辨异

这一类目的在于比较多个词语，训释相同义。多用通训形式，是词训

[①] 请参照本书第三章关于同义词聚合标准的说明。
[②] 黄金贵：《古今汉语同义词辨析异同论》，《古汉语研究》2003 年第 3 期。

中词义的等值、准等值训释的扩大和变化。我们已知最简单的释义格式为：A，N 也。在此基础上，演变成以一个训词训释多个被训词，构成格式：A、B、C…、N 也。例如，《尔雅·释诂》："妃、合、会，对也。"又，"如、适、之、嫁、徂、逝，往也。"训词的一个义位训释多个被训词，这是以已知释未知。《尔雅》前三篇基本上采用这种释义方式。郑樵《尔雅注·后序》云："一字本一言，一言本一义……大抵动以十数言而总一义。"邵晋涵《尔雅正义·序》云："其为书也，重词累言，而意旨同受。"对于同义词，这是最简洁的释义方式，在各类训诂中比比皆是。

大多数情况下，一个通训词条通过训词的一个义位，训释同组词群的一个相同意义。有时，一个通训构成二义同条，训者通过训词的多个义位，训释多组同义词的相同义。二义同条最早见于《尔雅》，均具有同义多组性。[①] 后代的训诂专书，尤其是雅书，二义同条都具有这个特性。兹举《尔雅》的二义同条略做分析。

敛、郃、盇、翕、仇、偶、妃、匹、会，合也。（《释诂》）

该条构成两组同义词。"合"，聚合。"敛"，同"合"。"郃"，对合。"盇"，聚合。"翕"，闭合。"会"，会合。训词"合"与这些被训词形成同义词。"合"，配偶，这是"合"聚合义的引申义。《诗经·大雅·大明》："文王初载，天作之合。"毛传："合，配也。""仇""偶""妃""匹"都有配偶义，与"合"形成另一组同义词。训词"合"以"聚合"义与"配偶"义，分别训释对应的两组同义词，形成二义同条。

育、孟、耆、艾、正、伯，长也。（《释诂》）

该条有四组同义词。其一，"长"，成长。《孟子·公孙丑上》："宋人有闵其苗之不长而揠之者。""育"与"长"意义相同。其二，"长"，年长。"耆""艾"也有此义，与"长"同义。其三，"长"，排行第一。《周易·说卦》："震一索而得男，故谓之长男。""伯"也表示此义。《诗经·邶风·泉水》："问我诸姑，遂及伯姊。""长"以排行第一义训释

---

① 参见王建莉《论〈尔雅〉二义同条的同义多组性》，《内蒙古大学学报》2007 年第 3 期。

"孟""伯",意义相同。其四,"长",官长。《广雅·释诂一》:"长,君也。""正"也有此义。《吕氏春秋·孟春纪》:"是月也,命乐正入学习舞。"高诱注:"乐正,乐官之长也。""伯"通"霸",古代统领一方的长官。"长""正""伯"以官长义而聚合。"长"共有4个义项,训释四组同义词,形成二义同条。

除此以外,还有以多个训词训释一个被训词的情况。格式为:A,B也,C也……

  厚,犹多也,重也。(《汉书·食货志下》"民若匮,王用将有所乏,乏将厚取于民"颜师古注)
  族者,凑也,聚也,谓恩爱相流凑也。(《白虎通义·宗族》)
  殷,中也,正也。(《大戴礼记·文王官人》"志殷如渫"王聘珍解诂)
  吟,哦也,咏也。(《洪武正韵·侵韵》)
  峻,险也,峭也。(《广韵·稕韵》)

首例以"多""重"释"厚",所训都是一个相同义。后四例与此同理。中古时的同义词典与此相近。任广《书叙指南》多以"曰"为训诂术语,训释意义相同的词。例如,《继承绍袭》:"太子曰世子,又曰储后,又曰储嫡,又曰副君,又曰冢子。"又,"太子宫曰储禁,又曰储闱,又曰鹤禁,又曰丹宫,又曰青宫。"前例以"曰"指出"世子""储后""储嫡""副君""冢子"都表示"太子"。后例的"储禁""储闱"等均表示"太子宫"。这类训诂形式与前者不同,但仍是比较训释了一组同义词的相同义。《书叙指南》与上古的《尔雅》各代表两类训释形式,而释义的目的相同。

同义词的相同义,有的用训语表达。例如:

  类、宜、造,皆祭名。(《礼记·王制》"类乎上帝,宜乎社,造乎祢"郑玄注)
  䩫,其色即缥也,缊也,䙌也,赤黄之间色。(《说文·韦部》朱骏声通训定声)
  称人名望曰华问,又曰芳声,又曰瑰望,又曰嘉闻。(《书叙指

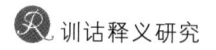

南·声名等级》）

酒曰百药之长，又曰欢伯，又曰天之美禄，又曰狂药，又曰良酝。（《书叙指南·酒醴曲蘖》）

这类训条存于各类训诂释义中，释义比用同义词的训释更清楚。

二　只辨异，不释同

这类同义词不明确指出相同义，只辨释其异点。这与求同训释形成鲜明对比。试比较：

禋、祠、烝、尝、禴，祭也。（《尔雅·释诂》）
春祭曰祠，夏祭曰礿，秋祭曰尝，冬祭曰烝。（《尔雅·释天》）

这是相同的一组同义词，训释方式截然不同。《释诂》训其同。《释天》分释每个被训词的词义，目的在于辨其异。后者其实是一种对比性的释义，符合词义的对比性原则。对比性是语义学中的一条重要原则，英国语言学家杰弗里·N. 利奇说："在所有语言模式结构中似乎都存在着两条结构原则：对比原则和结构原则，对比特征是音位学中对语音进行分类的基础……同样，语言的理性意义也能够根据对比特征进行研究。"[1] 同义词的释义，求同是基础，辨异是目的。释例前条是同义词释义的前一阶段，后条反映了同义词辨释的后一过程。通过此例，可看出古人已经认识到同义词的释义步骤。郭璞《尔雅注·序》云："夫《尔雅》者，所以通诂训之指归，叙诗人之兴咏，总绝代之离词，辩同实而殊号者也。"郭氏先言"通诂训之指归"，再言"辩同实而殊号者"，正是总结了同义词训释的两个方面，也指出了这两个方面为两个步骤。同义词的述异，体现了同义词的对比特点，表明同义词的释义已不再是简单地说明它们的类聚意义，而是进一步描述结构中的词的价值，比求同训释更为深入。这一类再举数例：

春曰苗，秋曰蒐，冬曰狩。（《公羊传·桓公四年》）

---

[1] ［英］杰弗里·N. 利奇：《语义学》，李瑞华等译，上海外语教育出版社1987年版，第14页。

第六章 类比释义

金谓之镂，木谓之刻，骨谓之切，象谓之磋，玉谓之琢，石谓之磨。(《尔雅·释器》)

凡自虐其君曰弑，自外曰戕。(《左传·宣公十八年》)

凡获器用曰得，得用焉曰获。(《左传·定公九年》)

前两组都用单词训释每个被训词的词义特征，显示了词义的差别。第一组，"春""秋""冬"表明"苗""蒐""狩"的词义差异在于季节不同。第二组，同义词是"镂""刻""切""磋""琢""磨"，区别性特征表现在"金""木""骨""象""玉""石"等对象的不同。后两组都用短语训释被训词的意义，反映了词义的差别。

三 释同且辨异

古汉语同义词的辨释有专门的术语，我们根据术语的有无，分这类为非术语式与术语式。

非术语式就是在词条中不用同义词辨释术语，只用一般用语说明各个词义的相同点及其不同点。

凡师，有钟鼓曰伐，无曰侵，轻曰袭。(《左传·庄公二十九年》)

凡火，人火曰火，天火曰灾。(《左传·宣公十六年》)

春猎为蒐，夏猎为苗，秋猎为狝，冬猎为狩。(《尔雅·释天》)

弓有缘者谓之弓，无缘者谓之弭。以金者谓之铣，以蜃者谓之珧，以玉者谓之珪。(《尔雅·释器》)

前两组先求同，再辨异。第一组的共义是"师"，表示"出兵征伐"。"有钟鼓""无""轻"说明被训词"伐""侵""袭"的异点。第二组的共义是"火"，注者用短语训释了各词的词义差别。第三组的共义隐藏于每个词的训语中，提取出来是"猎"，异点表述为"春""夏""秋""冬"。第四组是两组同义词：弓、弭，铣、珧、珪。词条首有"弓"字，是两组共用的相同意义。每词的训语表达了在同义词结构中的区别性特征。

非术语式中还有一类类目式。同义词典的编纂，多个训条以类目统

· 161 ·

领,这个类目是各词的相同义。《尔雅》是中国古代的第一部同义词典,篇名下多有类目。如《释丘》分"丘""厓岸"两个类目。"丘"类下的第一个训条为:

丘,一成为敦丘,再成为陶丘,再成锐上为融丘,三成为昆仑丘。

首字"丘"是该条的共义,与类目"丘"重合。类目"丘"下,还有其他训条,例如:

绝高为之京,非人为之丘。

《说文·京部》:"京,人所为绝高丘也。"朱骏声通训定声:"对文则人力所作者为京,地体自然者为丘;散文则亦通称也。"根据朱氏的训释,该条的相同义为"丘"。与"丘"类的类目重合。

《尔雅》的类目还暗释了下属词条的相同义。以《释畜》为例,内部分为"马属""牛属""羊属""狗属""鸡属""六畜"六个类目,下属训条的相同意义是"马""牛""羊"等。如《释畜》:"骊白,驳。黄白,騜。骊马黄脊,騜。骊马黄脊,騽。青骊,駽。騆。青骊驎,驒。青骊繁鬣,騥。骊白杂毛,䮟。黄白杂毛,駓。阴白杂毛,骃。苍白杂毛,骓。彤白杂毛,騢。白马黑鬣,骆。白马黑唇,駽。黑喙,騧。一目白,瞷。二目白,鱼。"该条17个词语,训语详细描述了马的毛色及在身体的分布。这些都是释同义词之异。该条属于"马属",暗释该条的相同义为"马"。该类目下还有其他辨异训条,也以"马"为共义。这种现象在早期的同义词典中比较普遍。

术语式是指在词条中运用术语,辨释同义词的同中之异。

大约到唐代,出现了辨释同义词的术语"对文""散文",孔颖达《五经正义》首次创立这两个术语,并用它们辨释同义词。

《诗序》:"声成文谓之音。"孔颖达正义:"此言'声成文谓之音',则声与音别。《乐记》注:'杂比曰音,单出曰声。'……对文则别,散文则可以通。"

第六章 类比释义

唐宋的注疏，还用"散""对""对例"等，与"散文""对文"无异。

《周礼·秋官·大司寇》："以两造禁民讼，入束矢于朝，然后听之；以两剂禁民狱，入钧金三日，乃致于朝，然后听之。"郑玄注："讼谓以财货相告者……狱谓相告以罪名者。"贾公彦疏："此相对之法，若散文则通。"

《诗经·魏风·伐檀》："不稼不穑，胡取禾三百廛兮。"毛传："种之曰稼，敛之曰穑。"孔颖达正义："经稼穑相对，皆先稼后穑，故知种之曰稼，敛之曰穑。若散则相通。《大田》云：'曾孙之稼。'非唯种之也。《汤誓》云：'舍我穑事。'非唯敛之。"

《尔雅·释器》："雕谓之琢。"邢昺疏："案，上文治玉璞名雕，治玉器名琢，彼对例耳。散文则雕琢通谓治玉名，不分璞与器也。"

从以上诸例可见，"散文"与"通"相应，"对文"与"别"相应，"'散文'着重说明被用的那个词与另一个词所共有的含义，即强调一对同义词之间'同'的一面；'对文'则着重说明一对同义词中各个词所特有的含义，即强调它们之间'异'的一面"①。"对/散"的使用，表明同义词属于同一义位范畴。"散文"所释为相同义，"对文"所释为区别义。"对/散"这一对术语，强调同义词的类比释义，一定包括两方面的内容，既要求同，也要辨异。它强化了类比的特征，标志着同义词的类比释义达到比较成熟的程度。

这时期的释义也有局限。有的情况下，"'散''对'是从'使用'角度（即被辨析的同义词是以单词独用的形式，还是以对比连用的形式出现于特定的上下文中）来考察同义词的，因而其研究对象出现在文献语言即具体文章之中"②。同义词的释义，一般是处于储存态下，这时期还辨释古汉语同义词的具体义，与现代汉语同义词的类比释义有所不同。

至清代，同义词的类比释义摈弃前世存在的弊端，在训诂史上取得了

---

① 马景仑：《〈说文〉段注"散文"、"对文"与"浑言"、"析言"的异同》，《文教资料》1997年第6期。
② 马景仑：《〈说文〉段注"散文"、"对文"与"浑言"、"析言"的异同》，《文教资料》1997年第6期。

辉煌成就。其中的一个重要方面就是同义词辨释术语"对/散"虽然也称作其他名称,但对它们的界定更加明确,理论上也进行了比较深入的阐述。宋育仁在《尔雅今释·卷四》中用"统名""析名"及"公名"辨释《尔雅》同义词,其中的"公名"着眼于词义"同"的一面。书中论述了统称、特称的意义关系,还提出了训释异点的重要方法。

  字诂之缘起,即名学之缘起,先有公名,乃从公名抽象而有专名。"公谓之室,室谓之宫"互为训释者,即明专名起于公名之例。疏引《释名》云:"宫,穹也,言屋见于垣上穹隆然。""室,实也,言人物实满于其中也。"词者,意内而言外。其言外称之曰宫者,其意内状其穹隆然。其言外呼之为室者,其意内谓人物塞满其中也。其始制文字,并有二名,词各有指,而所称同物,皆公名也。训诂既兴,则于同中见异。由全体抽象,则据词内之意,著其穹隆者,为合数间、数十间、数百间共一家居之统名。著其塞满者,为专指一间、或一套间、或一人所独居、或夫妇所共居之析名。

  宋育仁比较"宫""室",两者构成同义关系。"公名"有两层含义,一是指物名,即"宫";二是指一个义素,"同物"即为"公名",是两词的义位抽取出的相同物类成分:房屋。"统名"与"析名"相对,"宫"是统名,也就是泛称;"室"是析名,即特称。宋氏根据"词内之意",即命名理据探讨了"宫""室"的区别性特征,阐述了同义词类比释义的内容。

  清代同义词的辨释,段玉裁的《说文解字注》备受推崇,他认为词义有细微差别,也有相通之处,"凡诂训有析之至细者,有通之甚宽者,非好学深思、心知其意,不能尽其理也"[①]。段氏在该书中用"浑言""析言"辨释了大量同义词。例如:

  《说文·女部》:"嫁,女适人也。"段玉裁注:"《白虎通》曰:'嫁者,家也。妇人外成以出适人为家。'按,自家而出谓之嫁,至夫之家曰归。《丧服经》谓嫁于大夫曰嫁,适士庶人曰适,此析言之也。

---

① 段玉裁:《说文解字注》"妃"字下注,上海古籍出版社1988年版,第593页。

第六章　类比释义

浑言之皆可曰适，皆可曰嫁。"

《说文·艸部》："茅，菅也。"段玉裁注："按，统言则茅、菅是一，析言则菅与茅殊。许菅、茅互训，此从统言也。陆玑曰：'菅似茅而滑泽，无毛，根上五寸中有白粉者，柔韧宜为索，沤乃尤善矣。'此析言也。"

"嫁、适"与"菅、茅"为两组同义词，段氏以"析言"辨别了词义的"至细"差别，也训释了它们"甚宽"的相同义。《说文解字注》用"浑言""析言"训释了251组词，其中230组为同义词。书中用"散/对"的共16组，① 与用"浑/析"无别。段氏以一个义位为聚合标准，从对象、范围、形态、位置、程度、质料、性质、视角、凭借、用途、语法、色彩等方面，比较系统、全面地训释了同义词的异点，用"浑/析"言开创了兼明同义、重在辨义的同义词类比释义模式。

同义词的类比释义以辨异为重点，也最为复杂。同义词之异多表现在词义层面，释义过程中确定了基本范畴，包括形制、用途、内质、部位、范围、功用、侧重、方式、速度、程度、对象、情态、原因、来源等。次要表现在语用层面，在释义过程中确定了基本范畴，有感情、等级、褒贬、方言、雅俗、形象、称述等。释义者于这些范畴中表达了或大或小的区别。根据同义词内部语义关系的不同，同义词的类比释义相应地具有不同的训释形式，在述异方面有两词类比与多词类比两种情况。

两词的类比释义，反映以下几种语义关系。

第一，反义关系。

两项类比在词义层面表述的词义成分具有反义关系，表现为：有无、虚实、大小、长短、粗细、精粗、生死、雌雄、方圆、奇偶、轻重、出入、上下、多少、前后、朝夕、天地、内外、东西或南北、曲直、厚薄、已未、家野、简慢、尖平、老少等。举例如下。

同义词的差别表现在理性意义相对、相反，训者用反义词表述。

  方曰筐，圆曰筥。（《诗经·召南·采蘋》"于以盛之，维筐及筥"毛传）

---

① 参见钟明立《段注同义词研究》第一章，博士学位论文（稿本），浙江大学，1999年。

生称父，死称考。（《公羊传·隐公元年》"惠公者何隐之考也"何休注）

户外为堂，户内为室。（玄应《一切经音义》卷六）

小曰蛤，大曰蜃。（《国语·晋语九》"雉入于淮为蜃"韦昭注）

凡土器，未烧之素皆谓之坏（坯），已烧皆谓之瓦。（《说文·瓦部》"瓦"字段玉裁注）

屋制，东西架者曰栋，南北架者曰梁。（《说文·木部》"宋"字下承培元引经证例）

麋角有枝曰觡，无枝曰角。（《玉篇·角部》"觡"字注）

棺柩义别。虚者为棺，实者为柩。（《说文·匚部》"柩"字段玉裁注）

凫，野名也。鹜，家名也。（《左传·襄公二十八年》"饔人窃更之以鹜"孔颖达疏引舍人曰）

倨简曰骄，侮慢曰傲。（《楚辞·离骚》"保厥美以骄傲"王逸注）

祠（治）兵者何？出曰祠兵，入曰振旅。（《春秋·庄公八年》"甲午治兵"公羊传）

这一类有名词、动词、形容词等，其中以名词为主。

同义词内部相对、相反的理性意义差别，训者不用反义词表述。

重屋与复屋不同。复屋不可居，重屋可居。（《说文·木部》"楼"字段玉裁注）

圆者曰珠，不圆曰玑。（《急就篇》"璧碧珠玑玫瑰瓮"颜师古注）

《司市》注："通物曰商，居卖物曰贾。"居卖物，谓居积物亦兼卖之也。（《说文》"贾"字段玉裁注）

第二，一般对个别，或整体对部分。

这类一般通过语训，描述两词之间具有种属关系。

女，妇人也……浑言之，女亦妇人；析言之，适人乃言妇人也。

（《说文解字注·女部》"女"字段玉裁注）

白金谓之银，其美者谓之镣。（《尔雅·释器》）

脊者，背之一端，背不止于脊。（《说文·肉部》"背"字段玉裁注）

《肉部》曰："股，髀也。"浑言之。此曰："髀，股外也。"析言之，其义相足。（《说文·骨部》"髀"字段玉裁注）

前两组是一般对个别，"女"表示泛指，"妇"表示特指；"银"表示泛指，"镣"表示特指。后两组是整体对部分，"背"，脊背。"脊"表示背部中间的骨肉，是脊背的一部分；"股"，大腿。"髀"，大腿的外侧，是大腿的一部分。

第三，不同角度。

这类从不同类别、不同方式描述同义词词义的差别。

爱财曰贪，爱食曰婪。（《楚辞·离骚》"众皆竞进而贪婪兮，凭不厌乎求索"王逸注）

马递曰置，步递曰邮。（《孟子·公孙丑上》"速于置邮"周广业古注考引《礼部增韵》）

人曰肌，鸟兽曰肉，此其分别也。（《说文·肉部》"肉"字段玉裁注）

讨者，上讨下也。伐者，敌国相征伐也。（《孟子·告子下》"是故天子讨而不伐"焦循正义）

《欠部》曰："欧，吐也。"浑言之。此云"不欧而吐"也者，析言之。欧，以匈喉言。吐，以出口言也。有匈喉不作恶而已吐出者，谓之哯。（《说文·口部》"哯"字段玉裁注）

乳，人及鸟生子曰乳，兽曰产。（《说文·乙部》）

多词的类比释义是指针对两个以上的同义词训释异点，有以下两种情况。

第一种，有序的类比关系。

这类有顺序、等级、程度、年龄、方位、年代（朝代）、四季、天数、高低等。

天子死曰崩，诸侯曰薨，大夫曰卒，士曰不禄，庶人曰死。(《礼记·曲礼下》)

西南隅谓之奥，西北隅谓之屋漏，东北隅谓之宧，东南隅谓之窔。(《尔雅·释宫》)

夏曰夏台，殷曰羑里，周曰囹圄。(《广雅·释室》)

兽一岁为豵，二岁为豝，三岁为肩，四岁为特。(《广雅·释兽》)

凡师一宿为舍，再宿为信，过信为次。(《左传·庄公三年》)

平曰墓，封曰冢，高曰坟。(司马光《资治通鉴》"每岁时遣使者祠祭望之冢"胡三省注)

第二种，不同角度的类比关系。
这类包括材质、类别、性质、方式、状态、外形等。

以木曰模，以金曰镕，以土曰型，以竹曰范，皆法也。(《说文·木部》"模"字段玉裁注)

木豆谓之豆，竹豆谓之笾，瓦豆谓之登。(《尔雅·释器》)

玉谓之雕，亦谓之琢，木谓之刻，金谓之镂。(《荀子·富国》"故为之雕琢刻镂"杨倞注)

老而无妻曰鳏，老而无夫曰寡，老而无子曰独，幼而无父曰孤。(《孟子·梁惠王下》)

稽首，拜头至地也；顿首，拜头叩地也；空首，拜头至手，所谓拜手也。(《周礼·春官·大祝》"一曰稽首，二曰顿首，三曰空首"郑玄注)

凡师有钟鼓曰伐，无曰侵，轻曰袭。(《左传·庄公二十九年》)

鼎绝大谓之鼐，圆弇上谓之鼒，附耳外谓之釴，款足者谓之鬲。(《尔雅·释器》)

同义词的区别不仅表现在一个方面，还表现在多个方面。古汉语同义词的类比释义不仅表述词义的一个异点，也表述词义的多个异点。上述所举之例都属于前种情况。后者的释义略举数例：

缀衣，联缀之也，谓籖之使不散。若用以缝，则从金之针也。

(《说文·竹部》"箴"字段玉裁注)

缝者,以针紩衣也。《竹部》"箴"下曰:"缀衣箴也。"以竹为之,仅可联缀衣;以金为之,乃可缝衣。(《说文·金部》"鍼"字段玉裁注)

一扇曰户,两扇曰门。又在于堂屋曰户,在于宅区域曰门。(玄应《一切经音义》卷十四"户扇"注引《字书》)

驲为尊者之传用车,则遽为卑者之传用马。(《说文·马部》"驲"字段玉裁注)

这几个例子均是词的理性意义有差别。第一、二例,"针""箴",古代缝衣的工具。"针"用于缝衣,以金属制成。"箴"用于缀衣,以竹子制成。第三例,"门""户"有别,玄应不仅训释了它们的数量不同,还指出了使用的地点也不同。第四例,"驲""遽",古代驿站专用的交通工具。异点是构造不同,而且使用的对象也不同。

同义词内部,还表现为理性意义、附加意义都有别。有的文化义属于附加意义的范畴。古代训诂专著从理性意义与文化意义两个方面,辨释同义词的不同。例如,《尔雅·释宫》:"室中谓之时,堂上谓之行,堂下谓之步,门外谓之趋,中庭谓之走,大陆谓之奔。"显然,这是从文化义的角度辨释。后代训诂学者如清代的邵晋涵训释该条,并举文化意义与理性意义的不同。他在《尔雅正义》中云:

人举足而行,有步、趋、奔、走之异。此因其在之处以为名也。旧疏引《白虎通》云:人践三尺,法天地人。《说文》云:"行,人之步趋也。""步,行也。""趋,走也。""走,趋也。""奔,走也。"此散文言之,其义相通也。《释名》云:"两脚进曰行。行,抗也,抗足而前也。徐行曰步。步,捕也,如有所伺捕,务安详也。疾行曰趋。趋,赴也,赴所至也。疾趋曰走。走,奏也,促有所奏至也。奔,变也,有急变奔赴之也。"此对文言之,各有其义也。"

此例的"时""行""步""趋""走""奔"是一组同义词。邵氏指出《尔雅》以处所辨其异,这是文化意义的不同。他从理性意义的角度辨释,以行走为其同,以快慢别其异。邵氏引用《说文》,训释各词的相同

·169·

义，此为"散文言之"；他又引用《释名》，训释各词的意义差别，此为"对文言之"。

同义词的类比释义在训诂中的规模非常大。古代出现多部同义词词典，如众多雅书；其他一般的训诂专著也普遍采用了同义词的类比释义。古汉语同义词的类比释义与现代汉语的同义词辨析不尽相同。它的释义内容包括两个层次，一个是就同义词异同的某一方面进行训释；另一个是既求同，又辨异。在述异方面，类比释义中通过两词或多词对比，反映了词义在聚合结构中一系列有规律的语义关系。

第二节　多条同义释义系统

现代辞书编纂，不仅着眼于一个词目的释义，同时还要兼顾多个词目释义的整体照应。整体照应对释义提出了更高的要求，现代语文辞书在这方面做出了很大努力，取得了一定的成就，但仍存在诸多不足。与此相对照，训诂释义能否建构多个词条的释义系统呢？我们分析训诂专著，发现多个词条的被训词表示一个相同的义位，构成一组同义词。这些被训词的训释不是孤立、分散的，而是有内在的联系。比较各组词的释义，无论是词训、语训，还是综合训，总具有一定的类比关系，或是训释相同义，或是辨释同中之异。它们属于类比释义的范畴，基本体现了释义的系统性。

多条同义释义系统有的由直训的多重组合而构成。多个直训词条聚合为一个较大的同义词组，释义结构主要有以下两种形式。

其一，由互训构成的多条释义结构。

凡互训构成的一定是同义词。训词与被训词都表示一个义位，排除了上位义或义素的训释，比直训要严密。这种训诂方式在现代辞书中不被提倡，是要尽量避免的。古代这类释义结构较多，如《说文》就不少。

讽，诵也。诵，讽也。（《言部》）
呻，吟也。吟，呻也。（《口部》）
枲，麻也。（《木部》）　麻，枲也。（《麻部》）
椐，櫎也。櫎，椐也。（《木部》）

芴，菲也。菲，芴也。(《艸部》)

这种释义系统不仅处于同部，也跨到异部。第一例，"讽""诵"都表示念诵。"讽"是无书背念。"诵"是照书抑扬顿挫地念读，秦以后，也表示背念。第二例，"呻""吟"都表示吟咏、吟诵。段玉裁《说文解字注》："呻者，吟之舒，吟者，呻之急，浑言则不别也。""呻""吟"有缓急之别。第三例，"麻"，汉前兼指大麻与食麻。"枲"，在上古是纤维麻类总称。第四例，"椐"，"樻"的异名，指灵寿木。多肿节，可为手杖。《诗经·大雅·皇矣》："启之辟之，其柽其椐。"陆玑疏："椐，樻，节中肿以扶老，今灵寿是也。今人以为马鞭及杖。"第五例，"芴"，菲菜。一年生草本，产于中国北部和中部，可供观赏，兼作蔬菜。"芴"又名"菲"。

前三例是理性意义有别的同义训释。后两例是理性意义相同、附加意义有别的同义训释，各词构成等义关系。《说文》重在训释一个相同的义位。

其二，由递训构成的多条释义结构。

多个被训词的词义经过递推训释后，构成一个链条式的释义系统。

祉，福也。福，祐也。祐，助也。(《说文·示部》)
敛，收也。收，捕也。(《说文·攴部》)
逝，往也。(《说文·辵部》)　往，之也。(《说文·彳部》)

前两组的同义训释在同部，第三组在异部。它们分别构成三个同义释词系统。

凡递训未必都形成一个同义词组。这种训诂方式会出现偷换概念的弊端，释义系统有可能由一个分割为多个。以《说文》为例：

讥，诽也。诽，谤也。谤，毁也。(《言部》)
毁，缺也。(《土部》)　缺，器破也。(《缶部》)

这是两个同义释词系统。"讥""诽""谤"构成一组，表示指责别人的过失。"毁""缺"一组，都表示破坏、毁坏。它们易使读者误解所训

171

词义，所以是有缺陷的释义结构。

多条同义释义系统也兼用同义词的辨释方法。以《说文》为例，不少词语的训释，运用什么表述形式，并不是随意而为，而是在一个同义训释系统中，为了达到词义区别性的目的，有意识地设定的，这实际强化了释义所要体现的系统价值。

有的是在互训的一方用双音词或短语训释，以示区别。

渍，沤也。沤，久渍也。（《水部》）
疾，病也。病，疾加也。（《疒部》）
统，纪也。纪，别丝也。（《糸部》）
蒿，䕲也。䕲，香蒿。（《艸部》）
蘺，塺也。（《艸部》）
塺，幽蘺也。（《土部》）
息，喘也。（《心部》）
喘，疾息也。（《口部》）
击，攴也。（《手部》）
攴，小击也。（《攴部》）

前四例的释义系统都在同部。第一例，"渍""沤"均表示浸泡。两词还辨释同中之异，"沤"表示长时间浸泡。段玉裁《说文解字注》云："言久渍者，略别于渍也。上统言，此析言，互相足也。"段玉裁清楚地说明：以"沤"训"渍"是浑言，以"久渍"训"沤"是析言，二训互相补足。若从宏观结构考察，前者之词训与后者之语训，互相配合，形成理想的训释。第二例，"疾""病"意义相同。《说文》辨释了"疾""病"的同中之异。《说文》段玉裁注："析言之则病为疾加，浑言之则疾亦病也。"此言甚是。第三例，"统""纪"都指丝的头绪。"统"，泛指众丝之首。"纪"，泛指一丝之首。段玉裁《说文解字注》："别丝者，一丝必有其首，别之是为纪；众丝皆得其首，是为统。统与纪义互相足也。"第四例，《说文》之"蒿"，以"䕲"训释，泛指蒿草。《尔雅·释草》："蘩之丑，秋为蒿。"郭璞注："丑，类也。春时各有种名，至秋老成，皆通呼为蒿。"《说文》释"䕲"，特指"香蒿"，是蒿的一个品种。菊科，二年生草本，茎、叶入药。

后六例的释义系统都在异部。第五、六例,"薶",埋葬。与"瘗"意义相同。《说文》释"瘗"为"幽薶",这是析言。第七、八例,《说文》以"喘"训"息"是浑言,以"疾息"训"喘"是析言。段玉裁《说文解字注》"息"下云:"喘,疾息也。喘为息之疾者,析言之。此云息者喘也,浑言之。人之气急曰喘,舒曰息。"此言是。第九、十例,"攴""击"为一组同义词。段玉裁《说文解字注》"击"字下云:"攴训小击,击则兼大小言之,而但云'攴也'者,于攴下见析言之理,于击下见浑言之理,互相足也。""击"表示泛指,"攴"表示特指。以"攴"训"击"为浑言,以"小击"训"攴"为析言,两个训条互相补足,词义大明。

有的是各条都辨异同,其中一个词条的训语中含有另一词条的被训词,提示这两个被训词具有同义关系,这样就建构了多条同义释义系统。

虚,大丘也。崐崘丘谓之崐崘虚。 丘,土之高,非人所为也。(《说文·丘部》)
薨,公侯猝也。(《说文·死部》)
猝,大夫死曰猝。(《说文·歹部》)
弑,臣杀君也。(《说文·杀部》)
戕,枪也。他国臣来弑君曰戕。(《说文·戈部》)

第一例,《说文》提到"崐崘丘"又名"崐崘虚",表明"丘""虚"意义相同。《说文》详细解释了"丘"的意义,又以"大丘"释"虚"。"虚"与"丘"之别简明易懂。第二、三例,"薨""猝"是同义词,在异部。《越绝书·吴内传》:"天子称崩,诸侯称薨,大夫称猝。"《说文》在"薨"条训语中用到"猝",两词是同义替换的关系,区别在于等级身份不同。第四、五例,"弑""戕"在异部,"戕"的训语中用"弑",表明"弑""戕"意义相同。古代卑幼杀死尊长称"弑"。多指臣子杀死君主,子女杀死父母。他国之臣杀本国君主称"戕"。《说文》辨释"弑""戕",两词发出动作的主体不一致。

多条同义释义系统有的由以核心词训释的多重组合而构成。"索绪尔·巴利学派,在辨析同义词时,先确定核心词,然后以核心词为基点,跟各同义词比较。这个方法被后来的许多研究者使用……其实,在中国很

· 173 ·

古的时候早已经有这种方法了。"① 古代训诂专著的核心词训释结构首先表现为同训。

  福，祐也。禄，福也。禠，福也。祥，福也。祉，福也。(《说文·示部》)
  悥②，愁也。恙，忧也。悠，忧也。愁，忧也。忡，忧也。悄，忧也。悴，忧也。(《说文·心部》)
  法，刑也。(《说文·廌部》) 式，法也。(《工部》) 模，法也。(《木部》) 辟，法也。(《辟部》) 范，法也。竹简书也，古法有竹刑。(《竹部》)

  第一例，"福"，幸福，福气。凡富贵寿考、康健安宁、吉庆如意、全备圆满皆谓之福。《说文》以"祐"释之。"禄""禠""祥""祉"都是被训词，均以"福"为核心词来解释。这几个词是等义词，理性意义都相同。第二例，《说文》释"忧"为"愁"，以"忧"为核心，解释了"恙""悠""愁""忡""悄""悴"等。各词的部分理性意义不同。第三例，《说文》释"法"的本义为刑法。"法"又引申为法度、法则义，训释异部的"式""模""辟""范"。这一组重在训释各词的相同意义。

  核心词前加同一个限制成分，也构成一种训释结构。仍以《说文》为例。"厓"，山崖，山陡立的侧边。《厂部》："厓，山边也。"以"厓"为核心词，许慎在《水部》解释："濆，水厓也""漘，水厓也""汻，水厓也"。"濆""漘""汻"都表示水边，与"厓"有别。"厓"前又增加"水"表示限制，"水"不能表示各个被训词的区别性特征，所以这三个词内部有何不同，未予揭明。

  比这更隐蔽、规模更大、释义效果更理想的核心词训释系统，以《说文》为例，是先择出核心词，再以核心词为中心成分，在它的前面加修饰限制成分，表述同义词的同中之异。这些词或在同部、或在异部。例如，《见部》："视，瞻也。"段玉裁注："《目部》曰：'瞻，临视也。'视不必皆临，则瞻与视小别矣，浑言不别也。""视"，看。《说文》以"视"为

---

① 张志毅：《同义词词典编纂法的几个问题》，《中国语文》1980 年第 5 期。
② （清）朱骏声《说文通训定声》"悥"字注："经传皆以忧为之，而悥字废矣。"

核心词，隐构了一个同义词聚，与它义的词均采用类比释义的方法，即在核心词"视"前加其他词语，以示区别。训语中的"视"表示相同义。

《目部》：

瞻，临视也。

相，省视也……《易》曰："地可观者莫可观于木。"《诗》曰："相鼠有皮。"

盻，恨视也。

眇，目冥远视也。

睗，目疾视也。

瞗，低目视也……《周书》曰："武王惟瞗。"

督，氏目谨视也。

瞫，深视也。

矇，大视也。

眮，左右视也。

眙，直视也。

《页部》：

顾，还视也。

以上各词都与"视"同义。"视"是训语中的一个成分，又被兼作核心词，训释这组同义词的相同义。"视"前的每个成分都不同，揭示词的区别性特征，表明了词的异点。总的来看，这些词的部分理性意义都不同。《说文》对个别词语除解释词义外，还从字形分析入手，揭示词义不同的原因。如，"相"，省视，察看。《说文》先解释词义，段玉裁注："《释诂》《毛传》皆云：'相，视也。'此别之云'省视'，谓察视也。"许慎又引用《易经》的一段话，借以分析字义。段玉裁《说文解字注》："此引《易》说从目木之意也。目所视多矣，而从木者地上可观者莫如木也……此引经说字形之例。"徐灏《说文解字注笺》："戴氏侗曰：'相，度才也。工师用木，必相视其长短、曲直、阴阳、刚柔之所宜也。相之取义始于此会意。'"《说文》最后征引书证，此条解释很精彩。上述词语由

175

于关照了同义词的整体结构，所以词语的宏观释义框架很完善。

上述"视"组还通过词义比较显示了释义的层次性。有的被训词的释义与上述这些词没有什么区别。例如，在《说文·目部》有：

　　眄，衺视也。秦语。
　　睨，衺视也。

"眄""睨"的训释，仍以"视"为中心，前面加修饰词。修饰词"衺"表示它们的区别性特征，"眄""睨"与"视"有别，都表示斜视。这两词如何区别呢？《说文》"眄"字下特别说明"秦语"。段玉裁《说文解字注》引《方言》云："自关而西，秦晋之间曰眄。"这使我们明白，"眄"是方言词。而"睨"在当时是通语。《说文》通过对"眄"的说明，揭示出在这个小的释义结构中，两词的差异表现在地域不同。前述"视"组词均表现在理性意义方面有差异，《说文》用核心词释义法解释了它们的异点。但核心词释义法并不尽善尽美，"眄""睨"是一组等义词，采用这种方法只能于局部辨释词义。在此基础上再进一步补充训释，就可弥补其不足，同时，也显示出了释义的层次性。

《说文》以"视"为核心词，还采用直训、递训、互训等方式进行训释。它们与上述被训词同为一个同义词聚，属于同一释义系统。

　　省，视也。（《眉部》）
　　睹，见也。（《目部》）见，视也。（《见部》）
　　眷，顾也。（《目部》）顾，还视也。（《页部》）

"省""睹""见"没有揭示区别性特征，"眷""顾"大致作了辨释，释义效果略差。

核心词的释义结构并不是单向的，还可以其中的被训词为次级核心，递相建立新的释义系统，从而构成一个多向的分属不同等级核心词的宏观系统。例如，上述《说文》"视"组有间接与之系联的同义释词，即以结构中的其他被训词作为核心词来训释词语。《目部》："眝，长眙也。"前例"眙"本是以"视"训释的词语，又被用来训释"眝"，构成以"眙"为核心的释义系统。"视"组与"眙"组具有递推的释义关系，形成两向同义释义系统。

训诂专著中，也有以某一个词为核心构成的语训，但它不是核心词。把这类训释与核心词的训释相比较，核心词释词法体现的系统性更强，更利于读者认识词义特征。如《说文》还有其他表示"看"的同义词聚。

　　睢，仰目也。（《目部》）
　　瞋，恨张目也。（《目部》）
　　瞥，过目也。一曰財①见也。（《目部》）
　　奭，目衺也。（《䀠部》）

这一组的训语中都有"目"，表示眼睛、眼光。"睢""瞋""瞥""奭"都表示看，"目"与被训词不同义，所以不是核心词。这四个被训词的同义关系及词与词之间的细微差别，得读者去辨别，不及"视"组那样一目了然。

核心词训释结构与其他多条释义结构相比，规模上要占很大优势。如《说文》"看"组有其他释义结构。

　　瞟，𥅻也。𥅻，察也。（《目部》）
　　看，睎也。睎，望也。（《目部》）

这两例是互训与递训，列词尚少，规模比以"视"为核心词构成的同义词聚小得多。

训诂专著中的核心词训释系统比较普遍。以《说文》为例，《言部》："谋，虑难曰谋。"以"谋"为核心词，类聚了同义词组：谟、访、诹。许慎一一解释。《言部》："谟，议谋也。""访，泛谋也。""诹，聚谋也。"以"思"为核心词，又构成一个释义系统。《思部》："思，容也。"《心部》："惟，凡思也。""怀，念思也。""想，冀思也。""念，常思也。"《说文》既训释了"惟""怀""想""念"的相同义，也指明了词义的细微差别。

---

① （清）段玉裁《说文解字注》"瞥"字注："財，今之纔（才）字。"参见段玉裁《说文解字注》，上海古籍出版社 1988 年版，第 134 页。

训诂释义研究

核心词释义法在汉代已出现,《说文》就是例证,它们对后代释义产生了深远影响,一些训诂专著把它作为一种必用的释义方法。仍以表示"看"义的同义词为例,以"视"为核心词的释义法,在后代著作中被沿用不衰。如《玉篇》:

瞷,惊视也。(《目部》)
眕,直视也。(《目部》)
矘,目无精直视。(《目部》)
睭,转目视。(《目部》)
瞜,瞜瞜微视也。(《目部》)
睭,转目视。(《目部》)
眿,相视也。(《目部》)
瞗,目熟视。(《目部》)

《集韵》也有类似的训释,例如:

昂,举目视。(《唐韵》)
眈,虎视也。(《感韵》)
瞲,惊视也。(《屑韵》)
眏,恨视。(《养韵》)
眅,邪视。(《范韵》)
睄,小视。(《效韵》)
瞩,视之甚也。(《烛韵》)

这些例证足以说明,核心词在同义释词中是可以提取的。甚至历代都可以沿用同一核心词,由它组成一种有效的释义系统。

同义词,由同条内部的类比释义发展到多条的类比释义,相比之下,前者是直观的、显性的,而后者则是隐性的。同义词是训诂释义的核心,古人巧妙地将它引入一般词语的释义中,隐构了多条同义释义系统,足见其释义水平已达到相当高的成就。训诂专著中,同义词典用前者较广泛,如《尔雅》即是;而一般的字书,后者使用较广泛,如《说文》《玉篇》即是。多条同义类比释义系统不仅能使读者更准确地把握所释之词的意义,还能使读者对比见义,连及而掌握同系统内其他词的意义,可谓事半功倍,相得益彰。从释义效果来看,有的略有缺陷,但成就大于不足,瑕不掩瑜。

第三节 反义词的训释

古汉语反义词与同义词一样,也是一种重要的聚合系统。刘叔新说过:"汉语词汇内的反义现象,与同义现象相比,差不多同样普遍和丰富。"[1] 先秦文献中出现了不少反义词,作者很善于用它来表达思想。清代俞樾云:"凡大小、长短、是非、美恶之类,两字对文,人所易晓也。"[2] 这说明反义词对比鲜明,能凸显词义的价值,有利于人们理解文意。古典文献中的反义词运用,使训诂学者从中受到很大启示,他们把反义词进行类比释义,使读者于聚合结构中掌握词义,这成为训诂释义的一项重要内容。已有的研究,多从词汇学、词义学角度考查,取得了一定成就。但遗憾的是,反义词的类比释义研究甚少,还没有像样的成果。

当今学界对反义词的认识仍有分歧,[3] 我们以为反义词以一个上位义为聚合标准。词之间的区别是各自义位的相反或相对,而不是义素的相反

---

[1] 刘叔新:《汉语描写词汇学》,商务印书馆2005年版,第329—330页。
[2] 俞樾:《古书疑义举例》,中华书局1954年版,第99页。
[3] 目前,反义词的聚合标准,也即它的"同"是什么,学者们的观点不同。一派以石安石为代表,以为反义词具有"同上位概念"(石安石:《语义论》,商务印书馆1993年版,第95页)。另一派以蒋绍愚为代表,以为反义词的"同"是基础,是指中心义素和一部分限定义素相同(蒋绍愚:《古汉语词汇纲要》,北京大学出版社1989年版,第132页)。反义词之"反"的层次也有歧见。第一种,反义词的一个义位相反或相对。以赵克勤、张双棣等为代表。20世纪80年代,赵先生提出"由于古汉语单音词具有多义的特点,因而某些词不仅在某个意义上有几个不同的反义词,而且在不同意义上有不同的反义词"(赵克勤:《古汉语反义词浅论》,《语文研究》1986年第3期)。张双棣先生以为"反义词是某一意义相反或相对的一对词。两个词只要有一个意义相反或相对,就可以构成一对反义词"(张双棣:《〈吕氏春秋〉词汇研究》,山东教育出版社1989年版,第121页)。第二种,反义词的某一语义成分相反。以石安石、刘叔新、高守纲等为代表。他们提出,一组反义词"必须在某一个语义成分上相反,而且只在某一个语义成分上相反"(石安石、詹任凤:《反义词聚的共性、类别及不均衡性》,载《语言学论丛》第十辑,商务印书馆1983年版,第78页)。我们以为石安石的反义词聚合标准符合情实。反义词的不同应是义位的不同。

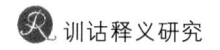

或相对。类比释义中反映了这种反义词观，从其训释的形式来划分，主要有如下几种。

一　用反义词类比释义

反义词各以同义词训释，训词意义相反。

寤，觉。寐，寝也。（《诗经·周南·关雎》"窈窕淑女，寤寐求之"毛传）
乾为天……坤为地。（《周易·说卦》）

两例单个词都属于词义的准等值训释，"寤""寐"的训词"觉""寝"构成反义关系。"乾""坤"的训词"天""地"也构成反义关系。

有的是用词训释词义的区别性特征，这两个训词构成反义关系。

祠（治）兵者何？出曰祠兵，入曰振旅。（《春秋·庄公八年》"甲午祠兵"公羊传）

"祠兵"，古代兵将出战，陈于近郊，杀牲飨士卒。"振旅"，整队班师。这两个词表示习战，礼仪不同。《诗经·小雅·采芑》："伐鼓渊渊，振旅阗阗。"毛传："入曰振旅，复长幼也。"孔颖达疏引孙炎曰："出则幼贱在前，贵勇力也；入则尊老在前，复常法也。"故训以"出""入"解释，揭示了它们的区别性特征，两个被训词的概念相反。

二　用反义训语类比释义

第一，被训词用短语训释，内含反义词。

山东曰朝阳，山西曰夕阳，随日所照而名之也。（《释名·释山》）
杀物非为威也，生物非为仁也。（《庄子·大宗师》"凄然似秋，暖然似春"郭象注）
种之曰稼，敛之曰穑。（《诗经·魏风·伐檀》"不稼不穑"毛

传)

  鸟之雌雄不可别者，以翼右掩左，雄；左掩右，雌。（《诗经·小雅·白华》"鸳鸯在梁，戢其左翼"郑玄笺）
  逆流而上曰溯洄，顺流而下曰溯游。（《尔雅·释水》）

  前四例的训语中，各含一组反义词。第一组，"朝阳""夕阳"的训语中有"东""西"。第二组，"威""仁"的训语含有"杀""生"。第三组，"稼""穑"的训语中有"种""敛"。第四组，"雌""雄"的训语含有"左""右"。最后一组，《尔雅》释"溯洄""溯游"，训语中有两组反义词：逆流/顺流，上/下。
  第二，描述的语义相对或相反。

  雩，得雨曰雩，不得雨曰旱。（《春秋·僖公十一年》"秋八月大雩"谷梁传）
  未可与言而言谓之傲，可与言而不言谓之隐。（《荀子·劝学》）
  是是非非谓之知，非是是非谓之愚。（《荀子·修身》）
  从命而利君谓之顺，从命而不利君谓之谄；逆命而利君谓之忠，逆命而不利君谓之篡。（《荀子·臣道》）
  不可学，不可事而在人者，谓之性；可学而能，可事而成之在人者，谓之伪。是性伪之分也。（《荀子·性恶》）
  进酒于客曰献，客答之曰酢。（《诗经·大雅·行苇》"或献或酢，洗爵奠斝"郑玄笺）

  前五组被训词的训语，其中的一个用"不""未""非"来否定另一个被训词的训语。例如，第一组，"雩""旱"的训释结构有相同的部分："得雨"。"旱"的训语前再加"不"表示否定。末一组，没有否定词表述的语义相对或相反。

三　连用的反义词作为整体来类比释义

  文献中的反义词连用，训诂学者不分别解释每个词的意义，而是把它们作为一个短语来解释，训语中的词两两相对，构成反义关系。

本末，终始也。（《左传·庄公六年》"夫能固位者，必度于本末，而后立衷焉"杜预注）

昼夜者，昏晓之辨也。（《宋史·戚同文列传》）

臧否，谓善恶得失也。（《左传·隐公十一年》"师出臧否，亦如之"杜预注）

是消息犹消长也。（扬雄《方言》二"馓、喙、吚，息也"钱绎笺疏）

《尔雅·释诂》："适，往也。"然则适复犹往复也。（《庄子·在宥》"挈汝适复之挠挠，以游无端"俞樾曰）

前三例训释一组反义词。第一例，"本末"释以"终始"，"本"对应"始"，"末"对应"终"，"终""始"意义相反。第二例同理。第三例，"臧"对应"善""得"，"否"对应"恶""失"，训语内含两组反义词。后两例只训释反义词中的一个词。"消息"释作"消长"，"长"对应"息"，意义相同，"消""长"意义相反。最后一例，俞樾先以同义词"往"释"适"，再以"往复"释"适复"，"往""复"意义相反。

上述反义词的类比释义，比较了两个词义位的相反或相对。除此以外，还有一种情况比较特殊，就是单个词利用反义词来训释，我们也把它归入反义词类比释义的范畴。主要有两种形式。

其一，直接指明与何词相对或相反。

昼，日之出入，与夜为界。（《说文·昼部》）

面，与背为反对之称。（《说文·面部》"面"字段玉裁注）

甘，与苦，古以相反为义。（《诗经·卫风·伯兮》"甘心首疾"马瑞辰传笺通释）

"昼"，《说文》徐灏注笺："自日出至日入，通谓之昼，故云日之出入，与夜为界也。"许慎指出"昼""夜"为界，意义相反。"面"，面向。段玉裁释与"背"相反。第三例，马瑞辰明确说明"苦"与被训词"甘"的意义相反。

其二，以否定副词"不""非"否定的方法训释。

这一类是在反义词前加"不（非）"，通过否定反义词来释义。

蠢，不逊也。（《尔雅·释训》）

　　僞谓之扰，扰，不安也。（《方言》卷九）

　　日，实也。太阳之精不亏。（《类篇》卷十九）

　　丏，不见也。（《类篇》卷二十五）

　　昧，不明也。（《六书故》卷二）

　　薎，昏，不明也。（《六书故》卷二）

　　钝，不利也。（《六书故》卷四）

　　浊，不清也。（《六书故》卷六）

　　参，参差，不齐也。（《六书故》卷八）

　　假，非真也。（《说文·人部》）

　　为什么这两种形式也属于类比释义呢？这是由利用反义词训释的作用决定的。关于它的释义效果早已被专家所认可，刘叔新先生曾指出："把反义关系引入释义之中，说明词在某个意义上同一定单位形成反义现象，这是释义手段的扩展和丰富，能从相反的对比这个侧面透彻地表明意义的实质和特点，同时揭示出词在某个意义上与别的词语单位的关系。当然，释义的这种新手段是完全应该肯定的。"① 利用反义词训释体现了类比释义的本质特征：对比性。直接以反义词训释被训词是不可能的，反义词必须与其他词搭配，方能解释被训词。反义词两两相聚，通过训语，大致描述说明了训词与被训词的对立关系，也即非此即彼的语义关系。所以虽然是单个词的训释，但联系到训语中的反义词，也就间接构成了类比释义的关系。

　　利用反义词的否定训释，在释义方面显示出一定长处，最明显的是避免了循环释义。《说文》中约四十多处采用了这种训释方法。例如，"'此，不彼也'，则'彼'另有训解，而并不反过来又'彼，不此也'。这就避免了王力先生早年在《理想的字典》中指出的同义词互训和递训的缺点"②。在《说文》中，被训词的反义词用其他方法训释。如《止部》："翜，不滑也。"③ 又，《水部》："滑，利也。"则知"翜"与"滑"意义

---

① 刘叔新：《释义中的相对和反义关系》，《辞书研究》1982年第2期。
② 杨荣祥：《〈说文〉中的"否定训释法"》，《古汉语研究》1994年第3期。
③ "翜"，即"澀"。《说文解字诂林·后编》："《说文》无'澀'字。《止部》：'翜，不滑也。从四止，色立切。'即'澀'字。"参见丁福保《说文解字诂林》16册，中华书局1988年版，第14838页。

相反。通过"滑"的释义,还能更深入地掌握"涩"的意义。《说文》以后沿用了这种训释形式。

  少,不多也。(《玉篇·小部》)
  多,众也,重也,大有也。(《玉篇·多部》)

"少"表示"不多",《玉篇》又在另一处以同义词、义界式训释"多",那么"少"也是"众""重"的相反义,也表示"少有"。

反义词的两个成员,或为互补对立关系,非 A 即 B,非 B 即 A,无中间的过渡义域。如生—死、实—亏。或为极性对立关系,非 A 不一定是 B,非 B 不一定是 A,有中间的过渡义域。如多—少、钝—利。人们认知这些词语,已经形成了非此即彼的思维习惯。训诂中对这两类词的表述形式没有区别,都很简洁。

利用反义词的否定训释法在当代产生了深远的影响,现代辞书引进反义词,使用非常普遍。以《汉语大字典》为例:

  党,不鲜明。
  斜,不正,偏侧。
  淡,味道、颜色、光线等清淡,不浓烈。
  大,在面积、体积、容量、数量、力量、强度、年龄、重要性等方面超过一般或超过所比对象。与"小"相对。
  小,细,微。与"大"相对。
  少,数量小,与"多"相对。
  多,数量大,与"少"相对。

第一例训释"党",《说文·黑部》:"党,不鲜也。"《汉语大字典》直接继承了《说文》的训释。第二、三例以否定训释作为释义之一种,同样沿用了故训。《玉篇·斗部》:"斜,不正也。"《说文·水部》:"淡,薄味也。"段玉裁注:"浓之反也。"第四、五例与第六、七例各是两对反义词:"大""小","少""多"。"少"之故训见前例。"小"之故训释作"不大也"(《论语·八佾》"管仲之器小哉"皇侃疏)。《汉语大字典》在每处都列出反义词,汲取了古代反义词释义的传统。

多义词能在多个义位上与其他词构成反义关系，释义者在相反义位上进行训释。

  贱，价少也，卑下也，不贵也。(《玉篇·贝部》)
  贵，高也，尊也，多价也。(《玉篇·贝部》)

《玉篇》训释"贱"，集义界、直训、否定训释于一条。"贱"的本义为"价少"，引申指地位"卑下"。"贵"的本义指"多价"，引申指地位"尊"（高）。"贱"释作"不贵"，包括"价少""卑下"两重意义，则知"贱""贵"分别在它们的本义、引申义上构成相反关系。

反义词的各种释义，多不对词义内部的义素进行分析，或完整地训释反义词的概念（如第一种），或以否定义位的形式训释被训词，这印证了反义词的聚合标准是上位词，而其区别在于完整义位的不同。同义词的两项类比是在同一个意义范畴内词义成分具有反义关系，这是义素的不同。我们把反义词的类比释义与相关的同义词类比释义放在一起，在表述方面要注意分辨。

  下，《说文》作丅。丅，底也，反丄为丅……今文作下。(《正字通·一部》)
  上曰衣，下曰裳。(《诗经·齐风·东方未明》"东方未明，颠倒衣裳"毛传)

前一例，"下"，低处，底部。《正字通》云"反丄为丅"，即说明与"上"的义位相反，构成反义关系。后一例，"衣""裳"的区别在于上、下相反，是不是反义词呢？《五经正义》云："此其相对定称，散则通名曰衣。《曲礼》曰：'两手抠衣去齐尺。'注云：'齐，谓裳下缉也。'是裳亦称衣也。""衣""裳"散则指衣服。对文时，形制完全不同。"上""下"是"衣""裳"的附加性义素，所以"衣""裳"构成同义关系。两例训释不同，一个着眼于义位，一个着眼于义素。

  礼者，谨于治生死者也。生，人之始也；死，人之终也。(《荀子·礼论》)

《曲礼》曰："生曰父、曰母、曰妻，死曰考、曰妣、曰嫔。"析言之也。《释亲》曰："父曰考，母曰妣。"浑言之也。（《说文·女部》"妣，殁母也"段玉裁注）

第一例，"生""死"以人的生死为上位概念，都指相同的对象：人。附加性义素为"始""终"。训语解释了"生""死"完整的概念，表明两词构成互补对立关系。第二例，《说文》段注列举了三个语义场："父""考"，"母""妣"，"妻""嫔"。三组词意义相同，释例比较了同中之异。各组均表示同一对象，或为父亲、或为母亲、或为妻子，这是同义词的相同义，即"浑言"。区别为状态不同，"生""死"是各词义内部的附加性义素，是"析言"。

正确认识同义词的释义，有助于辨清相关的多组词中的反义关系，并与同义词区别开来。蒋绍愚认为，有时一对词是否构成反义关系，"这和人们对词的使用情况有关"。他举例说，"仆""偃"本来是反义词，但宜视作同义词。从古代的文献使用以及训诂释义看，是当成了同义词。而另一对词"仰""伏"，实际上跟"偃""仆"并无区别。"偃""仰"双声。《广雅·释言》："偃，仰也。""伏""仆"实为同源词。而人们都把"仰""伏"视作反义词。两对词的使用情况相反，是由语言习惯造成的。①

我们认为，根据"语言习惯"来分析"仆"和"偃"、"仰"和"伏"，比较含混。故训准确解释了这几个词的意义。

"仆"，向前（面向下）倾倒。"偃"，向后（面向上）跌倒。以下是故训：

偃，犹仆也。（《仪礼·乡射礼》"东面偃旌"郑玄注）
偃，仆也。（《论语·颜渊》"草上之风必偃"何晏集解）
仆，前覆为仆，后仰曰偃。（朱骏声《说文通训定声·需部》）

三条释例运用词义的准等值训释，表明"偃""仆"是同义关系，都表示"倒"，区别在于跌倒的方式不同，"面向上""面向下"仅是次要的理性意义。《吴越春秋》："要离谓吴王夫差曰：'臣迎风则偃，背风则

---

① 参见蒋绍愚《古汉语词汇纲要》，北京大学出版社1989年版，第134—135页。

仆。'"蒋先生以为该例"偃""仆"为反义词，不妥。我们以为"偃""仆"对举，两词的核心意义仍是"倒"，"迎风""背风"表示两词的倒下方式，也即义位内部相反的义素不同，这实为"析言则别"。

"仰""伏"与"偃""仆"相对。"仰"与"偃"、"伏"与"仆"各构成同义关系。试看以下故训：

偃，仰也。（《墨子·备穴》"令陶者为月明，长二尺五寸，六围，中判之，合而施之内中，偃一覆一"孙诒让间诂引毕云）

伏谓之仆。（《玄应音义》卷二十四"偃仆"注）

"仰"，脸向上。这是"仰"向后倾倒的引申义。《说文·人部》："偃，僵也。"段玉裁注："凡仰仆曰偃，引伸为凡仰之称。"《广韵·养韵》："仰，偃仰也。"释例解释了"仰"的引申义。《左传·定公十五年》："夫礼……将左右周旋，进退俯仰，于是乎取之。""俯仰"，前俯后仰。《周易·系辞上》："仰以观于天文，俯以察于地理。""俯"，与"伏"同义。"俛，伏也。青州谓伏为俛。"（《淮南子·时则》"蛰虫咸俛"高诱注）"俛"，同"俯"。由此，"伏"与"仰"意义相反，表示面向下。这类例子还有，如《列子·黄帝》："仰飞伏走，谓之禽兽。""伏"，面向下，与"仰"构成反义词。

"偃""仰"与"伏""仆"两组既是同义词，也是同源词。同源词与同义词的本质概念不同。从同义词角度看，"偃""仰"都表示脸向上。"伏""仆"都表示脸向下。上述文献用例中，"偃""仆"都表示倒下义，是同义词。"仰"没有表示倒下的文献用例。"仰""伏"只是在"面向上""面向下"两个义位上构成反义词。故训通过同义训释的方式，实际揭示了两组不同的反义、同义关系。

古汉语反义词是一个比较丰富的聚合体，古代典籍如《尚书》《周易》《诗经》《老子》《论语》《孟子》《荀子》《韩非子》等八部典籍，收录反义词296对。[1] 从训诂释义角度看，反义词与同义词比起来，数量要少得多。如许慎第一个比较系统地利用否定反义词的方式释义，约解释了40

---

[1] 饶尚宽：《先秦单音反义词简论》，《新疆师范大学学报》1994年第3期。

组反义词,① 而段玉裁《说文解字注》辨释的同义词达230组。② 训诂中反义词释义的规模远远不及同义词。同义词的辨释系统以《尔雅》为代表,非常完善,而反义词的类比释义系统,仅散见于各类训诂中。如:

> 对文则飞曰雌雄,走曰牝牡;散则可以相通。(《诗经·齐风·南山》"南山崔崔,雄狐绥绥"孔颖达疏)

"雌""雄"与"牝""牡"各为两组反义词,两组的"同"为性别,"异"为"飞""走"。像这样,反义词的释义系统建构还谈不上。古人对反义词的类比释义没有形成一定的规模,还没有一部专门训释反义词的词典。这有多方面原因。就聚合内部成员看,同义词呈开放性,成员的数量最少两个,多则达十几个。反义词则呈现半封闭状态,内部成员可以变化,但始终是两两对应。这在释义方面,就造成了差异。一个词的训释可以自由选择同义伙伴,表达比较灵活。而用否定训释,就只能是一个,表达单一。反义词的数量不及同义词多,从实用角度看,以一个训词训释多个意义相同的词,由已知到未知,能大大提高认知效率。而反义词只能以一训一,认知效率就低。古汉语反义词的主体是一般词语;同义词既有一般词语,也有名物词。训诂以名物词为主,所以反义词的类比释义规模较小。

第四节 类义词的训释

类义词有广义与狭义之分,我们在本节研究的是狭义的类义词,③ 即

---

① 参见杨荣祥《〈说文〉中的"否定训释法"》,《古汉语研究》1994年第3期。
② 参见钟明立《段注同义词研究》第一章,博士学位论文(稿本),浙江大学,1999年。
③ 邢福义说:"类义词有广义和狭义之分。广义的类义词指属于同一个语义场、表示同类概念的所有的词,包括上下义词、同义词、反义词和狭义的类义词。一般类义词典的'类义词'就是指广义的类义词。狭义的类义词指属于同一个语义场、表示同类概念,而没有上下义、同义或反义关系的一组词。"(邢福义:《现代汉语》,高等教育出版社2002年版,第219页)这是邢先生根据现代汉语词语的实际情况所下的定义。我们从训诂释义的角度,研究狭义的古汉语类义词。

属于一个语义场，表示同类概念的一组词，相互间没有同义或反义关系。类义词的类比释义体现了类聚与比较的特性。

类义词与同义词的训释形式没有什么区别，但释义内容却迥然不同。类义词以义素为类聚标准，关系较同义词、反义词松散。词义的差异或表现在义位的不同，或表现在区别性特征的不同。类义词的求同，有时体现了逻辑标准，有时体现了古人的主观认识。类义词的辨异，远不及同义词那样深入细致。有的是直接说明义位，有的是直接说明区别性特征。

类义词通过类比释义，表述了词义的多种关系，下面一一述之。

一　共类关系

义类中同层次的词叫共类词，构成共类关系或同级分类关系。X_1 和 X_2 是 Y 中的同类。释义者往往把一系列有共类关系的词类聚在一起，形成许多范畴。在这些范畴内，分别训释每个词，从而比较被训词的多种语义关联关系，显示出它们在结构中的价值。举例如下。

方式：

鸡栖于弋为榤，凿垣而栖为埘。(《尔雅·释宫》)
徒鼓瑟谓之步。徒吹谓之和。徒歌谓之谣。徒击鼓谓之咢。徒鼓钟谓之修。徒鼓磬谓之寋。(《尔雅·释乐》)

对象：

瓜曰华之，桃曰胆之，枣李曰疐之，樝梨曰钻之。(《尔雅·释木》)
牛曰齝，羊曰齥，麋鹿曰齸。(《尔雅·释兽》)

部分：

食苗心螟，食叶蟘，食节贼，食根蟊。(《尔雅·释虫》)
谷之始生曰苗，吐花曰秀，成谷曰实。(《论语·子罕》"苗而不秀者有矣夫！秀而不实者有矣夫"朱熹注)

地域：

大平之人仁，丹穴之人智，大蒙之人信，空桐之人武。(《尔雅·释地》)

岠齐州以南戴日为丹穴。北戴斗极为空桐。东至日所出为大平。西至日所入为大蒙。(《尔雅·释地》)

水自河出为灉，济为濋，汶为灛，洛为波，汉为潜，淮为浒，江为沱，濄为洵，颍为沙，汝为濆。(《尔雅·释水》)

形态：

断木为杵，掘地为臼。(《周易·系辞下》)
兽曰衅。人曰挢，鱼曰须，鸟曰昊。(《尔雅·释兽》)
鳖三足曰能，龟三足曰贲。(《论衡·是应篇》)

二　序列关系

训释两个以上的被训词，训释部分表述了这些词呈序列状的差异，主要有以下几类。

其一，时间序列。既有泛时序列，如过去—现在—将来；还有具体的时序，包括年序、季序、月序、日序、时序、朝代序等。也有事情发生的先后顺序。

春为青阳，夏为朱明，秋为白藏，冬为玄英。(《尔雅·释天》)
正月为陬，二月为如，三月为寎，四月为余，五月为皋，六月为且，七月为相，八月为壮，九月为玄，十月为阳，十一月为辜，十二月为涂。(《尔雅·释天》)
甲子旬戌亥，甲戌旬申酉，甲申旬午未，甲午旬辰巳，甲辰旬寅卯，甲寅旬子丑，谓之旬中空亡。(《资治通鉴·唐太宗贞观十五年》"宋武帝禄与命并当空亡"胡三省注)
朔、望、朏、霸，纪于月者也。(戴震《迎日推策记》)
太岁在寅曰摄提格，在卯曰单阏，在辰曰执徐，在巳曰大荒落，

第六章 类比释义

在午曰敦牂，在未曰协洽，在申曰涒滩，在酉曰作噩，在戌曰阉茂，在亥曰大渊献，在子曰困敦，在丑曰赤奋若（《尔雅·释天》）

其二，空间序列。有线性序列，如源头—上游—中游—下游—河口。还有物体、人体序列，如山顶—山腰—山脚。也有位置序列，如东—西—南—北、内—外等。

五雉，雉有五种：西方曰鷷雉，东方曰鶅雉，南方曰翟雉，北方曰鵗雉，伊洛之南曰翬雉。（《左传·昭公十七年》"五雉为五工正"杜预注）
牖户之间谓之扆，其内谓之家。（《尔雅·释宫》）
缁广充幅长寻曰旐。继旐曰旆。（《尔雅·释天》）
河南华，河西岳，河东岱，河北恒，江南衡。（《尔雅·释山》）

其三，次第序列。包括数量、数位及其他顺序。

宫谓之重，商谓之敏，角谓之经，徵谓之迭，羽谓之柳。（《尔雅·释乐》）
鱼枕谓之丁，鱼肠谓之乙，鱼尾谓之丙。（《尔雅·释鱼》）
纪于一，协于十，长于百，大于千，衍于万。（《汉书·律历志上》）

第一例，"宫""商""角""徵""羽"表示中国古代的五声音阶。该条按照音阶顺序类比释义。第二条，鱼头骨形状如丁字，故称为"丁"。鱼肠形状如乙字，故称为"乙"。鱼尾形状如丙字，故称为"丙"。"丁""乙""丙"按照身体由前至后的顺序类比释义。

其四，等级序列。包括位衔、军队编制、计量、亲属等。

凡觞，一升曰爵，二升曰觚，三升曰觯，四升曰角，五升曰散。（《礼记·礼器》"宗庙之祭，贵者献以爵，贱者献以散"郑玄注）
四秉曰筥，十筥曰稯，十稯曰秅，四百秉为一秅。（《仪礼·聘礼》）

五版为堵，五堵为雉。(《礼记·儒行》"儒有一亩之宫，环堵之室"郑玄注)

五人为伍，五伍为两，四两为卒，五卒为旅。(《周礼·地官·小司徒》)

父之弟曰仲父，仲父之弟曰叔父，叔之弟曰季父。(《释名·释亲属》)

以时长幼，号曰伯仲叔季也。伯者，子最长，迫近父也。仲者，中也。叔者，少也。季者，幼也。(班固《白虎通义·姓名》)

(御史台)其属有三院：一曰台院，侍御史隶焉；二曰殿院，殿中侍御史隶焉；三曰察院，监察御史隶焉。(《新唐书·百官志三》)

三　总分关系

或者多个被训词是种，训词词义表示类属义，构成种属关系；或者训词表示事物的整体，其他一系列被训词表示这个事物的一部分，构成整体与部分的关系。

寿星，角、亢也。(《尔雅·释天》)

五兵：矛、戟、钺、楯、弓矢。(《谷梁传·庄公二十五年》"天子救日，置五麾，陈五兵五鼓"范宁注)

八音：金、石、丝、竹、匏、土、革、木。(《尚书·舜典》"三载，四海遏密八音"孔传)

钩、堂、考、房、斗、能，皆星名。(《易纬是类谋》"皇观钩、堂、考、房、斗、能"郑玄注)

前三例的被训词都是种。首条，"寿星"，十二星次之一。"角""亢"二宿在其中。第二条，"五兵"是被训词，训词"矛""戟""钺""楯""弓矢"是"五兵"的一部分。第三条，"八音"，中国古代对乐器的统称，通常为金、石、丝、竹、匏、土、革、木八种不同质材所制。"八音"是被训词，八个训词分别是"八音"的一部分。第四条，"钩""堂""考""房""斗""能"都是被训词，以"星名"释之，各个被训词都是其中之一。

四 连及关系

当训释某个词时，牵连涉及相关的词，也对相关的词进行训释，这些被训词之间构成连及关系。

亢，鸟咙。其粻，嗉。(《尔雅·释鸟》)
兔子，娩。其迹，远。(《尔雅·释兽》)
鸟鼠同穴，其鸟为鵌，其鼠为鼷。(《尔雅·释鸟》)
四方高曰台，加木曰榭。(《淮南子·精神》"今高台层榭"高诱注)
老而无妻曰鳏，老而无夫曰寡；老而无子曰独，幼而无父曰孤。(《孟子·梁惠王上》)

第一例，"亢"，喉咙。《尔雅》又连带训释了"嗉"，表示嗉囊。郭璞《尔雅注》："嗉者，受食之处，别名嗉。今江东呼粻。"由于这两个部分相连，所以在一条中训释。训者在训语中用"其"把两个被训词联系在一起，强调了类比释义关系。第二例，训者由训释"娩"，又连带训及"远"，这是由幼兔联系到它的足迹。训者用"其"，将两个被训词联系起来。第三例，"鸟鼠同穴"，山名。在今甘肃渭源县西南。山中有鸟鼠同居一穴的现象。郭璞《尔雅注》："穴入地三四尺，鼠在内，鸟在外。今在陇西首阳县鸟鼠同穴山中。""鵌""鼷"本表示两类动物，但因它们在"鸟鼠同穴"山共处一穴，所以连带而释义。训者用"其"把两类动物与"鸟鼠同穴"山连在一起，形成类义词的相似点。第四例，"台""榭"表示两种不同的建筑。训者通过"加木"这样的表述，比较了两词的词义差别。最后一例，共有四个被训词，"鳏""寡""独"是同义词，"孤"是连及而训的词。四个被训词都表示人失去直系亲属，所以置于同条类比释义。这类类义词虽然有时缺乏逻辑关系，但其训释结构是由人们日常的表达习惯而形成的，连及释义能在有限的篇幅内最大化地帮助读者快速掌握词义，释义同样会很精彩。上述"鳏""寡""独""孤"，类比释义简单易懂,"咱们现在如果要解释这四个字,也不能比《孟子》说得更明白"①。

类义词的类比释义,分求同与辨异两项。主要有以下三种情况。

其一,只求同,不辨异。

这类用于训词训释被训词,揭示总分关系。

  伍、两、卒、旅、师、军,皆众之名。(《周礼·地官·小司徒》"五卒为旅"郑玄注)

  掌六祈以同鬼神示:一曰类,二曰造,三曰禬,四曰禜,五曰攻,六曰说。(《周礼·春官·大祝》)

  觚竹、北户、西王母、日下,谓之四荒。(《尔雅·释地》)

  弧、旌、枉、矢,皆星名。(《文选·张衡〈西京赋〉》"弧旌枉矢"吕延济注)

第一例,"众",军队。郑玄以"众"训释"伍""两""卒""旅""师""军",五个被训词表示不同编制的军队单位。被训词与训词"众"构成种属关系。第二例,"类""造""禬""禜""攻""说"都是祭名。训语训释了被训词的同类义。第三例,"四荒",四方荒远之地。郭璞《尔雅注》:"觚竹在北,北户在南,西王母在西,日下在东,皆四方昏荒之国,次四极者。"《尔雅》列举四个地名,都类属"四荒",构成总分关系。第四例,"弧""旌""枉""矢"表示四个星名,用"星"训释,构成种属关系。

还有一类是只列出一系列词,暗释该条是类义关系。

  徒骇、太史、马颊、覆釜、胡苏、简、絜、钩盘、鬲津。(《尔雅·释水》)

  一曰神龟,二曰灵龟,三曰摄龟,四曰宝龟,五曰文龟,六曰筮龟,七曰山龟,八曰泽龟,九曰水龟,十曰火龟。(《尔雅·释鱼》)

第一条所列为古黄河下游九条河流的名称,并称"九河"。第二条,

---

① 王力:《理想的字典》,载《龙虫并雕斋文集》(第一册),中华书局1980年版,第347页。

古注以为是对《周易·损》"十朋之龟"的解释,都指神龟。邢昺《尔雅疏》:"龟之最神明者也。"《尔雅》把这两组词类聚成条,暗释为同一义类。

其二,只辨异,不求同。

类义词有的训释完整的概念,以示区别。

二足而羽谓之禽,四足而毛谓之兽。(《尔雅·释鸟》)
讳死谓之大行,死而复生谓之苏,疾甚谓之阽。(《小尔雅·广名》)

第一条,以语训的方式,揭示了"禽""兽"的义位。第二条,训语训释了"大行""苏""阽"每个词的义位。

有的训释区别性特征,反映了词的义位不同。

江有沱,河有灉,汝有濆。(《尔雅·释水》)
鸟曰嗉。寓属曰嗛。(《尔雅·释兽》)

第一条,长江有支流沱水,黄河有支流灉水,汝水有支流濆水。"江""河""汝"训释了被训词"沱""灉""濆"的区别性特征。"嗉",鸟类喉咙下装食物的地方。"嗛",猿猴、鼹鼠之类的颊囊。两词都表示动物的囊袋,训者只比较了它们的类别不同,这是两词的区别性特征不同。

其三,既求同,又辨异。

训释类义词的义位,显示出词义的差别,相同的义素内含于义位的说明中。

母之考为外王父,母之妣为外王母。母之王考为外曾王父,母之王妣为外曾王母。(《尔雅·释亲》)
父之党为宗族,母与妻之党为兄弟。(《尔雅·释亲》)
鹑子,鴲。鴽子,鸋。雉之暮子为鹨。(《尔雅·释鸟》)
棘之实谓之枣,桑之实谓之葚,柞之实谓之橡。(《小尔雅·广物》)

训诂释义研究

第一例，同类义都有"母"，训释词语表述了被训词的义位不同。第二例，同类义为"党"，释义表明"宗族""兄弟"的义位不同。第三例，同类义为"子"。"鴚"，小鹌鹑。"鷚"，鹌鹑类小鸟。"鷃"，晚生的幼雏。训语表明这三个词的义位不同。第四例，"棘"为酸枣树，酸枣为枣树之一种，其果实为"枣"。"椹"，桑树的果实。"橡"，栎实。《正字通·木部》："橡，同样，栎木一种，结实者名栩，其实为橡。"训语中都含"实"，表示该组词的同类义，各词的对象不同。

类义词的释义系统最简单的是两项类比，比较复杂的是多项类比。在训诂专书中，训者还习惯于在同义词类比释义的基础上再构建类义词的类比释义系统，有时是上下层级的关系，有时是交叉关系。我们以《尔雅》类书为例略作分析。

第一种，训者把同义词的多条释义组合在一起，被训词构成类义关系。通观整条训释就构成类义词的类比释义系统。

> 珪大尺二寸谓之玠。璋大八寸谓之琡。璧大六寸谓之宣。（《尔雅·释器》）
>
> 弓有缘者谓之弓，无缘者谓之弭。以金者谓之铣，以蜃者谓之珧，以玉者谓之珪。（《尔雅·释器》）
>
> 南风谓之凯风，东风谓之谷风，北风谓之凉风，西风谓之泰风。（《尔雅·释天》）

第一例，由三个词条构成，形成三组同义词："珪""玠"，"璋""琡"，"璧""宣"。三组同义词均在大小范畴内辨异。把这三个词条联系起来，又构成一组类义词："玠""琡""宣"。"玠""琡""宣"的训语里有"珪""璋""璧"。"珪"，古代帝王、诸侯所执的长形玉版，上圆或尖，下方，用作凭信。"璋"，瑞玉，状如半圭，古代朝聘、祭祀、丧葬、治军时用作礼器。"璧"，玉器名，扁平、圆形、中心有孔，边阔大于孔径，古代贵族用作朝聘、祭祀、丧葬时的礼器，也作佩带的装饰。从"珪""璋""璧"看出"玠""琡""宣"的意义不同，这又构成一个类比释义系统。第二例，有两组同义词："弓""弭"，"铣""珧""珪"，词条的开头用"弓"解释两组词的相同义。也因为有"弓"，表明训者比较训释这五个词，两组词构成了类比释义的关系，词条首的"弓"表示五个词的同类义,每个词训释了它们的义位差异。第三例。有四组同义词:"南风""凯风","东风""谷风","北风""凉风","西风""泰风"。每组都是等义词。被训词"凯风""谷风""凉风""泰风"形成一组类义词,释义揭示了空间序列关系。

第二种,类义词内部还夹杂着同义词。这构成同义词与类义词的混合交叉释义系统。

> 宫中之门谓之闱,其小者谓之闺。小闺谓之閤。衖门谓之闳。(《尔雅·释宫》)
> 荷,芙蕖。其茎茄,其叶蕸,其本蔤,其华菡萏,其实莲,其根藕,其中的,的中薏。(《尔雅·释草》)
> 小船谓之艇,艇之小者曰艀。船头谓之舳,尾谓之舻。楫谓之桡。(《小尔雅·广器》)

首条有两组同义词:"闱""闺","闺""閤"。前一组训语中的"宫中之门"表明相同义为王宫内的侧门,"闱""闺"大小不同。后一组"闺""閤"都表示门旁小门,大小不同。在这两组同义词后,训者还连及训释了"闳"。通观全条,训者共解释了四个词:"闱""闺""閤""闳"。它们都属于门类,各词的义位都不同。

第二例,"荷"与"芙蕖"形成一组同义词。该条"芙蕖"是整体。后面一系列被训词"茄""蕸""蔤""菡萏""莲""藕""的""薏"等都是"芙蕖"的一个组成部分。注释者在训释中反复使用"其",表示荷花,用这样的表述强调了被训词与前面训词"芙蕖"的总分关系。最后一个被训词"薏"的训语中用"的",表示莲子,强调了被训词"薏"与前面的被训词"的"的总分关系。它们相对于"芙蕖"与其他被训词的关系,属于次一级的种属关系,但仍属于"芙蕖"类这个总的释义系统。

第三例,有两组同义词:"艇""艀";"楫""桡"。前一组都表示船。后一组都表示船桨。训者还连及训释了"舳""舻"。这两个词与两组同义词组成"船"类的类比释义系统。

·197·

第七章　训诂释义语言

　　训释语言不同于一般的交际语言，在"训释环境"中呈现出独特的面貌与性质。这在很大程度上取决于训释语言有其特殊功能。训诂释义通过适当的语言来训释词语，准确、恰当地选择训释语言是准确释义的必要条件。围绕"准确释义"这一基本宗旨，训释语言从构成形式、表达方式到语义特征都有独特之处。本章探讨训释语言的功能、结构、风格，也分析它的语义特征。

第一节　训释语言的功能

　　训诂学的功用，古代学者强调是为解经。[①] 现代学者以为一是"研读古书"，二是"探讨语言"，[②] 训诂学在古代主要是经学的附庸，故其功用以前者为主，后者为辅。训诂释义针对的语言材料千差万别，同时，其本身的种类也不同。因此，训释语言存在不同的"变体"——为适应不同性质的释义需要而存在的子系统。但基本的，训释语言具有什么样的功能呢？我们以为训释语言以"释"为核心，具有强大的释义功能。

[①] 例如，清戴东原在《古经解钩沈序》中说："士生千载后，求道于典章制度，而遗文垂绝，今古悬隔，时之相去，殆无异地之相远，廑廑赖夫经师故训乃通……后之论汉儒者，辄曰故训之学云尔，未与于理精而义明。则试诘以求理义于古经之外乎？若犹存古经中也，则凿空者得乎？乌乎！经之至者道也，所以明道者其词也，所以成词者，未有能外小学文字者也。由文字以通乎语言，由语言以通乎古圣贤之心志，譬之适堂坛之必循其阶而不可以躐等。"他强调训诂是研读古籍的阶梯，非常恰当。

[②] 齐佩瑢：《训诂学概论》，中华书局2004年版，第29页。

第七章 训诂释义语言

本节讨论的是采用语文义训释的语言。训释语言从训释对象、释义的难易程度、面向的读者群等方面都有明显的倾向性,显示了其功能的基本属性。

第一,训释功能是有限的。

训诂中通常解释的是语文词语,即用于交际的词语。与此相应,训释语言来自共同的民族交际语,采用其中的主要部分、基础部分、核心部分,也就是基本词。用这些词语表示具有事物或现象本质特征的基本意义。"在一般训诂中,基本词经常作为解释其它各种词语的训释词,它们本身往往不作为主要的训释对象。""如果基本词还是需要加以解释的时候,像《说文》那样每字必释其义的场合,则用基本词训释基本词之例,采取同义为训、反义否定为训、相关义为训、本字为训以及同音为训(即以同源词为训)等的方式。"① 训诂中常见的以通语释方言,以今释古,以俗释雅,多是以基本词解释非基本词。

在用基本词的释义系统中,基本词是就其某一个义项而言的。

《尔雅·释宫》:"宫谓之室,室谓之宫。"

《诗经·召南·采蘩》:"于以用之,公侯之宫。"毛传:"宫,庙也。"

《诗经·大雅·云汉》:"不殄禋祀,自郊徂宫。"郑玄笺:"宫,宗庙也。"

例句中的"宫"表示两个义项。"宫"的本义表示古代对房屋、居室的通称。《尔雅》"宫""室"构成互训,"宫"是基本词,用作训词。毛亨与郑玄分别释"宫"为"庙""宗庙",这是"宫"的引申义。"宫"只能充当一般词,用基本词"庙"或"宗庙"来解释。

训诂释义中的基本词大多很稳定,而少量词具有时代性,其变化与古汉语词汇的发展密切相关,主要表现在词语的结构发生了变化。

《说文·𨸏部》:"陒,塞也。"《广韵·卦韵》:"陒,阻塞。"

---

① 张世禄:《从训诂学上来看古汉语的基本词》,载《张世禄语言学论文集》,学林出版社1984年版,第574—575页。

《说文·辵部》:"随,从也。"《玉篇·辵部》:"随,随从也。"

"阢"在《说文》中以"塞"解释,表明汉以前它是基本词。《广韵》中以"阻塞"解释,说明中古时,它是基本词。第二例,训释词由"从"变为"随从",从上古到中古,顺应了时代的变化,选择同时代的基本词。

由基本词构成的训释语言具有比较严格的限制,它们形成一个自足的语文性释义系统,基本满足了解释被训词词义的需要。以基本词构成的训释语言并不能适应所有的被训词,它主要限于语文词的释义范围内,对于专业词语释义,一般不适用。

用基本词训释体现了语文词释义的性质。与基本词相对的是专用术语。以专用术语可构成一个专业释义系统,与以基本词构成的释义系统具有不同的特点。训诂中的专用术语仅限于本知识范畴,多不能用来解释语文词语。譬如,《周易》中的八经卦,两两重复排列为六十四卦,卦名是:乾、坤、屯、蒙、需、讼、师、比、小畜、履、泰、否、同人、大有、谦、豫、随、蛊、临、观、噬嗑、贲、剥、复、无妄、大畜、颐、大过、坎、离、咸、恒、遁、大壮、晋、明夷、家人、睽、蹇、解、损、益、夬、姤、萃、升、困、井、革、鼎、震、艮、渐、归妹、丰、旅、巽、兑、涣、节、中孚、小过、既济、未济。这些都是用作占筮的哲学术语,不为一般读者所熟悉。对它们的释义属于哲学范畴。以其中的"坎"为例,它表示八卦之一,又为六十四卦之一,亦称习坎。坎象征险难,代表水,为北方之卦。试看古人的释义:

《周易·习坎》:"《彖》曰:'习坎,重险也。'"王弼注:"坎以险为用,故特名曰重险。"孔颖达疏:"两坎相重,谓之重险。"

《周易·说卦》:"坎者,水也。正北方之卦也,劳卦也,万物之所归也。"

"坎"的释义具有哲学意味,像"卦""劳卦"等是哲学术语,"险""水"是哲学用语。《周易》中,这些哲学概念的解释,均用哲学用语来表达,形成一个自足的哲学释义系统。若以语文类的基本词解释,很难讲清楚词的哲学内涵。语文性训释语言的功能在专业用语领域受到很大的限制。

古代的训诂专著列有百科词目，我们并不能因此就判断它是专业辞典。关键是要看训释语言的功能。譬如，《尔雅》前三篇收一般的语文词，训释词主要是基本词。后十六篇收百科类词语，训释语言用语文性的词语。如《释鸟》："二足而羽谓之禽。四足而毛谓之兽。""禽""兽"都没有用动物学方面的术语解释。训释语言的功能表明该书形成了以语文义的解释为主的系统。从此看该书还不具备百科辞典的性质。

第二，介绍的知识具有适当的深度与广度。

训诂释义或以词训词，或以语训词。不管是"词"，还是"语"，从语文角度说明，适合人们的认知程度。与此相对，从专业科学的角度解释就增加了难度，不易为一般读者所认识。一个词的训释目的不同，训诂学家会慎重选用词语，把握一个适当的尺度。我们以"乌芋"为例，有如下释义：

《广雅·释草》："芐菇，水芋，乌芋也。"

《通志·昆虫草木略第二》："乌芋曰藉姑，曰水萍，曰白地栗，曰河凫茨，曰槎牙。今人谓之茨菰。其叶曰剪刀，草曰燕尾草。"

《本草纲目·果部二·乌芋》："乌芋，其根如芋而色乌也。凫喜食之，故《尔雅》名凫茈，后遂讹为凫茨，又讹为荸脐。盖《切韵》凫、荸同一字母，音相近也……乌芋、慈姑原是二物，慈姑有叶，其根散生；乌芋有茎无叶，其根下生。气味不同，主治亦异。"又，"根，（气味）甘，微寒，滑，无毒。（主治）消渴痹热，温中益气。下丹石，消风毒，除胸中实热气。可作粉食，明耳目，消黄疸。开胃下食。作粉食，厚人肠胃，不饥。能解毒，服金石人宜之。疗五种膈气，消宿食，饭后宜食之。治误吞铜物。主血痢下血血崩，辟蛊毒。"

"乌芋"，荸荠的别名。《广雅》《通志》均解释了"乌芋"的异名。《通志》还解释了它的叶子的名称。《本草纲目》的解释分两大部分，前一部分说明"乌芋"的根、茎特征，说明得名之理据。后一部分介绍它的药用部分以及价值。很明显，《广雅》《通志》与《本草纲目》的前一部分是语文义的解释，具有常识性。《本草纲目》的后一部分是科学义的解释。这部分仅局限于医学范畴，训释语言具有解释医学术语内涵的功能。"乌芋"从此角度解释，正达到了该书的释义目的。"乌芋"在其他医古

· 201 ·

文中，训释语言也表现了同样的功能。《备急千金要方·食治》："乌芋，味苦甘，微寒，滑，无毒。主消渴痹热，益气。一名藉姑，一名水萍，三月采。"训释语言揭示"乌芋"的药理及药效，适合医者阅读。《本草纲目》《备急千金要方》这类医书的训释具有代表性，体现了专业术语训释的一般属性。

上述例子表明，语文义的释义语言与科学义的释义语言不同，前者讲述了普及知识，具有适当的深度与广度。后者所述超出了社会一般成员理解的深奥知识，不在通常的训诂释义范围内。训诂学家把这两类分开，使训释语言的不同功能得以在不同领域得到充分发挥。语文性的训释语言对专业术语的选择是慎重的，大多不纳入其中。当代的语文辞书，对古代的专业术语解释也如此。像上述的"乌芋"，《汉语大词典》择列了《本草纲目》的前一部分解释，不取后一部分。这是对传统释义语言功能的一种继承。对于专业书籍来说，词语的解释，并不一味地追求深奥，若能用语文性词语讲清楚的，古人就用它。《本草纲目》解释"乌芋"的前一部分就如此。

第三，适用于各种文化程度的读者群。

这与上一点紧密相关。当采用语文义的解释时，不仅文化程度高的人可以看懂，文化程度偏低的人同样容易看懂，这主要是因为使用的训释语言多为语文词。譬如，《尔雅》的性质大略有五种：解经说、百科全书说、字典说、词典说、教科书说。[①] 从训释语言的功能来看，适合学生、学者，也适合一般的阅读者。即使是"百科全书说"，也是就体例与词目而言的。这些不同的分类，都具有训诂释义性。读者不需要经过专门的系统学习，都能轻松、快捷地阅读。训释语言的广泛的适用性突出了它的性质，也体现了释义深度与广度的一个衡量标准。

我们从这三个方面看出，训释语言由于选择了基本词，在使用状态下，表现出常用、基本的特征。古汉语的同义为训，训释词多是基本词。如《尔雅·释诂》前三篇共释词191条，其中通训词条有174个，占该篇总数的91%。训词与被训词分属基本词汇和一般词汇，这是一条公理。[②] 这些训词表示基本义、常用义。训词显示出的这一特征已有深入的研究，

---

① 参见董恩林《〈尔雅〉研究述评》，《湖北大学学报》1987年第1期。
② 参见殷孟伦《从〈尔雅〉看古汉语词汇研究》，《山东大学学报》1963年第4期。

兹不赘谈。另外，训释词语还表现出高频的特征。这与处于交际状态下的高频词语有时是一致的，传统的以通用词解释方言词，以常用词解释生僻词，都从整体突出了这一特点。用于交际的词语，像通用词、常用词的使用频率也非常高，但用于"释"的基本词与用于交际的基本词毕竟属于两个不同的范畴，其高频会显示出不同的状况。我们重点讨论训释词语的高频是如何表现的。

训释词语的高频是有规律可循的，它与训释方法密切相关。

其一，否定词。

形容词的诂训，训释语言中经常出现"不"。"不"与其他词构成"不+反义词"的训释结构，即以反义词前加否定词的方式来作训。"不"后主要跟形容词，用来否定相应的性质状态。《说文》有四十多处。例如，《心部》："惰，不敬也。""悒，不安也。"《水部》："浅，不深也。"在每一个训条中，都有"不"。① 同时期的其他训诂专著中，也有这样的词条。例如：

《方言》六："人不静曰妯。"
《方言》九："忔，不安也。"
《方言》十："迹迹，不安也"
《释名·释天》："健，行不息也。"
《释名·释天》："蒙，日光不明，蒙蒙然也。"

《方言》《释名》中的否定训释法与《说文》的相同，但数量不及《说文》的多，这与它们的训释对象、目的不同有关。

传注训诂也运用这种训释方法。以汉代郑玄的注释为例：

《论语·季氏》："言未及之而言谓之躁。"郑玄注："躁，不安静也。"
《尚书·尧典》："允恭克让。"郑玄注："不懈于位曰恭。"
《周礼·春官·大司乐》："凡建国，禁其淫声、过声、凶声、慢声。"郑玄注："慢声，惰慢不恭。"

---

① 本书第二章第四节列举了《说文》的否定训释法的词条，此不繁举。

《周礼·天官·小宰》:"以听官府之六计,弊群吏之计(治)……三曰廉敬。"郑玄注:"敬,不解于位也。"

《周礼·天官·小宰》:"以听官府之六计,弊群吏之治……六曰廉辨。"郑玄注:"辨,辨然不疑惑也。"

例句中的"不"后或跟单音词,或跟双音词,"不"在后面的词语结构发生变化后,否定用法仍然很稳定。上古时期产生的这种训释方法,后代一直沿用不衰。如《玉篇》:"忘,不忆也。"《六书故》卷十三:"怠,不敬也。""慢,不恭也。""懒,不勤也。"其中的"不"是一个重要的释义成分,因这种训释方法的使用,而成为高频、基本的训释词。

其二,上位词。

基本词用作被训词,有许多是上位词。一些词有义类关系,训释时,往往用同一个上位词,使用频率非常高。例如,《说文·艸部》解释467个词,其中直接解释为"艸"的词70个,有:

芳,芸,茈,苹,芙,芫,芋,苟,荎,苞,范,茖,莒,蒉,茇,芩,莔,莝,茖,荔,薯,堇,䓕,莞,莨,茵,萄,菩,菁,蓩,莫,莜,萋,蔽,葚,荡,蒥,䓕,䔖,蔿,蓤,蕕,萑,董,曹,蓾,萎,薖,蔡,葷,薮,蔆,蓺,薳,蔴,薛,蕨,藪,藎,賕,萹,蘢,藜,薔,蕲,葩,蘿,藺,蕅,藁

兹选择其中的几个词条,列举如下:

芳,艸也。
芸,艸也,似目宿。
苞,艸也。南阳以为粗履。
茎,茎藉,艸也。

当训诂学者使用描述性的释义方法时,上位词充当释义结构的中心成分。以《说文·艸部》的字为例,"艸"作为上位词共出现33次,训释了以下词:茇,芝,芳,苷,苟,若,苴,萍,葛,萱,蒲,荪,蔽,蔲,蕢,蔚,荐,薆,蓝,薰,藻,藋,药,藐,兰,营,茈,茭,䑏,芗,

苁，蓳，菜。

从中举几例，如下：

芝，神艸也。
若，一曰杜若，香艸。
苴，履中艸。
萍，苹也，水艸也。
营，营䓻，香艸也。苢，司马相如说：营或从弓。
茭，一曰牛蕲艸。

《说文》是一部字书，通常一个部首表示一个义类。表示这个义类的词即为上位词，充当训词，使用频率非常高。比如《玉部》有"玉"，《水部》有"水"等。

上位词是相对的，在一个语义场中，一个词对于下一级词，是上位词；对于上一级词，则是下位词。上位词能训释同一类词语，具有高频及按义类聚的特点。

《说文》同一部首中形成的上位训词数量不等，有的一个，有的数个。《艸部》中用作训词的上位词，还有一个"菜"。如"葱，菜也""芥，菜也""薇，菜也""菹，酢菜也"等。《说文》释"菜"作"艸之可食者"，"菜"与"艸"构成上下义位的关系，具有类聚性。"菜"对于其统属的词，又是上位词。"菜"在《说文·艸部》作训释语言中的上位词有17个，约占"艸部"词条的4%，以"艸"作为上位训词，约占22%。《说文·艸部》的词表示的意义千差万别，在复杂、分散的训释语言中出现相对集中的"艸""菜"，就显得非常突出。

《说文》的不同部首会使用相同的上位词。譬如，该书表示"人类"的词语，训释语言多用到"人"这个上位词，在《人部》与《女部》两个部首中。

《人部》："佺，偓佺，仙人也。"
《人部》："俊，材过千人也。"
《人部》："一曰俾，门侍人。"
《人部》："偶，桐人也。"

《女部》:"女,妇人也。"
《女部》:"奴,奴婢,皆古之罪人也。"
《女部》:"妭,妇人美也。"

"人"下有种名,如"女""女子",作为次一级单位的释义上位词。以《说文·女部》的词为例:

娲,古之神圣女,化万物者也。
婢,女之卑者也。
娥,帝尧之女,舜妻。
媛,美女也。
㛪,美女也。
妾,有罪女子,给事之得接于君者。

"人"与"女""女子"构成上下义位的词义系统,使用频率较高。

其三,相关词。

在描写性释义中,训释部分的基本词作为其中的一个释义成分,与被训词的词义有某种相关关系,用来反映与被训词有关的事物和现象。我们称这类词为相关词。那些具有义类关系的词群,释义词语中有一个相同的相关词,使用频率相当高。以《说文》为例:

《弓部》:"引,开弓也。"
《弓部》:"弛,弓解也。"
《弓部》:"弨,弓反也。"
《弓部》:"张,施弓弦也。"
《弓部》:"彌,弓曲也。"
《弓部》:"彈,弛弓也。"
《弓部》:"弯,持弓关矢也。"
《弓部》:"彏,弓急张也。"
《弓部》:"矸,满弓有所向也。"
《弓部》:"弸,弓强皃。"
《弓部》:"彄,弓弩端弦所居也。"

《弓部》:"弢,弓衣也。"
《弓部》:"弦,弓弦也。"
《弓部》:"弘,弓声也。"

被训释字以"弓"作为偏旁,表示的词义均与"弓"有关,基本词"弓"出现于每个词条中。被训词有动词、形容词、名词、象声词等。"弓类"词的训释,以"弓"作为相关词在古代训诂中非常稳定,这从后代的训诂释义可以反映出来。《玉篇》《集韵》就如此:

《玉篇·弓部》:"弶,弓强。"
《玉篇·弓部》:"弸,弓饰。"
《玉篇·弓部》:"拜,弓曲也。"
《玉篇·弓部》:"䎽,弓上下曲中。"
《集韵·业韵》:"拾,弓强。"
《集韵·爻韵》:"弰,弓末。"
《集韵·庚韵》:"拼,张弦也。"
《集韵·真韵》:"矮,弓曲谓之矮。"
《集韵·萧韵》:"䎽,引弓也。"

其四,限定词语。

在描述性的释义方法中,与上位词组合的是限定词语,即用以揭示词义区别性特征的具体词语,这一类多表示性质、性别、大小、颜色等,也具有高频的特点。兹列举三种类型:

类型一:

《说文·鹿部》:"麚,麋牡者。"
《说文·鹿部》:"麎,牝麋也。"
《说文·鹿部》:"麚,牡鹿。"
《说文·鹿部》:"麀,牝鹿也。"
《说文·豕部》:"豝,牝豕也。"
《说文·豕部》:"豭,牡豕也。"
《说文·羊部》:"羖,夏羊牡曰羖。"

《说文·羊部》："羝，牡羊也。"
《说文·羊部》："羭，夏羊牝曰羭。"
《说文·马部》："骘，牡马也。"

类型二：

《尔雅·释鱼》："余貾，黄白文。余泉，白黄文。"
《尔雅·释畜》："膝上皆白，惟馵。四骹皆白，驓。四蹢皆白，首。前足皆白，騱。后足皆白，翑。前右足白，启。左白，踦。后右足白，骧。左白，馵。"
《尔雅·释兽》："四蹢皆白，豥。"

类型三：

《尔雅·释畜》："马八尺为駥。"
《尔雅·释畜》："牛七尺为犉。"
《尔雅·释畜》："羊六尺为羬。"
《尔雅·释畜》："彘五尺为䝈。"
《尔雅·释畜》："狗四尺为獒。"
《尔雅·释畜》："鸡三尺为鹍。"

上述词条的训语中都有表示种差的具体词语。第一组表示动物的性别，有"牝""牡"。第二组表示体表颜色。三个词条均有"白"。第三组表示动物身体的长度，都有量词"尺"。"牝""牡""白""尺"都是释义高频词。

有的相关词语不是一个词，而是短语。如《尔雅》训释的一部分动物词，涉及狼、猪、牛、犬、兔、马、麋、鹿、獐、雉、鱼、熊、虎类动物，都具有强壮有力的特征，训释语言中多个相关词语都相同，略举几例：

《释鱼》："鱼有力者，徽。"
《释鸟》："雉绝有力，奋。"
《释畜》："绝有力，欣犌。"

《释兽》:"狼:绝有力,迅。"

表示动物功能的词"有""力""绝",或组成"有力",或组成"绝有力",出现在多个词条中。

针对语文词语,训释语言主要解释了语文义。训释语言的功能以完成语文义的解释为目标,所以它不完全等同于交际语言的功能。训释语言的功能完全由它的基本属性而决定,其特征以"释"为核心。探讨训释语言的功能有积极的意义,一方面,有利于我们拓宽训诂释义方法的研究,譬如,训释词语的义类性不仅借助于义类编排法(如《尔雅》)、部首法(如《说文》),还借助于训释语言的一词系联法,即以同一个上位词提示被训词之间的义类关系。另一方面,也利于我们更客观地建立一套完整的古代训释语言模式,描绘出用作训释语言的基本词汇表。

第二节　训释语言的结构

古汉语的训诂释义,训释部分有单音词、双音词,还有短语。古人很重视对它们的选择或搭配组合。训释语言结构经历了一个发展变化的过程,这与汉语词汇结构的发展一致。赵克勤说过:"从某种意义上说,古人的注疏文字最能真实地反映当时书面语的状况。"[1] 先秦时,以单音词为主,所以被训词多以单音词训释。同时期,也有少量被训词以双音词训释。汉魏以后,双音词大量出现,训释语言中,双音词或含有双音词的短语远远多于前代。词语结构的变化也使得词义训释的角度、方法发生了变化。

用单音词训释,往往与被训词构成同义的关系。《尔雅》在这方面取得了辉煌的成就。单音词的训释非常广泛,不仅有一般词语,还有百科词语。如下:

《尔雅·释诂》:"如、适、之、嫁、徂、逝,往也。"

---

[1] 赵克勤:《古代汉语词汇学》,商务印书馆1994年版,第73页。

训诂释义研究

《尔雅·释言》："还、复，返也。"
《尔雅·释宫》："墙谓之墉。"
《尔雅·释木》："梂，梧。"

用双音词训释，多集中于百科词语（不以原词作为双音词的语素），而一般词语非常少。

《说文·足部》："跽，长跪也。"
《说文·黑部》："黴，黑木也。"
《说文·目部》："相，省视也。"
《尔雅·释兽》："貘，白豹。"
《尔雅·释草》："荼，苦菜。"

几例中，"相"是一般词语，用双音词"省视"训释。其他为百科词语，双音词与单音词为一物异称。双音词并不训释被训词的内部意义成分，而是解释它的完整词义。

词的双音化在古汉语中非常普遍，从上古到中古、近代，一直都存在。复合词比原词具有更强的词义区别能力。原单音词多是多义词，而双音词的义项大大减少，有的甚至是单义词，词义分工准确细密。原来的两个同义词转换为同义并列复合词，内部语素起着互相注释的作用，语素义与双音词的理性意义基本一致，表义更加精确单一。其他的结构如偏正式，不管原词是起修饰、限定作用，还是充当中心成分，与其他成分相组合，内部形式意义比较清晰，与并列复合词具有同等的表义优势。

双音词被大量用于古代的训诂释义中。有些学者明确指出以双音词训释单音词是很先进的训释方法，"前代训诂家利用构词上的这种关系，拿较后出的双音词训释较原始的单音词。客观效果是，讲的人容易说得明白，听的人容易懂得清楚。无形中补救了汉语同音单音词在听觉上容易混淆的缺陷，提高了语言交流思想的效能，适合了汉语词汇的客观发展规律"。[1] 古代训诂释义，由最初的单音词训释发展到双音词训释，不仅"听

---

[1] 徐德庵：《从中古训诂资料中反映出来的汉语早期构词法——以〈尔雅〉〈方言〉同郭注的对照为例》，载徐德庵《古代汉语论文集》，巴蜀书社1991年版，第225—226页。

的人容易懂得清楚",就是阅读也很容易明白。

以双音词训释,从辞书学角度看,也有合理之处,"使用严格同级同义的词汇互译,为读者通过联想定向地调动自己已有的知识而获得对于词义的正确理解,提供了最为方便快捷的途径。所以这种方式比以上义词译下义词、以外延导引内涵的方式都要先进"[1]。古代训诂重实用,读者已经有了一定的语言实践基础,才去借助词典进一步掌握词义,双音词是一种简单易懂的释义结构。

以双音词作训词,仍采用传统的训释形式,继承了释义简约的特点。历代经儒在编纂字书、韵书或注释古书时用意义相同的单音词注释,形成直训、同训等形式,成为训诂传统。受此影响,当双音词出现时,古人自然会把用作训词的单音词替换为双音词。人们查阅词条时,会感觉很便捷。

这三个方面相互结合,使得双音词成为一种理想的释义结构。古汉语中被历代训释书籍所沿用。直到现代,辞书仍把它作为释义结构的一种类型。

用短语训释,结构比前两者复杂得多,长度不固定,组合关系也多种多样。古代训诂者以短语训释,许多情况下能在有限的长度内完整、科学地说明词义。如《说文》的训释短语多为两字,次为几个字,而十几或几十个字构成的短语甚少。

《羽部》:"翔,回飞。"
《水部》:"湎,沉于酒也。"
《谷部》:"谿,山渎无所通者。"
《匕部》:"真,仙人变形而登天也。"

《说文》均解释了这些词的本义。"翔",回旋而飞。"湎",沉迷于酒。"谿",山中不与外界相通的沟渠。"真",许慎所释表示真人。《说文》"真"字段玉裁注:"此真之本义也。"道家称"修真得道"或"成仙"的人即真人。训语长短不等,但都揭示了被训词的属与种差,训释很精确。

---

[1] 李尔钢:《互动与释义省略——答赵彦春、黄建华》(之二),《辞书研究》2005年第2期。

双音词或短语作为训释部分，有被注字居于其中的情况。有的学者以为被注字无论在训语中充当什么成分，在训诂释义中都是有缺陷的。持这种说法者以王力为代表，他在《理想的字典》一文中谈到古代字书的缺点，列举了"注解中有被注字"一条，指出："字典对于每一个字，总该假定是读者所不认识的。若注解中有被注的字，就等于把读者所不识的字作注，虽注等于不注。""我们要批评的……是注解中杂有本字的情形。"最后又强调说："《说文》这样，犹有可说，因为许氏着重在解释形的方面……至于普通字典，本该着重在义的方向，如果注解中仍有本字，就太违背字典的原则了。"① 此说影响很大。当代高校的训诂学教材，在讲述古代词语的准确释义时，一般不把这类训释列入其中。

现代辞书学在探讨双音词充当解释单位时，也涉及这个问题。有的学者以为会造成循环释义的弊端，另外一些学者予以驳斥。② 最近几年来，随着辞书学的深入研讨，学者们多持肯定意见。以苏宝荣为代表，他说："如果用现代汉语中一个通俗易懂、意义单一的双音词说解语义对应的义多、义晦的单音词，即使包含原词，也应当是允许的。汉语词汇双音化的过程，正是促使词义单一化、鲜明化、准确化的过程，这种释义方法，反映了汉语词义自身发展的规律，是无可非议的。而且，语言中有相当一部分词语，如果排斥以原词派生的同义双音词释义，就很难再找到真正的同义（等义）词，这样就更没有必要因噎废食。"③ 论者以为包含原词的双音词训释单音词，与其他形式的双音词没有什么区别，也能达到准确释义的目的，赞成在现代汉语中使用这种注释语言结构。

上述研究，苏宝荣的观点可资借鉴。王力的论述比较粗略，优劣参半。

---

① 王力：《理想的字典》，载王力《龙虫并雕斋文集》第1册，中华书局1980年版，第354页。
② 陆尊梧的《语文词典的互训问题》（《辞书研究》1982年第4期）举到一例："苦闷：苦恼烦闷。苦恼：痛苦烦恼。烦闷：烦闷苦闷。（《现汉》）"陆先生以为该例属于小循环互训。有论者持否定意见，如宋芳彦提出"痛苦""烦闷"在《现代汉语》中有详尽的解释，根据这两个条目，"苦闷""苦恼""烦闷"的词义完全可以揭示出来，这五个词不能构成小循环互训。"苦闷""苦恼""烦闷"的各个语素都有对应的双音词，实际采用了同义词训释的方法，作者以为它"是语文词典的一种重要释义方式，古今语文词典无不采用"，"用同义词释义，则可以使释文简单明确"。所以，含有本字的训释不会造成循环释义，《现代汉语》的释义还是很理想的。参见宋芳彦《这不是小循环互训》，《辞书研究》1983年第2期。
③ 苏宝荣：《语文辞书释义方式上的两个"误区"》，《河北师范大学学报》2003年第4期。

我们仍列举其《理想的字典》一文中《说文》的例子,[①] 进行分类、分析。

第一类,用短语解释,内含本字。

这类分两种情况,在词义训释方面略有不同。

其一,两字组合的短语,其中非本字部分,有的解释词义时,还兼而分析字形;有的单纯用于解释词义。本字与非本字的组合短语很常见,读者能大致理解被训词的词义。

A 石,山石也; 畜,田畜也; 墨,书墨也; 角,兽角也; 风,八风也。

"石"的本义指岩石,石头。构成地壳的矿物硬块。"石"字"在厂之下,口象形"(《说文·石部》"石"字下)。"厂",山崖。《说文·厂部》:"厂,山石之厓岩,人可居。"徐锴系传:"此厂则直象山厓也。"段玉裁注:"厓,山边也;岩者,厓也;人可居者,谓其下可居也。"《说文》以"山石"解释,是与字形有关。

"畜",人所饲养的禽兽。"畜"字从田从兹,《说文》段玉裁注:"田畜谓力田之蓄积也。"训语中的"田"正是用于分析字形。

"墨",用于书写、绘画的黑色颜料。墨包括很多种材料。《说文》桂馥义证:"古者,漆书之后,皆用石墨以书,《大戴礼》所谓'石墨相著则黑'是也。汉以后,松烟、桐煤既盛,故石墨遂湮废,并其名人亦罕知之。"《说文》之"书"说明了墨的用途。

"角",兽类头顶或鼻前突生的坚硬骨状物。一般细长而弯曲,上端较尖,有防御进攻等作用。《说文》之"兽"指出了角的所属对象。

"风"是一种空气流动的现象。《说文》训以"八风",是指八方之风。许慎在该字的训释中进一步说明了八风的内容,云:"东方曰明庶风,东南曰清明风,南方曰景风,西南曰凉风,西方曰阊阖风,西北曰不周风,北方曰广莫风,东北曰融风。"《说文》之"八"与"风"相组合,只是以举例的方式说明了"风"的一部分概念。

其二,训语由三个以上的字书写而成。本字与其他部分相组合,从不

---

① 下文中标示 A、B、C、D 的四组例子均选自王力《理想的字典》,见王力《龙虫并雕斋文集》第 1 册,中华书局 1980 年版,第 354 页。

同角度进行解释，有的涉及了字形分析。它们的组合方式很灵活，比两字构成的结构在说解词义方面更细致。

    B 矢，弓弩矢也； 肠，大小肠也； 足，人之足也，在体下；卵，凡物无乳者卵生。

  "矢"，箭。《方言》卷九："箭，自关而东谓之矢。"《说文》训语中的"弓弩"指出该物的配套工具，易于读者把握。
  "肠"，内脏之一。状如管子，上端连胃，下通肛门，分小肠和大肠两部分。《说文》所言"大小肠"即大肠与小肠。《素问·灵兰秘典论》："大肠者，传道之官，变化出焉；小肠者，受盛之官，化物出焉。"大肠与小肠构成肠的全部，《说文》说明了肠的构成部分。
  "足"，人体下肢的总称。"足"是会意字，从止、口。《说文》徐锴系传："口象股胫之形。"朱骏声《说文通训定声·需部》："足，膝下至跖之总名也。从止即趾字，从口象膝形，非口齿字。举膝与止以晐胫。"杨树达先生具体分析了"足"字字形构成的原因，云："股、胫、蹠、跟全部为足，足从口者，象股胫周围之形。人体股胫在上，跟蹠在下，依人所视，象股胫之口当在上层，象蹠跟之止当在下层。然文字之象形，但有平面，无立体，故止能以口上止下表之也。"① 《说文》"足"的训语用于解释词义，与词形无关。
  "卵"的本义是蛋。"卵生"谓动物由脱离母体的卵孵化出来。鸟类、鱼类、昆虫、爬行类等都是卵生的。《说文》"凡物无乳者"基本确定了动物的范围，"卵生"大概提供了判断词义的线索。
  这些释例训语中的本字代表一个词，不管它在短语中充当什么成分，本身不能说明被训释字的字形结构，也不能解释自身的词义，而往往是借助它的搭配成分。这时搭配成分的选择就很重要。古人如何选择呢？是否有一定的理据？我们以"石"为例分析。"山"与"石"搭配，是因为山与石有密切关系，"石"的字形中有"厂"，是为山崖。而"山"古人认为是由岩石构成。《说文·山部》："山，有石而高。"王筠句读："无石曰丘，有石曰山。"所以"山"在很大程度上有助于说明"石"的词义。由此看出，《说

---

① 杨树达：《积微居小学述林》，中华书局1983年版，第82页。

文》本字搭配成分的选择不是随意的,许慎着眼于字形的角度,在一定程度上能揭示词义特征。但总体来说,A、B两组的训释结构确实有缺陷。我们将后世的训释与《说文》比较,可看出高低优劣。比如,《汉语大字典》释"石"为"岩石",比"山石"就更准确。"角"的训释到后代被改进,如《玉篇·角部》:"角,兽头上骨出外也。"训语不含本字,比《说文》的训释更精彩。王力对《说文》这部分训释的批评是很中肯的。

《说文》短语有一部分用于分析字形结构,同时也表达了词的本义,这时字形结构与词义的说明得以统一;有的情况下,两者不一致,分析的仅仅是造意。另外,还有部分与分析字形无关,解释的完全是词义。《说文》短语涉及字形分析的,多针对象形字、会意字,而约占70%的形声字很少涉及。王力列举的例子印证了这一点。涉及字形结构分析的短语在《说文》中还有,例如:

《皂部》:"即,即食也。"
《身部》:"身,象人之身。"

《说文》不涉及字形分析的短语结构非常多。例如:

《犬部》:"获,猎所获也。"
《肉部》:"胖,设膳胖。胖,多也。"
《肉部》:"膜,肉间胲膜也。"
《肉部》:"胑,体四胑也。"
《且部》:"俎,礼俎也。"
《手部》:"挞,乡饮酒,罚不敬,挞其背。"
《人部》:"侅,奇侅,非常也。"
《人部》:"佩,大带佩也。"
《人部》:"仙,长生仙去。"

像形声字这样不涉及字形分析的也加入本字,说明分析字形并不是训语中加入本字的必然因素。这类形成《说文》的一种训释体例。

这一类加入本字的训解,确实如王力所言,不值得提倡。《说文》以后的训释书,少量沿用这种解释方式。如《类篇》卷十二、《玉篇·石部》解释"角""石",同于《说文》。《说文》类的训释书,个别仍沿用此法,如《说文新附·人部》:"债,债负也。"这是解释本义。又,《六部》:"六,《易》之数,阴变于六,正于八。"又,《人部》:"伍,相参伍也。"段玉裁注:"参,三也。伍,五也。《周礼》曰:五人为伍,凡言参伍者,皆谓错综以求之。"这是解释引申意义。这类训释在后代渐废,表明它不是理想的训释结构。

第二类,用复合词解释,内含本字。

训释部分都是复合词,原来的被训词充当复合词的一个语素,位置在前或在后。显然,单、双音词之间在发展演变上具有密切的联系。单音词形成在前,复合词产生在后。它们的意义相同。

C 与,党与也; 味,滋味也; 夫,丈夫也; 五,五行也。

"与"的本义是党与、朋党。"与"是多义词,"党与"是单义词,它分担了该义项,词义解释非常准确。"党与"中"党""与"是两个并列关系的语素,意义相同。

"味",本义是舌头尝东西得到的感觉。"滋味"由这个意义而产生,很恰当地表示了"味"的本义。"滋味"内部两个语素构成意义相同的并列关系。

"夫",本义是成年男子。先秦时期,还可以用"丈夫"表示此义。《说文》在"夫"字下解释了"丈夫"的构词理据,云:"周制以八寸为尺,十尺为丈,人长八尺,故曰丈夫。"高鸿缙《中国字例》:"夫,成人也。童子披发,成人束发,故成人戴簪,字倚大(人),画其首发戴簪形,由文'大(人)'生意,故为成人意之夫。童子长五尺,故曰五尺之童;成人长一丈,(周尺)故曰丈夫;伟人曰大丈夫。许言汉八寸为周一尺,人长汉八尺也。至妻之对曰夫,或丈夫,皆是借用。"[①]《谷梁传·文公十二年》:"男子二十而冠,冠而列丈夫。""丈夫"从"夫"演变而来,成年男子义是它的第一个义项。原词"夫"成为"丈夫"的中心语素,其中"丈""夫"构成偏正关系。

"五",五行。指水、火、木、金、土。中国古代称构成各种物质的五种元素,古人常以此说明宇宙万物的起源和变化。《国语·晋语一》:"且夫口,三五之门也。"韦昭注:"口所以纪三辰,宣五行也,故谓之门。"

---

① 高鸿缙:《中国字例》,台湾:三民书局1981年版,第263页。

《说文》以"五行"释"五",这是引申义。"五"的本义表示数词。四加一的和。"五行"义从本义引申而来。"五行"在古代是常用词。《尚书·甘誓》:"有扈氏威侮五行,怠弃三正。"孔颖达疏:"五行,水、火、金、木、土也。"以"五行"释"五",也易为读者所了解。原词"五"在"五行"中充当限制性语素,"五""行"构成偏正关系。

用复合词训释单音词,仅说明词义,不说明字形结构。王力认为这类加入本字的结构与说明字形有关,恐怕不妥。《说文》中以双音词既可训释词的本义,也可训释引申义。这一类在《说文》中还有,例如:

《手部》:"指,手指也。"
《石部》:"破,破石也。"
《气部》:"气,云气也。"
《又部》:"取,捕取也。"
《辵部》:"迭,更迭也。"

第三类,用短语解释,内含由本字演变而来的复合词。

该组在第二种类型的基础上进一步扩展而成,短语中的复合词与被训词构成同义关系。与复合词搭配组合的部分,或是词或是短语,揭示本字意义的部分特征。

D 蛾,蚕化飞蛾也; 弟,韦束之次弟也; 宽,屋宽大也。

训语中的"飞蛾""次弟""宽大"都是复合词,与"蛾""弟""宽"构成同义关系。

"蛾",昆虫,种类繁多,有麦蛾、螟蛾、蚕蛾、天蛾等。"飞蛾"表示泛指。训语中的"蚕化"特别说明了蛾的种类。

"弟",本义表示次第。训语中的"韦束"用于分析字形。段玉裁《说文解字注》"弟"下云:"束之不一,则有次弟也。引伸之为凡次弟之弟,为兄弟之弟,为岂弟之弟。"朱芳圃《殷周文字释丛》:"弟象绳索束弋之形,绳之束弋,展转围绕,势如螺旋,而次弟义生焉。"[1] 训语中的

---

[1] 朱芳圃:《殷周文字释丛》,中华书局1962年版,第82页。

"次弟"，即次第。《墨子·迎敌祠》："举屠酤者，置厨给事，弟之。"毕沅注："言次第居之，古次第字只作弟。""次弟"表示泛指，前面加"韦束"表示限制。

"宽"的本义是宽大，训语前加"屋"，是为分析字形。"宽大"表示泛指，而"屋"加在它的前面起限制作用。

王力举的例子都是复合词前有组合成分。《说文》中这样的组合结构并不少见。再举几例：

《左部》："左，手相左助也。"
《亏部》："平，语平舒也。"

第一例，"左"，佐助。段玉裁《说文解字注》"左"下云："左者，今之佐字。《说文》无佐也。""左""助"意义相同。《玉篇·左部》："左，助也。"《周易·泰》："辅相天地之宜，以左右民。"孔颖达疏："左右，助也。"训语中的"手相"用来分析字形。

第二例，"平"，平静、安舒。《说文》特指语气平和舒畅。段玉裁注："引伸为凡安舒之称。""舒"与"平"意义相同。《玉篇·干部》："平，舒也。""平""舒"组成"平舒"，是并列关系的复合词。"平舒"与"平"同义。

这类训释结构中的复合词表示词的本义，均是泛称。与复合词组合的部分多用于分析字形。两者相加解释的实际是造意。所以，王力言加本字与字形分析有关，举这部分例子不妥。

《说文》中，第三类训释形式比第二类少。在其他的训诂专著或随文而释的著作中，这类训释更罕见。《说文》第二类的训释结构在同期的其他训诂专著中非常普遍。我们把《尔雅》《方言》同郭璞的注释相对照，前两部书多以单音词为训，而在郭注中，却用大量复合词。这些复合词与原词条中的单音词，构成同义关系。其中名词、动词、形容词居多，代词甚少。"郭注中间，属于并列式双音词的特别多。在八百三十九条中，计共有五百七十一条，占总数百分之六十八强。"[1] 而原单音词都是复合词的

---

[1] 徐德庵：《从中古训诂资料中反映出来的汉语早期构词法——以〈尔雅〉〈方言〉同郭注的对照为例》，载徐德庵《古代汉语论文集》，巴蜀书社1991年版，第226页。

一个语素，或居前，或居后。我们以《尔雅》及《尔雅注》为例，列举如下：

《尔雅》篇名	条目	原单音词	郭璞注联合式复合词
释诂	大	宇	宇宙
释诂	息	息	气息
释言	量	赋	赋税
释器	简	简	简札
释器	铣	泽	光泽
释木	梧	梧	梧桐
释诂	赐	赐	赐予
释诂	合	合	对合
释鸟	翔	翔	翱翔
释兽	须	须	须息
释诂	高	高	高大
释诂	强	强	勉强
释言	幼	幼	幼稚
释言	缓	缓	宽缓
释山	独者	独	孤独

《尔雅注》篇名	条目	原单音词	郭璞注偏正式复合词
释诂	绝	契	契断
释言	荫	荫	树荫
释言	传	传	传车
释亲	云	云	浮云
释草	冰台	艾	艾蒿
释诂	取	取	夺取
释山	晋望	望	望祭

在汉代以后的注释中，含有本字的复合词释义结构一直沿用不衰。以复合词训释原词，两者意义相同。

含有本字的复合词比不含本字的复合词，能更直观有效地训释词义。作为训词，复合词的选用是有所侧重的，含有本字的复合词数量非常大，

· 219 ·

超过了不含本字的复合词。上述《尔雅》郭璞注的复合词中都含有本字，这是很值得我们研究的一个现象。含有本字的复合词直接表示本字的意义，与本字构成同义关系，单、双之间只是结构或表达风格不同。不含本字的复合词与单音词之间较难看出两者的发展演变关系。编纂者在众多同义词中需要选择、对比，最后才能确定。读者同样要甄别复合词能否与单音词构成同义关系。两者比较，前者简单而直接，单、双之间的发展关系不言自明，通过结构的对比，提示读者它们是同义相训的关系。

训诂中，训释部分的语言结构经历了一个动态的发展过程。它们从不同角度揭示词义。在以往的研究中，我们多赞成短语训释，而认为双音词的释义不够精确。其实它在训诂史发展过程中，于释义方面起了非常大的作用。古代含有本字的训释结构，主要训释词义，少量训释造意。了解了这种结构，就能更好地帮助我们审辨这两类训释。含有本字的复合词，在所有类型的双音词中，最具特色，释义方面最具优势。含有复合词的短语结构，复合词训释被训词的本义，而与之组合的部分多用于分析字形。根据这样的结构特点，可以推断训诂释义的类型，还可以从中析出解释词本义的部分。含有本字的短语结构，大多不能准确揭示词的含义，故不是理想的训释结构，应该摈弃。

第三节　训释语言的风格

古代训诂释义语言千差万别，但与它的性质、特征、功能相应，总体上形成固定的气氛和格调。这就是特定的训释语言风格。大略有如下几个方面。

一　简洁的风格

古人运用古汉语写作，词语简约而优美。训诂释义受其影响，语言追求简洁的风格。训诂专著像《说文》《尔雅》等用字极精练；随文而释的训诂，有的训释内容较多，但语言表达具有同样的风格。如段玉裁的《说文解字注》，"最大的特色之一，就是释义'用字不多'，却能把词的本义、引申义'讲得比较明白',真正做到'言简意赅'。如释'窕'字,既'例证丰赡''判断谨严',又'朴实说明,词无虚设',因而能使人一看就懂,印象深刻"①。

训诂中以单音词或双音词为训词非常普遍,实际构成最简单的判断句形式,简短易懂。《尔雅》《方言》等,把许多同义词同列为一条,用一个字训释,就更为简练。

训诂中还用短语或短句解释词义。有的用很少的几个字给含义丰富的词下定义。如《说文解字·衣部》:"袜,足衣也。"又,《木部》:"柴,小木散材。"是以短语训释。《诗经·小雅·何草不黄》:"何草不黄,何日不行。"朱熹注:"草衰则黄。"是以短句注释。它们的单位结构虽然不同,但都精练到了极致。

有的释义需要从多方面说明,训释者就把词、短语、句子结合起来表达。其中的句子,不用复句,尽量使用短句、单句。短句、单句较为简明,把一个个信息点列举式地陈述出来,读者能准确、便捷地认识词义的每一个方面。

《说文·水部》:"溺,水。自张掖删丹西,至酒泉合黎,余波入于流沙。"

《周礼·天官·外府》:"外府掌邦布之入出,以共百物,而待邦之用,凡有法者。"郑玄注:"布,泉也,布读为宣布之布。其藏曰泉,其行曰布,取名于水泉,其流行无不遍……泉,始盖一品,周景王铸大泉而有二品。后数变易,不复识本制。至汉,惟有五铢久行。王莽改货而异作,泉布多至十品。今存于民间多者,有货布、大泉、货泉。货布长二寸五分,广寸,首长八分有奇,广八分;其圆好径二分半,足枝长八分,其右文曰货,左文曰布,重二十五铢,直货泉二十五。大泉径一寸二分,重十二铢,文曰大泉,直十五货泉。货泉径一寸,重五铢,右文曰货,左文曰泉,直一也。"

第一例,"溺"字表示水名,训释部分先以词、再以短语、最后以句子表达,每部分都揭示一个信息,简单明晰。第二例是随文而释,郑玄解

---

① 邹酆:《从〈子云乡人类稿〉析殷孟伦的辞书观》,《山东大学学报》2003年第4期。

释"布"的内容丰富，不仅解释了理性意义，还介绍了制作变化过程。篇幅远远超出了一般的训诂著作，提供的信息更多。训释语言以若干短句连缀而成，几乎每一句话陈述一条信息。这里有主谓句，也有非主谓句，单句居多。从字数来看，都在十个字以下，最短的仅两个，字斟句酌，无一赘字。释文语句干净利落，我们读一遍即可领会各个信息点。

古代训诂学家采用类比释义的方法，训释语言或用简单结构或减省一些词语。

《尔雅·释草》："荷，芙渠。其茎茄，其叶蕸，其本蔤，其花菡萏，其实莲，其根藕，其中的，的中薏。"

《周礼·地官·遂人》："凡治野，夫间有遂，遂上有径；十夫有沟，沟上有畛；百夫有洫，洫上有涂；千夫有浍，浍上有道。"郑玄注："遂、沟、洫、浍，皆所以通水于川也。遂，广深各二尺，沟倍之，洫倍沟。浍，广二寻，深二仞。"

前一例，编纂者先训释总名，"芙渠"，"荷"的别名。然后分别解释荷的茎、叶、本、花、子实、根等名称。这部分的训释几乎都用三个字，只有"菡萏"用四个字。每部分的训释结构相同，从同一角度揭示了词的同属类别与意义的本质差别。释文中多处用到"其"，代指"荷"。这是荷花各部分词语所属的类，"其"后的"茎""叶""本""花""实""根""中"都表示训词的区别性义素。"的中薏"与"其中的"构成上下级的类属关系。这些词语若分散训释，可能会从各个角度多方面揭示词义，表述的词语繁多，且多处用"荷"，在同一篇中会造成重复凌乱的感觉。把表示总体的词和表示各部分的词类聚于同一个义场中，本身就具有类比的特征，训者又有意识地用整齐的训释结构，表达简略而洗练。后一例，郑玄训释了多个词，他并没有分别解释每个词的含义，而是通释"遂、沟、洫、浍"的相同义，再用比较的方法指出意义差别，这样省略了各词重复表达的部分。各词差异的比较，字斟句酌，用语精简。

虚词在训诂释义中经常出现，有时为了精练，会被省略。"某，某也"是常见表达式，"也"字帮助表示判断的语气。有时训释语言要达到流畅、不拖沓的效果，"也"字被省掉。毛亨《毛诗诂训传》解释若干词，用数个判断句，仅在最后一个句式保留"也"字，而前面的均被省略。

《诗经·鄘风·桑中》："期我乎桑中，要我乎上宫，送我乎淇之上矣。"传："桑中、上宫，所期之地。淇，水名也。"

《诗经·唐风·蟋蟀》："无已大康，职思其居。"传："已，甚。康，乐。职，主也。"

《诗经·周南·汉广》："汉之广矣，不可泳思。江之永矣，不可方思。"传："潜行为泳。永，长。方，泭也。"

《诗经·周颂·访落》："访予落止，率时昭考。于乎悠哉，朕未有艾。将予就之，继犹判涣。"传："访，谋。落，始。时，是。率，循。悠，远。犹，道。判，分。涣，散也。"

这些训例，少则训释两个词，多则数个，只保留了最后一个"也"字。陈澧《东塾读书记》卷六："《毛传》连以一字训一字者，惟于最后一训用'也'字，其上虽累至数十字，皆不用'也'字，此传例也。然有不尽然者。今考'也'字不合传例之处，其下皆有'郑笺'。此由昔人因笺缀传下，传无'也'字，则文势不断，故增'也'字以隔绝之，此已不当增而增矣。段氏定本又于旧所未增者而亦增之，如'淑、善；述，匹也。''寤，觉；寐，寝也。''善'字、'觉'字下皆增'也'字，则段氏亦未知传例矣。"陈澧所言甚是。这种现象在后代也存在。《荀子·劝学篇》："木直中绳，輮以为轮，其曲中规，虽有槁暴，不复挺者，輮使之然也。"杨倞注："輮，屈。槁，枯。暴，干。挺，直也。"省略"也"字成为传例，这是一个有效表达简洁风格的手段。

二 平实的风格

训诂中的词语解释，大多只是客观讲解词义、介绍相关的信息。有的采用常规的、质朴的、统一的语言表述形式，少用或不用变化的、华丽的辞藻与句式，没有刻意的渲染，表现出平淡朴实的格调和气派。

训诂释义中，语文词语具有理性意义，语言描述浅显而平稳。文化词语的描述要难得多，除了包括理性意义，还涉及相关事实、文化背景，训诂学者力争不发挥、不辩驳、不抒情、不议论，客观解释它们的理性意义

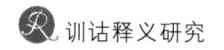

和文化意义。以"王"字为例,看其体现的平实风格。

《六书故·疑》:"王,有天下曰王。帝与王一也。周衰,列国皆僭号自王。秦有天下,遂自尊为皇帝。汉有天下,因秦制称帝,封同姓为王,名始乱矣。"

《说文·王部》:"王,天下所归往也。董仲舒曰:'古之造文者,三画而连其中谓之王。三者,天、地、人也;而参通之者,王也。'孔子曰:'一贯三为王。'"

《六书故》解释了"王"的理性意义,非常准确。该书又从历史的角度,介绍了周、秦、汉三代"王"字名称的变化。两部分解释都很客观。《说文》训解"王"的意义,然后又引用了董仲舒、孔子的解释。董、孔二人的说明具有明显的主观色彩,反映了他们的忠君思想。这分析的是造字义。《说文》释"王"的意义,客观准确,对引文也未予评价。整个词条没有任何铺陈的地方,显得质朴而严谨。

有的词语表示生活中没有的现象、事物,它们是在特定民族文化背景中产生的,训诂学者根据人们的日常认识进行描述,不加渲染。

《说文·龙部》:"龙,鳞虫之长。能幽能明,能细能巨,能短能长,春分而登天,秋分而潜渊。"

《说文·鸟部》:"凤,神鸟也。天老曰:'凤之象也,鸿前麐后,蛇颈鱼尾,鹳颡鸳思,龙文虎背,燕颌鸡喙,五色备举。出于东方君子之国,翱翔四海之外,过昆仑,饮砥柱,濯羽弱水,莫宿风穴,见则天下大安宁。'"

"龙""凤"都表示传说中的动物。许慎解释"龙",训语简短。"幽"与"明"、"细"与"巨"、"短"与"长"都是基本词构成反义关系,用"能"把它们连缀起来,后面的"春分而登天,秋分而潜渊"是极平常的句子。"凤",许慎首先说明是"神鸟",然后详细描述了这种动物的外形、产地、习性以及与人类的关系。许氏用笔较多,几乎每句都揭示了凤凰的一个特征,没有任何藻饰之词。

训诂释义有"文以载道"的现象。例如,《说文》在词义说解中加入若干哲理，这是文化义的解释。这部分失去了客观性，有主观色彩。但就语言表达来说，仍然保持了朴实无华的叙述风格。

《说文·赤部》："赤，南方色也。"
《说文·二部》："二，地之数也。"
《说文·土部》："地，元气初分，轻、清、阳为天；重、浊、阴为地。万物所陈列也。"
《说文·玉部》："玉，石之美。有五德：润泽以温，仁之方也；䚡理自外，可以知中，义之方也；其声舒扬，专以远闻，智之方也；不挠而折，勇之方也；锐廉而不忮，絜之方也。"

前两句完全以抽象的哲理说明"赤""二"的内涵。词语的选择、表述与其他一般词概念义的解释没有什么区别。"地"条，"万物所陈列也"说明了理性意义。前面的训释部分讲述了"地"的形成，是古人的一种哲学认识。第四例，许慎先解释"玉"的理性意义为"石之美"，然后详释其文化意义。"地""玉"两词包含的意义成分比较复杂，但表达风格完全一致，给人浑然一体的感觉。这些释例表达了或深或浅的哲理。其中的哲学术语在当时比较普及，大多数人能理解。哲学术语与语文词语相组合，整体具有统一的平实风格。

训诂中解释某类词时，常常用大家习见的专门训词。这种略于变化的用词方法，会形成平稳朴实的格调。例如，"……貌"的说法，就是富于这种风格表述的一种形式。

《诗经·大雅·韩奕》："笾豆有且，侯氏燕胥。"郑玄笺："且，多貌。"
《诗经·邶风·柏舟》："静言思之，寤辟有摽。"毛传："摽，拊心貌。"
《诗经·大雅·常武》："王旅啴啴。"郑玄笺："啴啴，闲暇有余力之貌。"
《诗经·小雅·谷风》："习习谷风。"郑玄笺："习习，和调之貌。"
《文选·班彪〈北征赋〉》："远纡回以樛流。"李善注："樛流，曲折貌也。"

从这些例子看出,"……貌"相当于今"……的样子",用来说明被训词是表示某种性质或状态,被训词以形容词、副词为多,其中有叠音词、单音节词或连绵词。"貌"具有描写作用,常放在句末。

"貌",《说文》释作"颂仪也",本指面容、相貌,引申为外表、外观,再引申指"……的样子",此义在汉代广泛运用,成为专用释词,为一般读者所熟习。

与"貌"相似的还有一个"然"字,汉代被用于训释同类的词。《诗经·小雅·蓼莪》:"南山烈烈,飘风发发。"毛传:"发发,疾貌。"郑玄笺:"飘风发发然寒且疾也。"《诗经·周南·葛覃》:"葛之覃兮,施于中谷。"毛传:"萋萋,茂盛貌。"郑玄笺:"叶萋萋然,喻其容色美盛。"训释同一被训词,毛亨用"貌",郑玄用"然",两者是同义替换,意义都浅显易懂。"然""貌"均是常用词,但"貌"的使用频率远远高于"然"。唐宋直到明清之际,"……貌"被注释者们沿用不衰。"貌"与其他成分搭配在一起,意义始终固定不变,使句子在变化中保留了稳定成分,体现了平实的风格。这一风格在当代产生了深远的影响,"……貌"在许多词典中被当作释义的专门用词,[①] 收到了同样效果。

三　通俗的风格

有些被训词表示人们不熟悉的或难以解说的事物,训释者不用抽象词语或专业术语去描述,而是尽量采用形象通俗的语言去解释,令人感到清新自然。

训诂中运用修辞手法,有效地体现了通俗的风格。在一般的语言表达中,修辞手段的运用会获得生动、形象的美感效果。运用修辞格解释词义,都是为了更清楚地解说,一般形成形象而通俗的格调,而没有文学作品中体现出的抒情、绚丽的色彩。

训诂释义多运用比喻,用人们在日常生活中熟悉的、具体的事物打比

[①] 如《汉语大字典》用"貌"非常普遍,释"赶"作"马走貌",释"颁"为"大头貌",与古代的训诂释义风格一脉相承。

方来解释，深入浅出，通俗易懂。物体的形状、颜色不易说明，就多用比喻法。

《尔雅》后十六篇收录了大量植物、动物词，多用比喻法解释。这些比喻句是人们日常最普遍的表达语言，浅近而易懂。后代训释，如郭璞运用比喻，使用"类""如""似""像"等词，表示"如同"（好像）之义。

《尔雅·释兽》："羆，如熊，黄白文。"郭璞注："似熊而长头高脚，猛憨多力，能拔树木。关西呼曰貑羆。"

《尔雅·释兽》："狻猊，类貙，虎爪，食人，迅走。"

《尔雅·释兽》："蒙颂，猱状。"郭璞注："即蒙贵也，状如蜼而小，紫黑色。可畜，健捕鼠，胜于猫。九真、日南皆出之。猱亦猕猴之类。"

《尔雅》用"如""类""状"描绘动物的外形，"状"的用法与"类""如"等没有多大区别。该书在同一篇反复使用这些比喻词，构成比喻句。郭璞沿用了相同的比喻法。这些动物名称都不为我们所熟悉，用另一个熟知的动物作比喻，类比描摹了动物的外形特征，读后一目了然。

有的训释书在同一词条中，反复使用比喻词。《尔雅》就如此。

《释木》："句如羽，乔。下句曰朻。上句曰乔。如木楸曰乔，如竹箭曰苞，如松柏曰茂，如槐曰茂。"郭璞注："树枝曲卷，似鸟毛羽。楸树性上竦，如竹箭曰苞。筱竹性丛生，如松柏曰茂。枝叶婆娑如槐曰茂。"

《释草》："纶似纶，组似组，东海有之。帛似帛，布似布，华山有之。"郭璞注："纶，今有秩、啬夫所带纠青丝绶。组，绶也。海中草生彩理有象之者，因以名云。草叶有象布帛者，因以名云。生华山中。"

前一词条，《尔雅》解释楸类树木，五处用到"如"。后一例，解释海草"纶""组"与山中的野生植物"帛""布"，四处用到"似"。郭璞在前一词条用"似""如"，后一词条用"象"，以比喻句解释词义。两个词条，运用比喻句成为释词的主要手段。训者通过比喻体，很容易区别各词的意义差别。

有些用同义词解释的，后代换用为比喻句，突出了通俗的风格。

《诗经·大雅·绵》："绵绵瓜瓞。"毛传："瓞，瓝也。"郑玄笺："瓜之本实，继先岁之瓜必小，状似瓝，故谓之瓞。"孔颖达疏："瓜之族类本有二种，大者曰瓜，小者曰瓞……瓜蔓近本之瓜必小于先岁之大瓜，以其小如瓝，故谓之瓞。瓞是瓝之别名。"

《尔雅·释鱼》："鱀，是鱁。"郭璞注："体似鱏，尾如鲴鱼，大腹，喙小，锐而长，齿罗生，上下相衔，鼻在额上，能作声，少肉多膏。胎生，健啖细鱼。大者长丈余，江中多有之。"

前一例，毛亨释"瓞"为"瓝"，意义相同。"瓞"为何称作"瓝"？郑玄提到"状似瓝"，孔颖达释作"其小如瓝"，指出它们的外形相像，故得名。以比喻格说明，浅显而明晰。"鱀"指江豚。《尔雅》以"是鱁"训释，这是同义为训。郭璞用"体似鱏，尾如鲴鱼"两个比喻句描写江豚，都是一般的日常口语，形象生动，我们对这种动物的躯干、尾巴形状都有了感性认识。

训释语言还有不用比喻词的句子。例如：

《说文·黑部》："黑，火所熏之色也。"
《说文·黄部》："黄，地之色也。"
《释名·释采帛》："赤，赫也，太阳之色也。"

"黑""黄""赤"是三个颜色词，很难用义界式说明词义，训释者分别用"火所熏""地""太阳"来比喻它们的颜色。颜色词也有用比喻词的。《释名·释采帛》："青，生也，象物生时色也。""青"和"黑""黄""赤"的解释没有什么区别。

训释语言的通俗风格不仅表现在修辞格的运用上，而且还表现在其他方面。比如，训者运用的语言具有口语化色彩。《说文·广部》："底，一曰下也。"段玉裁注："下为底，上为盖。今俗语如是。""底"是个俗语词。"底"被用作训释语言。《诗经·大雅·公刘》："于橐于囊。"郑玄

注:"无底曰囊,有底曰橐。""无底""有底"是再通俗不过的语言了。

体现通俗风格的基本原则是训释者使用所处时代浅近的语言描述被训词。《尔雅·释兽》:"狒狒,如人,被发,迅走,食人。"《尔雅》描写"狒狒","如人"是比喻句,后面的"被发,迅走,食人"是初学者都能认识的词语。这些词语在后世仍然为一般大众所认识。《玉篇·犬部》:"狒,似人形,被发,迅走。"《玉篇》的释义语言基本沿承了《尔雅》,发扬了通俗的风格。

四 "诗韵"的风格

从先秦始,诗歌就是文学作品中的重要体裁。诗歌语言对训释语言产生了一定程度的影响,有的诗歌作品的传注具有诗歌的特点。解句的训诂,如王逸的《楚辞章句》,讲究对仗、押韵。词语的训诂,同样具有诗一样的韵律、诗一样的句式。训诂释义具有的"诗韵"风格,是就其形式而言的,能收到便于诵读、记忆的效果,而不表现如诗歌一样含蓄、空灵的意境。

诗歌语言体现整齐一律的美,创作者善用对偶与排比,使语句匀称而不呆板。训诂释义借鉴这种表达句式,对同义词、反义词或同类词的解释,多使用对偶或排比句。

对偶句往往用于解释两个词。训释词语形成对仗。

《尔雅·释水》:"逆流而上曰溯洄,顺流而下曰溯游。"
《周礼·春官·大宗伯》:"时见曰会,殷见曰同。"
《史记·孔子世家》:"孔子曰:'赐,良农能稼而不能为穑。'"裴骃集解引王肃曰:"种之为稼,敛之为穑。"

排比句解释三个以上的词,每句都有相同的词语。

《尔雅·释器》:"一染谓之縓,再染谓之赪,三染谓之纁。"
《尔雅·释水》:"水注川曰谿,注谿曰谷,注谷曰沟,注沟曰浍,注浍曰渎。"

对偶、排比这类整齐和谐的句子，是当时训诂学者刻意追求的一种风格。我们比较多个训释者对同一组词的解释更能看清楚。

《周礼·春官·大司乐》："凡日月食，四镇五岳崩。"郑玄注："五岳，岱在兖州，衡在荆州，华在豫州，岳在雍州，恒在并州。"

《尔雅·释山》："河南华，河西岳，河东岱，河北恒，江南衡。"

这两例都解释了"五岳"，均不变换每个语句的长度、表达形式，郑玄以"在……"为排比句，《尔雅》以"河……"为排比句。各自的训释角度一致，语句流畅。

古典诗歌非常讲究回环之美，"回环，大致说来就是重复或再现"[①]。用韵表现回环的美。它们也被运用于训诂释义中，训者注重释文用韵，语言具有和谐的美感。

训诂释义有的是在词条之间用韵。《尔雅·释训》就有这样一段，后代注文如郭璞注保持了用韵风格。兹列举如下：

"子子孙孙，引无极也。"注："世世昌盛长无穷。"
"颙颙卬卬，君之德也。"注："道人君者之德望。"
"丁丁、嘤嘤，相切直也。"注："丁丁，斫木声。嘤嘤，两鸟鸣，以喻朋友切磋相正。"
"蔼蔼、萋萋，臣尽力也。"注："梧桐茂，贤士众，地极化，臣竭忠。"
"噰噰、喈喈，民协服也。"注："凤凰应德鸣相和，百姓怀附兴颂歌。"
"佻佻、契契，愈遐急也。"注："赋役不均，小国困竭。贤人忧叹，远益急切。"
"宴宴、粲粲，尼居息也。"注："盛饰宴安，近处优闲。"
"哀哀、悽悽，怀报德也。"注："悲苦征役，思所生也。"

---

① 王力：《略论语言形式美》，载王力《龙虫并雕斋文集》第1册，中华书局1980年版，第471页。

"佟佟、嗺嗺,罹祸毒也。"注:"悼王道秽塞,羡蝉鸣自得,伤已失所,遭谗贼。"

"晏晏、旦旦,悔爽忒也。"注:"伤见绝弃,恨士失也。"

"皋皋、琄琄,刺素食也。"注:"讥无功德,尸宠禄也。"

"欢欢、愮愮,忧无告也。"注:"贤者忧惧,无所诉也。"

"宪宪、泄泄,制法则也。"注:"佐兴虐政,设教令也。"

"谑谑、謞謞,崇谗慝也。"注:"乐祸助虐,增谮恶也。"

"翕翕、訛訛,莫供职也。"注:"贤者陵替奸党炽,背公恤私旷职事。"

"速速、蹙蹙,惟逑鞫也。"注:"陋人专禄国侵削,贤士求哀念穷迫。"

陈澧《东塾读书记》卷十一:"此必是一篇古人文字而取入《尔雅》也。"古代字书,像周代的《史籀篇》、汉代的《凡将篇》《急就篇》等,都用韵,具有回环之美,朗朗上口,便于记诵。"《尔雅》中这一段是否取古人文字,虽难断言,但是它继承了古代字书用韵的传统,则是无可怀疑的。"[①] 郭璞继承了这个传统,尽量用韵,保持了原来的风格。

词语训诂还有在一个词条内部用韵的情况。训语有的整齐一致,有的长短不一,但句尾的字多押韵。《说文·一部》"一"字下云:"惟初太极,道立于一,造分天地,化成万物。"结尾"亥"字下云:"亥而生子,复从一起。"开头与结尾,前后呼应,均用了韵语。《说文》其他地方也有偶尔用韵的。如,《鸟部》:"鹓,鹓鶵也,五方神鸟也。东方发明,南方焦明,西方鹓鶵,北方幽昌,中央凤皇。"《鼠部》:"鼫,五技鼠也。能飞不能过屋,能缘不能穷木,能游不能渡谷,能穴不能掩身,能走不能先人。"其他训诂专著有这类用例。例如:

《集韵·宵韵》:"鸏,鸏鸼,鸟名。三首六目,六翼六足。"

《尔雅·释鸟》:"鵽鸠,寇雉。"郭璞注:"鵽大如鸽,似雌雉,鼠脚,无后指,歧尾,为鸟憨急,群飞,出北方沙漠地。"

[①] 周大璞:《训诂学初稿》,武汉大学出版社1987年版,第165页。

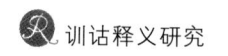

传注训诂也不乏用韵的现象。

《诗经·曹风·蜉蝣》:"蜉蝣之羽,衣裳楚楚。"毛传:"蜉蝣,渠略也。朝生夕死,犹有羽翼,以自修饰。"

《周礼·春官·大祝》:"一曰稽首,二曰顿首。"郑玄注:"稽首,拜头至地也;顿首,拜头叩地也。"贾公彦疏:"二种拜俱头至地,但稽首至地多时,顿首至地则举,故以叩地言之,谓若以首叩物然。"

训释语言的风格是在以古汉语为交际语的背景下形成的,与古典文学作品的语言风格有共同的社会基础。前者受后者的影响很深。训释语言风格的各个方面不是分散孤立的,而是彼此结合,融为一体。譬如,"通俗"与"平实"相辅相成,训诂者以形象通俗的语言训释,不追求华丽的辞藻,也同时突出发扬了平实的风格。训释语言风格的表现,像前三个方面在传注训诂或训诂专著中,表现得非常突出。"诗韵"风格未能在训诂释义的书中整体体现出来,这主要是受到训诂对象、目的的制约。它在长期发展过程中,局部方面被发挥得非常充分,像段玉裁《说文解字注》同义词的辨析运用对偶、排比句就非常普遍。

第四节 训释语言的语义特征

训释语言由于限定在"训释"的表达范围内,所以"训释"在某种程度上决定了它的语义面貌与性质。我们从语义内容、时代的变化、语义的层次与类别等角度考察,训释语言的语义表现出明显的特点。

一 知识性

训释者在解释词的理性意义的同时,还注重介绍被训词所表事物的相关知识。有的介绍历史演变状况,有的介绍功用、制作方法等。相关知识的介绍在现代辞书释义中被作为一项内容。相比而言,训诂释义中的知识介绍更丰富，也更详尽。在这方面，名物词的释义表现得非常突出。训释语言多采用一般的语文词，表述的语义具有知识性。

有的知识介绍是词义解释中必不可少的一部分，是理性意义的一个组成部分。专名，像地名、国名、官职名称、天文名称等，训释语言表达的语义多具有知识性。譬如，《广韵·语韵》："汝，亦州名。春秋时为王畿及郑楚之地，《左传》'楚袭梁及霍'，汉为梁县。后魏属汝北郡。隋移伊州于陆浑县北，遂改为汝州。""汝"为州名，训语叙述了其所辖属之地以及名称的变革。我们了解了"汝"的相关地理知识。

有的知识介绍在词义训释中并不重要，只充当附加意义。如"龟"，《说文·龟部》释作"旧也，外骨内肉者也"，这是理性意义。有的强调词义内含的社会功用。《广雅·释诂四》："龟，货也。"此处的"龟"理性意义表示龟甲。《广雅》释作"货"，说明龟的用途，是"龟"的附加意义。知识的介绍还可能是针对某部著作的相关知识，训释语言表述了词的临时意义。《周礼·天官·冢宰》："辨方正位。"郑玄注："辨，别也。郑司农云：别四方，正君臣之位，君南面，臣北面之属。玄谓《考工·匠人》：建国，水地以县，置槷以县，眂以景。为规识日出之景与日入之景。昼参诸日中之景，夜考之极星，以正朝夕。""辨"的概念义表示辨别。郑玄引用他人的解释，说明辨别的具体方法。这是针对《周礼》的记述而解释了相关的辨别方位的方法。它不属于"辨"的主要意义。

训释语言可表达多种知识。《说文·金部》："铎，大铃也。军法：五人为伍，五伍为两，两司马执铎。"徐灏注笺："镯、铃、钲、铙、铎五者，形制皆同，唯铃、铎有舌为异耳。"许慎、徐灏解释了"铎"以及它的同义词的意义，谈及其形制，这属于物质文化知识。《说文》讲到军队使用铎的制度，这属于古代军事知识。

上述知识的介绍都比较简略、概括。在训诂专书或传注中有的很详尽。《十三经注疏》内容宏富，荟萃诸经之传及儒家诸子之说，不仅经书本身，就是它们的注疏亦不乏典章制度、礼俗等的阐释，可以说包含了我国古代优秀、精深的思想文化。训释语言语义的知识性表现得十分普遍，以很长的篇幅介绍相关的礼制、学制、祭祀、刑法等诸方面。其他训诂专著介绍相关知识也非常详细。例如：

《本草纲目·兽部一·酥》："酥，酥油。"李时珍集解："弘景曰：'酥出外国，亦从益州来。本牛、羊乳所作也。'恭曰：'酥乃酪作，其性与酪异。然牛酥胜羊酥，其犛牛酥复胜家牛也。'思邈曰：'犛牛、犎牛乳为上，白羊者次之。'……时珍曰：酥乃酪之浮面所成，今人多以白羊脂杂之，不可不辨。按《臞仙神隐》云：造法：以乳入锅，煮二、三沸，倾入盆内冷定，待面结皮，取皮再煎，油出去渣，入在锅内，即成酥油。一法：以桶盛乳，以木安板捣半日，焦沫出，撇取煎，去焦皮，即成酥也。"

"酥"指古代的一种食品，李时珍详细介绍了它的制作方法。当今的《汉语大字典》仅释"酥"为"酪属，用牛羊乳制成的食品。也叫酥油"。解释非常简练。如果我们想了解"酥"的更多知识内容，就得借助其他训诂资料。

二　时代性

陈寅恪曾说："依照今日训诂学之标准，凡解释一字即是一部文化史。"[1] 陈先生所言"一字"即一词，他认为词义的解释同时是叙述了文化的历史。既是历史，就有时代性。有一些词从古到今理性意义没有什么变化，但是由于不同时代文化制度的差别，它们实际所指却有所不同。古代经儒训释这类词时，常常强调文化制度的时代变化，训释语言的语义时代性很明显。

文化制度的变化，时间长短不一。有的是一个漫长的时段，从上古跨越到中古。例如，"布"，上古和中古的布指麻布或葛布，中古以后还指用棉花织成的布。训诂中都有这方面的说明。

《小尔雅·广服》："麻、苧、葛，曰布。布，通名也。"
《说文·巾部》："布，枲织也。"段玉裁注："古者无今之木绵布，但有麻布及葛布而已。"

《小尔雅》指出布的制作材料，简洁明快。段玉裁说明清代已有"绵

---

[1] 陈寅恪：《给沈兼士的一封信》，北京大学《国学季刊》，1935年第5卷第3号。

布","绵布"即用木棉织的布。"木棉",草棉。草本或灌木。通称棉花。近代训诂有以木棉织布的记载:

> 《资治通鉴·后晋纪四·高祖圣文章武明德孝皇帝下》:"春夏用角簟,秋冬用木绵。"胡三省注:"木棉今南方多有焉,于春中作畦种之,至夏秋之交结实,至秋半其实之外皮四裂,中踊出白如绵,土人取而纺之,织以为布,细密厚暖宜以御冬。"

我们把《小尔雅》、段注及胡注联系起来看,《小尔雅》说明了汉前"布"的语义内容,胡氏讲述了中古时期以棉花为布的制度。段氏明确指出古今"布"的所指发生了变化。

与上述"布"相关的有一个动词"织",表示制作布帛之总称。《说文·糸部》:"织,作布帛之总名也。""织"的对象包括两类,一类是帛,即古代丝织物的通称。《急就篇》第八章:"绨、络、缣、练、素、帛、蝉。"颜师古注:"帛,总言诸缯也。"另一类是布。布的文化制度发生变化,这决定了"织"的对象经历了一个由制作丝线发展到制作棉线为布的过程。我们对"织"义内容的透彻了解,同样可以借助上述《小尔雅》、段注及胡注的不同时代文化制度的介绍。

有的文化制度的变化,时间相对较短。"尺",古代长度单位。各代长度不一。其长度变化主要集中于上古时期。《说文·尺部》:"尺,十寸也。人手却十分动脉为寸口,十寸为尺。周制寸、尺、咫、寻、常、仞诸度量,皆以人之体为法。"《说文》释"尺"为"十寸",此说影响很大,并为后代所继承。《玉篇·尺部》:"尺,尺寸也。十寸为尺。"现代仍采用这一进位。《说文》的"十寸也",实际是夏代的长度单位,后面提到的周制尺,与夏代不同,一尺等于八寸。清李斗《扬州画舫录·草河录上》:"六国变法度……所云周尺八寸者,盖以当时所用尺较周尺之长短,止当八寸。"训诂书中详细介绍了尺的长度于夏、殷、周三代都不同。

> 汉蔡邕《独断》卷上:"三代建正之别名,夏以十三月为正,十寸为尺……殷以十二月为正,九寸为尺……周以十一月为正,八寸为尺。"

《说文》《玉篇》及《独断》说明不同时代"尺"的长度变化，使我们对"尺"的所指有了一个完整、清晰的认识。

上述例子的训释语言表达文化制度的变革，表明词的所指发生了变化，而对于词的理性意义并没有多大影响。各种注释呈现的不同时域文化，为我们正确理解词义起着至关重要的作用。《诗经·卫风·氓》："将子无怒，秋以为期。"文中的"秋"属于夏历，即七月至九月。是否古代的"秋"都属于夏历呢？非也。古代的历法，夏代推行夏历（即农历），周代推行周历。古代文献中的"秋"也有属于周历的。如以下的训释：

《孟子·滕文公上》："曾子曰：'不可，江汉以濯之，秋阳以暴之，皓皓乎不可尚已。'"赵岐注："秋阳，周之秋，夏之五月六月盛阳也。"

《孟子·梁惠王上》："王知夫苗乎？七、八月之间旱，则苗槁矣。"赵岐注："周七、八月，夏之五、六月也。"

《孟子》的两例"秋"都指周历的秋，相当于夏历的五月、六月。如果没有赵岐注，我们很容易将"秋"误解为农历之秋。当今辞书如《汉语大字典》仅释"秋"为"一年四季中的第三季，农历七月至九月"，完全没有提到"秋"的历法变化，释义有所缺失。

三 充分性

这与词义的内部层次有关。训释语言力求表达准确无误，古人并不完全满足于此，有时，还揭示了词的"得名之由"。如果说准确释义是"知其然"，那么揭示得名之由则是"知其所以然"，这对理解词义大有裨益。先人总是先有对事物的认识，然后才为其命名。他们的认识反映了事物某方面的特征。摹声说的代表人物赫尔德曾经说："那羊儿就站在那里，他的感官告诉他：它是白色的，柔软的，毛茸茸的。他那练习着思考的心灵在寻找一个特征——这羊儿在咩咩地叫，于是，心灵便找到了特征……羊儿咩咩的叫声由人的心灵知觉为羊儿的标志，并且由于这种意识活动而成为羊的名称。"①"咩咩叫"是羊羔的一般特征,我们通过"羊的名称"由来了解了这个词表示的动物的一般性认识。概念义是显性的,理据描写了意义内含的特征,是隐性的。后者通过训释语言的描写,从另一角度充实、丰富了词义,显示了释义的充分性。

为了体现释义的充分性,训者习惯于解释词义后,再紧接着说明命名理据。

古代有专门探究命名理据的著作,如《释名》即是。书中有的词语仅仅说明得名理据;而多数词条的释义内容,包括释词的概念义与说明理据两部分。

《释山》:"山脊曰冈。冈,亢也,在上之言也。"
《释天》:"兑,悦也,物得备足,皆喜悦也。"

"冈""兑"既解释了词义,也说明了命名理据。《释名》得名之由补足了词的深层义的说明。

在古代字书中不乏命名理据的说明。

《说文·勿部》:"勿,州里所建旗。象其柄,有三游。杂帛,幅半异。所以趣民,故遽称勿勿。"
《说文·土部》:"垛,堂塾也。"段玉裁注:"谓之垛者何也?朵者,木下垂。门堂伸出于门之前后,略取其意。"
《说文·艸部》:"芫,鱼毒也。"段玉裁注:"芫草,一名鱼毒,煮之以投水中,鱼则死而浮出,故以为名。"

第一例,《说文》说明了"勿勿"的得名之由。后两例,段玉裁说明了"垛""鱼毒"的命名理据。

古代的传注,词义解释包括了词的得名之由。

《论语·季氏》:"吾恐季孙之忧,不在颛臾,而在萧墙之内也。"
何晏集解引郑玄曰:"萧之言肃也,墙谓屏也。君臣相见之礼,至屏

---

① [德] J. G. 赫尔德:《论语言的起源》,姚小平译,商务印书馆1998年版,第27—28页。

而加肃敬焉，是以谓之萧墙。"

《礼记·儒行》："筚门圭窬，蓬户瓮牖。"郑玄注："圭窬，门旁窬也，穿墙为之如圭矣。"

《礼记·王制》："昆虫未蛰，不以火田。"郑玄注："昆，明也。明虫者，得阳而生，得阴而藏。"

词群的类比释义，命名理据的不同是其中的一个方面。

《尔雅·释天》："北极谓之北辰。"邢昺疏："北极谓之北辰者，极，中也；辰，时也。居天之中，人望之在北，因名北极。斗杓所建，以正四时，故云北辰。"

"北极""北辰"都表示北极星。《尔雅》训释了两个词的概念义，简单易懂。"北极"与"北辰"是一物异名，理性意义完全相同，但命名理据不同。邢昺不再对两个词的概念义作训，而是解说了得名之由，使我们对词义的认识更为深入。

以命名理据比较词义的差别，这在传注训诂中同样存在。

《尚书·尧典》："九载，绩用弗成。"孔颖达疏："孙炎曰：'岁，取岁星行一次也。祀，取四时祭祀一讫也。年，取禾谷一熟也。载，取万物终而更始。'"

《诗经·王风·黍离》："悠悠苍天，此何人哉！"毛传："苍天以体言之。尊而君之，则称皇天；元气广大，则称昊天；仁覆闵下，则称旻天；自上降鉴，则称上天；据远视之苍苍然，则称苍天。"

第一例，"岁""祀""年""载"都指时间单位，即太阳年。四个词是等义词，理性意义完全相同，但时域不同。这四个词为何而产生？孔颖达逐一解释其得名之由，隐含的附属意义被揭示了出来。第二例，"苍天""皇天""昊天""旻天""上天"为等义词，都泛称天，在使用时无明显区别。毛亨列举这些词"随事立称"，揭示了隐含意义的细微差别。

命名理据显示了一个完整词义中的部分特征，有的揭示了词义的区别性特征，有的仅描写附属特征。但当它们被训者提取出来加以说明后，就变得非常显豁，也富有趣味，有利于人们加深对词义的认识。

四 通义性

与释义功能密切相关，训释语言表达被训词的通用意义。基本词通常作为训释词。基本词的附加意义少，诸如感情色彩、等级色彩、褒贬色彩、方言色彩、雅俗色彩、形象色彩、称述方式等方面，都表现出"中性"特征。而训释词的理性意义正好表示与其他词共有的全部理性意义或其中的核心意义。使用义素分析法来分析，训词的义素显得相对要少，而被训词的义素相对要多。

训释语言的语义通用性通过多种训释形式表现出来。其中，在同义为训中最为明显。《说文·心部》："悴，忧也。"又，"愁，忧也。"像这样训作"忧"的词很多，有"恩、悴、慽、悁、忦、恙、恤、忧、惙、愁、悄、憾、患"等，这是一组同义词，各词之间的意义都有细微差别。其中"恩、悴、愁、慽、惙、悄、憾、恙、恤、患"表示忧愁、忧虑义，"悁"表示忧郁义，"忦"表示忧惧义，它们的一部分理性意义有差别。再细致分析，"忧愁"组每个词的词义都有不同特征。"愁"重在脸色的变化，"患"重在对事物的担心。另外，有的词的附加意义也不同。训词"忧"的义域最广，表示内心的忧愁情绪，揭示了所有被训词的核心义素。被训词与"忧"的不同，仅表现在理性意义的非核心部分或附加意义方面。

《说文》使用直训，众多词条用同一训词，当它表达同一意义时，便具有了通义性。与之相比，《尔雅》使用通训，训词的通义性表现得更为明显。《释诂》："怡、怿、悦、欣、衎、喜、愉、豫、恺、康、妉、般，乐也。""乐"表示快乐、欢乐。"乐"不含附加意义，它的理性意义通用于所有被训词。从形式上，"乐"的通义性一目了然。

一个词训释的通义性是被训者普遍认同的，表现在各种形式的训诂中。以单音词为例。

《战国策·中山策》："臣闻赵天下善为音，佳丽人之所出也。"高诱注："丽，美。"

《类篇·人部》："佳，美也。"

《国语·晋语一》："彼将恶始而美终，以晚盖者也。"韦昭注：

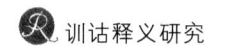

"美，善也。"

《楚辞·大招》："姱修滂浩，丽以佳只。"王逸注："佳，善也。"

"美"，形貌好看，训释"丽""佳"。"善"，美好。训释"美""佳"。不同处的训释，选用"美"和"善"作训词，说明这两个词具有通义性。

有时，词群的相同义用双音词训释。比较多种训诂，使用的训词不同，但语义却相同，适用于每个被训词。

滨，水边也。(《方言》十"江滨谓之思"郭璞注)

濆，水厓也。澨，水厓也。汻，水厓也。浦，水濒也。(《说文·水部》)

渚，水涯也。(《楚辞·九歌·云中君》"夕弭节兮北渚"王逸注)

溦，亦水崖也。(《文选·潘岳〈秋兴赋〉》"泉湍涌于石间兮，菊扬芳于崖溦"李周翰注)

四个例子或选自训诂专著，或选自传注，以"水边""水厓"（"厓"同"涯""崖"）"水濒"训释，意义都相同。这些"水边"词还有用"厓"解释的。《广雅·释丘》："澳、厈（岸）、浦、浔、澨、滨、湄、浜，厓也。"双音词比起单音词来，减少了多义性。它们表示一个义项的义域没有发生改变，语义仍然具有通用性。

这些"水边"词还用较长的短语来解释。《诗经·小雅·北山》"率土之滨"孔颖达疏："浒、滨、涯、浦，皆水畔之地，同物而异名也。"训语"水畔之地"实际是上述训词"水边""水厓""水濒"的扩展式，对于被训词而言，同样具有通义性。

有的传注训诂先解释词的固定义，然后再释文中的临时义。训释语言解释固定义，通常是讲清楚词义的核心部分，适用于所有的文献用例。临时义只是核心义以外部分发生了变化，固定义对临时义起着重要的航标作用。

《诗经·周南·汝坟》："遵彼汝坟，伐其条肄。"毛传："肄，余也。斩而复生曰肄。"

《礼记·曲礼下》："五官致贡曰享。"郑玄注："享，献也。致其岁终之功于王谓之献也。"

《史记·伯夷列传》："肝人之肉，暴戾恣睢。"张守节正义："睢，仰白目，怒貌也。言盗蹠凶暴恶戾，恣性怒白目也。"

"肆"的通义是"余"，文中的具体义是"斩而复生"。"享"的通义是"献"，"致其岁终之功于王"表示文中的具体意义。"睢"的通义是"仰白目"，内含的"怒貌"表示文中人物的感情。训释语言明确了通义，这是根本。临时义是其次要义域的变化以及附加意义的补充，两者构成一般与个别的关系。训释语言的固定义，表示了所有词在使用态下的共同语义，有利于读者进一步比较、认识临时义的特殊之处。

五 类义性

类义性是指训释语言仅表达类属义，而不说明词义的其他特征。被训词的语义从属于它。

上位词表示类属义，训诂学者善于用上位词训释被训词。我们在《训释语言的功能》一节，举证了大量这方面例子。兹再以"玉"类词为例，被训词多为玉石中的一种，用上位词"玉"训释。"玉"表示上位义，即类属义。

《说文·玉部》："玒，玉也。"
《说文新附·玉部》："珃，玉也。"
《说文·玉部》："珙，玉也。"
《说文·玉部》："璙，玉也。"
《玉篇·玉部》："琪，玉属。"
《玉篇·玉部》："璥，玉也。"
《玉篇·玉部》："珯，玉名。"
《广韵·支韵》："琦，玉名。"

训词均用"玉"，有的在后面加"属""名"，更明确了训释部分表示上位义。这些词的释义非常笼统，有的无书证，查阅当代字典，如《汉语大字典》，"珃"仅收录了《说文》的解释；"璙"，收录《说文》《广韵》的解释；"璥"，收录《说文》《玉篇》的解释；"珯"，收录《玉篇》的解释。有些词虽有书证，但引文的传注部分仅表示它的所属类别，没有描绘更多特征。《楚辞·招魂》："纂组绮缟，结琦璜些。"洪兴祖补注："琦，玉名。"

训诂释义中还用短语表示上位义。以《说文》的玉石词为例，"玫、珉、琨"，《说文》释作"石之美者"；"玲、珜、瑒"，释作"石之次玉者"；"珇、䃂、琂、珣、珱、瑀、瑂、璑、礝、璁、璞、璘"，释作"石之似玉者"；"琱"，释作"石似玉"。这些词的训释短语，表达方式略有变化，意思没有什么不同，对于被训词，它们解释了上位义。属于名贵石头类的词，用通训形式。《广雅·释地》："蜀石、碔、玫、砷碌、码磱、武夫、琨珸、瑃石、瑊玏、砢，石之次玉。"将《广雅》与《说文》相比较，前者是多词同训，后者是单词训释，而训释语言的意义没有发生变化。这类训释语言在中古被传承下来，例如：

《玉篇·玉部》："璇，美石次玉。"
《玉篇·玉部》："砢，石次玉也。"
《广韵·先韵》："玹，石次玉。"
《广韵·换韵》："瑖，石之似玉。"
《集韵·桓韵》："瑄，石似玉。"
《集韵·清韵》："瓔，石似玉。"
《玉篇·玉部》："斌，石似玉也。"
《礼记·玉藻》："士佩瓀玟而缊组绶。"孔颖达疏："瓀、玟，石次玉者。"

这些词或释为"石次玉"，或释为"石似玉"；不仅存在于古代的字典韵书中，也存在于注疏中。有的是常用词，如"砢"，文献用例较多。有的是生僻词，"玹""瑖""瑄"三个词，当代字典如《汉语大字典》仅收录了上述韵书的解释。

训诂专著编排百科词语，大多具有类义性，历代"雅书"都如此。其实，类义性不仅局限于此，训诂学家善于用类属义训释词语。以类属义训释主要针对名物词，或为常用词、或为生僻词。它们对现代辞书产生了深刻的影响，现代大型语文工具书也存在这种释义情况。像《汉语大字典》这样的字典，解释几乎完全继承了《说文》《玉篇》《广韵》等字书、韵书的训释语言。

　　以上五个方面作为训释语言的语义特征,适用面很广,遍布各个时代的各类训诂释义。训释语言的语义特征从另一个角度反映了训诂释义的高下优劣,前四条从各个层面充分揭示了词义的各项特征,体现了释义的优良传统。第五条反映了训诂释义模糊、笼统的弊端,是其不足。

参考文献

著作

陈绂：《训诂学基础》，北京师范大学出版社1990年版。
陈彭年等：《钜宋广韵》，上海古籍出版社1983年版。
程俊英、梁永昌：《应用训诂学》，华东师范大学出版社1989年版。
崔永华：《词汇研究与对外汉语教学》，北京语言文化大学出版社1997年版。
戴震：《戴震集》，上海古籍出版社1980年版。
丁度：《集韵》，中国书店1983年版。
段玉裁：《说文解字注》，上海古籍出版社1988年版。
符定一：《联绵字典》，中华书局1983年版。
符淮青：《词典学词汇学语义学文集》，商务印书馆2004年版。
高守纲：《古代汉语词义通论》，语文出版社1994年版。
顾炎武著，黄汝成集释：《日知录集释》（外七种），上海古籍出版社1985年版。
顾野王：《宋本玉篇》，中国书店1983年版。
管锡华：《尔雅研究》，安徽大学出版社1996年版。
桂馥：《说文解字义证》，中华书局1987年版。
郭锡良、李玲璞：《古代汉语》，语文出版社1992年版。
胡奇光、方环海：《尔雅译注》，上海古籍出版社1999年版。
黄承吉：《梦陔堂文集》，燕京大学图书馆1936年铅印本。
黄金贵：《古代文化词义集类辨考》，上海教育出版社1995年版。
黄金贵：《古代文化词语考论》，浙江大学出版社2001年版。
黄金贵：《古汉语同义词辨释论》，上海古籍出版社2002年版。

黄侃：《黄侃论学杂著》，中华书局 1964 年版。
黄侃笺识，黄焯编次：《尔雅音训》，上海古籍出版社 1983 年版。
黄侃述、黄焯编：《文字声韵训诂笔记》，上海古籍出版社 1983 年版。
江永：《周礼疑义举要》，载《丛书集成初编》，中华书局 1985 年版。
蒋绍愚：《古汉语词汇纲要》，北京大学出版社 1989 年版。
李时珍：《本草纲目》，人民卫生出版社 1993 年版。
李恕豪：《扬雄〈方言〉与方言地理学研究》，巴蜀书店 2003 年版。
刘伶、黄智显、陈秀珠：《语言学概要》，北京师范大学出版社 1984 年版。
刘师培：《刘师培全集》，中共中央党校出版社 1997 年版。
刘叔新：《汉语描写词汇学》，商务印书馆 2005 年版。
陆德明：《经典释文》，上海古籍出版社 1985 年版。
陆忠发：《现代训诂学探论》，浙江大学出版社 2008 年版。
陆宗达：《训诂简论》，北京出版社 2002 年版。
陆宗达、王宁：《训诂方法论》，中国社会科学出版社 1983 年版。
陆宗达、王宁：《训诂与训诂学》，山西教育出版社 2005 年版。
罗常培：《语言与文化》，语文出版社 1989 年版。
罗竹风主编：《汉语大词典》，汉语大词典出版社 1988 年版。
吕叔湘：《语文常谈》，生活·读书·新知三联书店 1980 年版。
濮之珍：《中国语言学史》，上海古籍出版社 1987 年版。
齐佩瑢：《训诂学概论》，中华书局 2004 年版。
钱绎：《方言笺疏》，上海古籍出版社 1984 年版。
任继愈：《中国哲学史》，人民出版社 1963 年版。
阮元校刻：《十三经注疏》，上海古籍出版社 1980 年版。
阮元：《揅经室集》，四部丛刊景印清道光本。
邵敬敏主编：《文化语言学中国潮》，语文出版社 1995 年版。
石安石：《语义论》，商务印书馆 1993 年版。
石肆壬：《词典学论文选译》，商务印书馆 1981 年版。
史游：《急就篇》，载《丛书集成初编》，中华书局 1985 年版。
宋金兰：《训诂学新论》，首都师范大学出版社 2001 年版。
苏宝荣：《词义研究与辞书释义》，商务印书馆 2000 年版。
苏新春：《汉语词义学》，广东教育出版社 1997 年版。
苏新春：《汉语释义元语言研究》，上海教育出版社 2005 年版。

孙雍长:《训诂原理》,语文出版社 1997 年版。
唐文:《郑玄辞典》,语文出版社 2004 年版。
涂纪亮:《语言哲学名著选辑》,生活·读书·新知三联书店 1988 年版。
王凤阳:《古辞辨》,吉林文史出版社 1993 年版。
王国维:《观堂集林》,中华书局 1959 年版。
王筠:《说文解字句读》,中华书局 1988 年版。
王力:《龙虫并雕斋文集》,中华书局 1980 年版。
王力:《中国语言学史》,山西人民出版社 1981 年版。
王力:《同源字典》,商务印书馆 1982 年版。
王力:《王力文集》,山东教育出版社 1985 年版。
王念孙:《读书杂志》,江苏古籍出版社 2000 年版。
王念孙:《广雅疏证》,中华书局 2004 年版。
王宁:《训诂学原理》,中国国际广播出版社 1996 年版。
王宁、谢栋元、刘方:《〈说文解字〉与中国古代文化》,辽宁人民出版社 2000 年版。
王问渔主编:《训诂学的研究与应用》,内蒙古人民出版社 1986 年版。
王先谦:《释名疏证补》,上海古籍出版社 1984 年版。
王引之:《经义述闻》,江苏古籍出版社 2000 年版。
王建莉:《〈尔雅〉同义词考论》,中华书局 2012 年版。
伍铁平:《模糊语言学》,上海外语教育出版社 1999 年版。
徐朝华:《尔雅今注》,南开大学出版社 1994 年版。
徐世荣:《古汉语反训集释》,安徽教育出版社 1989 年版。
徐友渔:《"哥白尼式"的革命》,上海三联书店 1994 年版。
徐中舒主编:《汉语大字典》,四川辞书出版社、湖北辞书出版社 1995 年版。
许慎:《说文解字》,中华书局 1963 年版。
许威汉:《训诂学导论》,上海教育出版社 1987 年版。
杨树达:《词诠》,中华书局 1978 年版。
杨树达:《积微居小学述林》,中华书局 1983 年版。
俞樾:《古书疑义举例五种》,中华书局 1956 年版。
张联荣:《古汉语词义论》,北京大学出版社 2000 年版。
张世禄:《张世禄语言学论文集》,学林出版社 1984 年版。

张双棣：《〈吕氏春秋〉词汇研究》，山东教育出版社1989年版。
张永言：《词义学简论》，华中工学院出版社1982年版。
张志毅、张庆云：《词汇语义学》，商务印书馆2005年版。
章宜华：《语义学与词典释义》，上海辞书出版社2002年版。
赵克勤：《古代汉语词汇学》，商务印书馆1994年版。
赵振铎：《训诂学纲要》，巴蜀书社2003年版。
周大璞：《训诂学初稿》，武汉大学出版社1987年版。
朱骏声：《说文通训定声》，中华书局1984年版。
朱起凤：《辞通》，长春古籍书店1982年印制。
朱祖延：《尔雅诂林》，湖北教育出版社1998年版。
宗福邦、陈世铙、萧海波：《故训汇纂》，商务印书馆2003年版。
《诸子集成》，中华书局香港分局1978年版。
［美］布龙菲尔德：《语言论》，袁家骅等译，商务印书馆1980年版。
［瑞］费尔迪南·德·索绪尔：《普通语言学教程》，高名凯译，商务印书馆1999年版。
［德］J. G. 赫尔德：《论语言的起源》，姚小平译，商务印书馆1998年版。
［英］杰弗里·N. 利奇：《语义学》，李瑞华等译，上海外语教育出版社1987年版。
［捷］拉迪斯拉夫·兹古斯塔主编：《词典学概论》，林书武等译，商务印书馆1983年版。
［美］乔纳森·卡勒：《索绪尔》，张景智译，中国社会科学出版社1989年版。
［德］沃尔夫冈·伊塞尔：《阅读活动：审美反映理论》第4编，中国社会科学出版社1991年版。
［法］约瑟夫·房德里耶斯：《语言》，岑麟祥、叶蜚声译，商务印书馆1992年版。

论文

安华林、曲维光：《〈现代汉语词典〉释义性词语的统计与分级》，《语言文字应用》2004年第1期。
安华林：《现代汉语释义基元词探索》，《甘肃高师学报》2004年第6期。

安华林：《汉语语文词典编纂理论与实践新探》，《语言文字应用》2006 年第 2 期。

陈建初：《〈释名〉互训例辨》，《湖南师范大学社会科学学报》2001 年第 5 期。

陈燕玲：《文言古义教学方法论》，《徐州师范大学学报》2000 年第 1 期。

陈寅恪：《给沈兼士的一封信》，北京大学《国学季刊》，1935 年第 5 卷第 3 号。

邓军、李萍：《郑玄随文释义的语境研究》，《古籍整理研究学刊》2000 年第 6 期。

董恩林：《〈尔雅〉研究述评》，《湖北大学学报》1987 年第 1 期。

董淑华：《古汉语词义素分析浅探》，《辽宁工学院学报》2004 年第 5 期。

多洛肯：《〈尔雅·释诂〉中词义内部语义联系现象探微》，《新疆师范大学学报》1998 年第 3 期。

多洛肯：《〈尔雅·释诂〉非同义训释中无共同义素现象发微》，《新疆师范大学学报》1999 年第 4 期。

方向东：《从现代大型辞书的编纂看运用古代训诂材料的误区》，《徐州师范大学学报》1999 年第 2 期。

符淮青：《"词义成分—模式"分析（表名物的词）》，《汉语学习》1997 年第 1 期。

古敬恒：《试论徐锴对辞书释义所作的贡献》，《中州大学学报》1996 年第 2 期。

郭迎春：《从〈礼记卷〉看专书辞典词语释义的文化性》，《辞书研究》2000 年第 6 期。

胡晓华：《〈尔雅〉郭璞注语词研究与〈汉语大词典〉编纂》，《古汉语研究》2004 年第 4 期。

黄金贵：《论古汉语同义词的识同》，《浙江大学学报》2002 年第 1 期。

黄金贵：《论古汉语同义词构组的标准和对象》，《古汉语研究》2003 年第 1 期。

黄金贵：《古今汉语同义词辨析异同论》，《古汉语研究》2003 年第 3 期。

黄晓冬：《古汉语训诂材料中词的词义层次》，《求索》2004 年第 7 期。

黄易青：《论事物特征与意象之异同》，《古汉语研究》1997 年第 2 期。

黄易青：《同源词义素分析法——同源词意义分析与比较的方法之一》，

《古汉语研究》1999年第3期。

简易民：《论语言的社会性与文化性》，《丹东师专学报》2003年第1期。

姜岚、张志毅：《语文辞书元语言的规则》，《辞书研究》2004年第5期。

解海江、章黎平：《面部语义场词典释义的历史演变》，《烟台师范学院学报》1999年第4期。

解正明：《词义研究与语文词典释义》，《辞书研究》2002年第3期。

李尔钢：《互动与释义省略——答赵彦春、黄建华》（之二），《辞书研究》2005年第2期。

李国英：《〈汉语大字典〉误用声训举例》，《暨南学报》2002年第1期。

李国英：《论字典义项误设》，《北京师范大学学报》2002年第4期。

李茂康：《〈释名〉的说解与辞书编纂》，《四川教育学院学报》1998年第1期。

李仕春：《联合式构词法在中古时期最能产的原因》，《云南师范大学学报》2006年第4期。

李先耕、张居三：《〈说文解字〉同训词研究》，《哈尔滨工业大学学报》2003年第4期。

李友鸿：《词义研究的一些问题》，《西方语文》1958年第1期。

李运富：《训诂材料的分析与汉语学术史的研究——《〈周礼复音词郑玄注研究〉序》，《长春师范学院学报》2007年第2期。

李占平：《古汉语专书词汇研究中反义关系的确定方法》，《西南师范大学学报》2004年第1期。

凌丽君：《〈毛诗故训传〉直训的语义语用分析》，博士学位论文，北京师范大学，2007年（稿本）。

刘板：《对邢福义先生类义词的传统逻辑概念关系的分析》，《河南教育》2006年第2期。

刘川民：《〈说文段注〉辨析同义词的方式》，《杭州大学学报》1997年增刊。

刘叔新：《释义中的相对和反义关系》，《辞书研究》1982年第2期。

刘叔新：《词语的意义和释义》，载《词汇学和词典学问题研究》，天津人民出版社1984年版。

刘叔新：《论词语的意味》，《语言教学与研究》1993年第1期。

刘叔新：《释义中的区别性特点问题》，《语言文字应用》1994年第1期。

刘兴均：《"名物"的定义与名物词的确定》，《西南师范大学学报》1998年第5期。

刘兴均：《男性称谓词"士"及其文字符号的文化义蕴》，《乐山师范学院学报》2007年第1期。

刘智伟：《浅析〈说文解字注〉建立汉语同义系统的原则和方法》，《华北水利水电学院学报》2002年第1期。

卢凤鹏：《〈说文解字〉异词同训的定位分析》，《毕节师专学报》1994年第2期。

陆尊梧：《语文词典的互训问题》，《辞书研究》1982年第4期。

罗会同：《〈说文〉的释义方式浅析》，《呼兰师专学报》2000年第2期。

马景仑：《〈说文〉段注对同义名词的辨析》，《南京师范大学学报》1997年第3期。

马景仑：《〈说文〉段注"散文""对文"与"浑言""析言"的异同》，《文教资料》1997年第6期。

马景仑：《〈说文〉段注"浑言""析言"在汉语词义研究中的意义》，《徐州师范大学学报》1998年第2期。

马景仑：《〈说文〉段注"浑言""析言"所涉动词词义分类》，《镇江师专学报》1998年第3期。

毛远明：《汉语文化词语释义问题》，《辞书研究》2004年第3期。

毛远明：《汉语文辞书名物词语释义存在的问题》，《阿坝师范高等专科学校学报》2006年第2期。

曲娟：《义素分析与训诂中的释义》，《通化师范学院学报》2001年第6期。

饶尚宽：《先秦单音反义词简论》，《新疆师范大学学报》1994年第3期。

任胜国：《类比释义的语义关系及类比的原则与范畴》，《烟台师范学院学报》1995年第4期。

任晔：《论同源词的语义特征》，《新疆师范大学学报》2004年第4期。

芮东莉：《试论〈释名〉中同义词的收录和说解》，《西北第二民族学院学报》2000年第3期。

石安石、詹人风：《反义词聚的共性、类别及不均衡性》，载《语言学论丛》第十辑，商务印书馆1983年版。

宋芳彦：《这不是小循环互训》，《辞书研究》1983年第2期。

宋文：《认知语义场——辨同义词、类义词、上下义词》，《语言理论研究》2006 年第 8 期。

宋永培：《论古汉语词义的系统辨析》，载《语言学和汉语教学》，北京语言学院出版社 1990 年版。

苏宝荣：《词典的语言释义和语用释义》，《辞书研究》1994 年第 1 期。

苏宝荣：《语文辞书释义方式上的两个"误区"》，《河北师范大学学报》2003 年第 4 期。

苏新春：《评〈尔雅〉的语义分类》，《九江师专学报》1986 年第 1 期。

苏新春：《〈尔雅·释诂〉同义词词义特点考论》，《江西师范大学学报》1986 年第 3 期。

苏新春：《同源词的同源线是形象义》，人大复印资料《语言文字学》1993 年第 8 期。

孙玉文：《阅读古诗文应该懂一点古名物词知识——以〈诗经·国风〉草类植物词为例》，《湖北大学成人教育学院学报》2001 年第 3 期。

宛志文：《论〈尔雅〉通用词语的释义特色》，《辞书研究》1992 年第 3 期。

王艾录、司富珍：《理据三问——与黎良军先生商榷》，《辞书研究》2002 年第 2 期。

王东海：《应用训诂学的训释与语文辞书的释义》，《辞书研究》2005 年第 3 期。

王建莉：《试谈训诂中的文化反映》，人大复印资料《语言文字学》1997 年第 2 期。

王军：《〈汉语大词典〉释义继承传统训诂方式指瑕》，《陕西师范大学继续教育学报》2002 年第 4 期。

王力：《训诂学上的一些问题》，《中国语文》1962 年 1 月号。

王明春：《〈荀子〉正文训诂》，《枣庄学院学报》2005 年第 1 期。

王宁：《训诂学理论建设在语言学中的普遍意义》，人大复印资料《语言文字学》1993 年第 12 期。

王宁：《汉语词源的探求与阐释》，《中国社会科学》1995 年第 2 期。

王宁：《汉语词汇语义学的重建与完善》，《宁夏大学学报》2004 年第 4 期。

王宁、黄易青：《词源意义与词汇意义论析》，《北京师范大学学报》2002

年第 4 期。

伍铁平：《论词义、词的客观所指和构词理据》，《现代外语》1994 年第 1 期。

谢荣：《论词的文化义》，《韩山师专学报》1992 年第 2 期。

徐德庵：《从中古训诂资料中反映出来的汉语早期构词法——以〈尔雅〉〈方言〉同郭注的对照为例》，载《古代汉语论文集》，巴蜀书社 1991 年版。

徐光烈：《试谈辞书释义的层次——兼议"嫁"的解释》，《辞书研究》1998 年第 4 期。

徐时仪：《古代语文辞书释义特征探微》，《上海师范大学学报》1997 年第 1 期。

许威汉：《词义学与词典学研究的新成果——读〈词义研究与辞书释义〉》，《社会科学论坛》2001 年第 11 期。

杨端志：《训诂学与现代词汇学在词汇词义研究方面的差异与互补》，《文史哲》2003 年第 6 期。

杨浩亮：《〈尔雅·释诂〉的非同义训释》，《陕西师范大学学报》1999 年第 4 期。

杨荣祥：《〈说文〉中的"否定训释法"》，《古汉语研究》1994 年第 3 期。

杨薇、张志云：《论秦汉识读课本在我国辞书编纂史上的意义》，《湖北大学学报》2003 年第 3 期。

殷孟伦：《从〈尔雅〉看古汉语词汇研究》，《山东大学学报》1963 年第 4 期。

游汝杰：《"音位"的历史和涵义》，《国外语言学》1980 年第 2 期。

曾昭聪：《从词源学史看宋代"右文说"的学术》，《古汉语研究》2002 年第 2 期。

詹人凤：《古籍释义与上下文语境——重读王力先生训诂论著有感》，《大庆高等专科学校学报》1996 年第 1 期。

张德意：《〈尔雅·释诂·释言〉的同义原则》，《江西教育学院学报》1992 年第 4 期。

张金忠：《试论词典的分层次释义法》，《辞书研究》2002 年第 6 期。

张劲秋：《〈论语〉何晏注训诂研究》，《安徽教育学院学报》2004 年第 4 期。

张礼、衡桂珍：《论现代汉语辞书语体的风格》，《合肥工业大学学报》2004年第2期。

张联荣：《语文义·术语义·文化义》，《辞书研究》1997年第1期。

张联荣：《〈墨辩〉中的词语释义问题》，《北京大学学报》1999年第2期。

张履祥：《事物异名类编词典的先导——〈事物异名录〉》，《辞书研究》1991年第3期。

张能甫：《郑玄注释语料在〈汉语大词典〉修订中的价值》，《西南民族学院学报》2001年第6期。

张清常：《〈尔雅〉研究的回顾与展望》，载《语言学论文集》，商务印书馆1993年版。

张志毅：《确定同义词的几个基本观点》，《吉林师范大学学报》1965年第1期。

张志毅：《同义词词典编纂法的几个问题》，《中国语文》1980年第5期。

张志毅、张庆云：《柏拉图以来词义说的新审视》，人大复印资料《语言文字学》2000年第7期。

赵伯义：《〈尔雅〉义训分析论》，《古汉语研究》2001年第3期。

赵克勤：《古汉语反义词浅论》，《语文研究》1986年第3期。

赵世举：《也谈辞书的释义问题——〈词义研究与辞书释义〉读后》，《辞书研究》2002年第2期。

赵振铎：《训诂学的几个问题》，载《语言研究论丛》第三辑，天津人民出版社1987年版。

郑振峰、李冬鸽：《关于同源词的判定问题》，《语文研究》2005年第1期。

钟明立：《〈说文解字〉的同义词及其辨析》，《贵州文史丛刊》1999年第1期。

钟明立：《训诂术语"对/散""对言/散言""浑/析"——兼谈综合分析同义词之术语的演变》，《杭州师范学院学报》1999年第1期。

钟明立：《〈五经正义〉的"对文"和"散文"》，《江西师范大学学报》1999年第4期。

钟明立：《段注同义词研究》，博士学位论文，浙江大学，1999年。

祝注先：《〈书叙指南〉——一本宋代同义词语手册》，《辞书研究》1986年第1期。

邹酆：《从〈子云乡人类稿〉析殷孟伦的辞书观》，《山东大学学报》2003

年第4期。
左林霞:《〈左传〉杜注复合词的考察》,《云南师范大学学报》2004年第6期。

索 引

词典释义 3，7，9
词训 2，72，91，99，131，133—137，139，141，147—149，154，156，157，170，172
词义 1—30，32，34—45，48，52—61，63—75，77—83，88，89，91，93—103，105—108，110，111，113，115—117，119，123—125，128，130—140，142—144，146，147，154，156—158，160，161，164，165，167，168，170—173，175—177，179，180，185，186，189，192，193，195，200，206，207，209—217，219—224，226—228，233，234，236—241，243
词义的等值训释 72，75，80
词义的非等值训释 89
词义的准等值训释 80，180，186
多条同义释义系统 170，172，173，178
对文 4，85，87，97，124，162，163，169，170，179，185，188
反义词的训释 179
泛指义的训释 151
分层次释义法 140，146
"归类限定"模式 119，130
固定意义的训释 142

《汉语大字典》5，34，46，70，115，116，124—130，184，215，234，236，241，242
《汉语大词典》98，115，116，124，126—130，202
核心词释义法 176，178
科学定义 40
类义词的训释 188
类比释义 3，157，163—165，167，168，170，175，178—183，185，188，189，191，193，194，196，197，222，238
模糊意义的训释 62，63，70
名物释义模式 119
求义之训诂 2
确切意义的训释 53，61
散文 4，162，163，169，170
声训 2，23，26—28
实义 23，24
释义 2—30，32—43，48—56，58，62—72，80—84，89—91，93，94，96—99，102，106，112—115，119，121—132，134，136，137，139—142，146，147，152，156—160，163—165，167，168，170—189，191，193，194，196—202，204，

206—212，219—224，226，229，230，232，233，236—239，241—243

释义系统 3，4，22，170—173，176—178，188，196，197，199，200

释义元语言 7，8

释义之训诂 2，5—8

特指义的训释 146，151

同义词的训释 3，66，157，160，189

训诂 1—18，20—29，32—34，36—38，43，48，49，52—56，58，62，64—67，69—72，78，80—84，89，91，93，98，99，102，105，106，109，110，112，114—116，119，121，124—130，140，146—148，154，156—160，163，164，169—171，174，177—179，181，184，186—188，196，198—204，207，209—212，218，220—226，229—235，238—243

训诂方法 2，3，9，23

训诂释义 7—15，17，18，20—29，32—34，37，38，48，52，53，56，58，62，65，66，69，71，72，80，82—84，91，93，99，106，112，114，119，121，129，130，140，147，156，157，160，170，178，179，186—188，198，199，201，202，207，209，210，212，220，222—224，226，229，230，232，242，243

训诂释义的类型 8，32，220

训诂释义语言 198，220

训释语言的功能 198，200—202，209，241

训释语言的结构 209

训释语言的风格 220，232

训释语言的语义特征 232，243

文化义 4，6，8，32，42—49，51，52，109，169，225

形训 2，23—25

义素 7，17，43，45，49，89，93，96—107，110—112，114—116，118，119，164，170，179，185—187，189，195，222，239

义训 2，6，23，28—30

义位 2，6，8，23，26—29，43—46，48，72，80，81，83，84，88—93，95—97，99，108—113，117—119，122，123，139—141，145，156，158，163—165，170，171，179，182，185，187，189，195—197，205，206

义位的完整训释 99

义位的局部训释 113，119

语文义 32—34，36，38—45，48，51，52，125，199，201，202，209

语训 99，105，107，109—111，113，114，130—139，141—149，154—156，166，170，172，177，195，201

造意 23—26，215，218，220

综合训 131，139，141，146，147，156，170

后　记

　　书稿《训故释义研究》13年前即已完成，于2021年要付梓出版。时间有些长了……回想研究历程，感慨良多。

　　《训故释义研究》本是我的博士后出站报告。2005年，正当秋风送爽、丹桂飘香的季节，我进入北京师范大学中国语言文学博士后流动站从事研究工作。那年春季我博士毕业，学业长进了一大截。也就在同年，我在原工作单位内蒙古师范大学晋升为教授。在学术之路上，本可以暂时歇歇脚了，但内心却更加热爱所从事的训诂学专业，渴望有继续深造的机会。进博士后流动站既是我当时最迫切，也是最理想的选择。在众多申请者中，合作导师李国英先生最终选中了我，这让我倍感幸运，也觉压力很大。进站后，我不想辜负老师的期望，也不想荒度光阴。两年里跟随李先生潜心钻研，从他那里常常能了解到前沿的学术动态。每当如雾里看花，厘不清思路时，先生都会及时点拨，疑难豁然冰释。研究报告写作的后半阶段，先生与我多次探讨，对问题的认识由模糊逐渐变得清晰起来，帮助我最终成稿。

　　2007年11月，出站后我回原单位工作。以"训故释义研究"为题，于2008年申报国家哲学社会科学基金项目，获得批准（编号：08XYY012）。从此，在教学工作之余，再度搜集阅读有关文献，开掘这块少有人问津的领域，让思想的火花从中绽放。项目结题后，我接受了《辞源》（第三版）修订任务，后又忙于另一部著作《〈尔雅〉同义词考论》的修改出版以及《尔雅》的注释工作，《训故释义研究》书稿被搁置在书柜中，出版一事一推再推。

　　其间，并未谋面的师妹张璇发信给我，探讨区分义与训的问题，我的这个选题正好就是这方面的。她期待我的书早日出版，认为"确实对研究古汉语词汇非常有帮助"。这件事情很小，但我一直记在心中，她其实说出了我内心的期望。但我又是很忐忑的，深知自己天资驽钝，才疏学浅。

2020年,《训故释义研究》入选第九批"中国社会科学博士后文库",我欣喜之余,更多的是充满感激之情。

恩师李国英先生在百忙之中常常提携我这个后进,这次又为拙著作《序》。我去北京出差,抽空去看李老师,在他办公室畅谈。先生亲切的鼓励与温馨的关怀历历在目,终生难忘。北京师范大学文学院的王宁、刘利、黄易青、朱小健、易敏诸位先生的学术精神深深影响着我,给予我诸多直接和间接的指导帮助。中国社会科学院语言研究所的郭小武先生、商务印书馆的史建桥编审,为我的出站报告提出了很多极富价值的意见,使我受益匪浅。

我的母校内蒙古师范大学为我读博士后提供一切方便,使我能够顺利完成站内的研究工作。出站报告入选"中国社会科学博士后文库"之际,我刚刚调入中国传媒大学,人文学院给予诸多支持与帮助。编辑孙萍老师等,为本书的出版付出了辛勤的劳动。在此一并致谢。

王建莉

2021年1月

第九批《中国社会科学博士后文库》专家推荐表1

《中国社会科学博士后文库》由中国社会科学院与全国博士后管理委员会共同设立，旨在集中推出选题立意高、成果质量高、真正反映当前我国哲学社会科学领域博士后研究最高学术水准的创新成果，充分发挥哲学社会科学优秀博士后科研成果和优秀博士后人才的引领示范作用，让《文库》著作真正成为时代的符号、学术的示范。

推荐专家姓名	李国英	电话	
专业技术职务	教授	研究专长	汉语史、文字学
工作单位	北京师范大学文学院	行政职务	
推荐成果名称	训故释义研究		
成果作者姓名	王建莉		

（对书稿的学术创新、理论价值、现实意义、政治理论倾向及是否具有出版价值等方面做出全面评价，并指出其不足之处）

　　训诂主要就是对古代文献词与语的释义，但训诂学并不是词义学。现代训诂学研究，在训诂条例、词义考释以及训诂方法论方面取得了丰硕的成果。同时我们也看到，学者大多是循着传统训诂的路往前走。在前人研究的基础上力图使之缜密，又多囿于传统的理论框架。训诂学要取得新的突破就要向现代的词义学、辞书学汲取有益的研究方法。有了现代词义学、辞书学理论和意识，再回过头去审视训诂学对词义的解释，才能提出训诂释义的问题，也会对此问题进行较为全面的分析考量。训诂释义研究，是训诂学和现代词义学、辞书学学科碰撞及交叉的产物。从这个意义上说，王建莉《训诂释义研究》是有时代意义的工作。它可以大大充实训诂学的内容。这种理论的探索对于训诂学来说是很宝贵的。该书力图初步建立一个框架，包括训诂释义的内涵及特性、不同意义解释的类型、释义的表达方法以及训释语言的特点等。以前少有这方面的论述，所以我们认为该书具有独创性。它对构建训诂学理论体系与指导训诂实践，具有独到的意义与作用。

签字：李国英

2019 年 12 月 24 日

说明：该推荐表须由具有正高级专业技术职务的同行专家填写，并由推荐人亲自签字，一旦推荐，须承担个人信誉责任。如推荐书稿入选《文库》，推荐专家姓名及推荐意见将印入著作。

第九批《中国社会科学博士后文库》专家推荐表 2

《中国社会科学博士后文库》由中国社会科学院与全国博士后管理委员会共同设立，旨在集中推出选题立意高、成果质量高、真正反映当前我国哲学社会科学领域博士后研究最高学术水准的创新成果，充分发挥哲学社会科学优秀博士后科研成果和优秀博士后人才的引领示范作用，让《文库》著作真正成为时代的符号、学术的示范。

推荐专家姓名	郭小武	电话	
专业技术职务	研究员	研究专长	训诂学、文字学
工作单位	中国社会科学院语言研究所	行政职务	
推荐成果名称	训诂释义研究		
成果作者姓名	王建莉		

（对书稿的学术创新、理论价值、现实意义、政治理论倾向及是否具有出版价值等方面做出全面评价，并指出其不足之处）

　　王建莉的博士后研究报告《训诂释义研究》是一部特别值得推荐的优质书稿，该书稿对于国学研究的系统阐发和传统文化的深度挖掘，能够很好地适应国内相关学术和教学需求。具体来看，该书稿围绕有关训诂释义问题展开探讨，广泛论证了训诂释义的内涵、特征以及词训、语训、综合训诸种类型，还对训诂释义的语言使用情况做了全面阐述，对训诂学、词义学、词典编纂和古籍整理均有很好的理论指导价值。由于学术界以往对训故释义问题的研究不够系统深入，所以选题具有一定开拓意义。

　　该书稿具有明确立意和高远追求。作者通过大量的论据、清晰的论述，积极印证自己的观点，进而实现预期目标，且每有创新发现。该书稿论证严谨缜密，行文平实流畅，表明作者具有深厚学术积累和良好学术素养。举例来说，关于训诂释义内涵的揭示，关于训诂释义中文化义的探索和分析，以及关于词源义与词汇义训释成分交叉问题的讨论等，均含有新颖独到的见解，足以启迪同行，推动相关研究的进深开展。

　　文中偶有用语或引文阐释不够之处，可考虑进一步展开论述，以便于受众理解、交流、传播，扩大读者面。当然，这并不影响该成果的学术价值。

　　该书稿已达到出版水平，期望早日面世，嘉惠学林。

签字：郭小武
2019 年 12 月 23 日

说明：该推荐表须由具有正高级专业技术职务的同行专家填写，并由推荐人亲自签字，一旦推荐，须承担个人信誉责任。如推荐书稿入选《文库》，推荐专家姓名及推荐意见将印入著作。